KB139846

부산·경남

임진왜란의 흔적 1

김현우 지음

한국학술정보[주]

'군신(軍神)의 혈제(血祭)라 하여 여자를 비롯하여 아이들과 개, 고양이 할 것 없이 피를 흘릴 수 있는 것은 모두 살해했다.'

- 1592년 4월 14일 부산진성 함락 당시의 상황을 기록한 일본 측 자료 요시노 일기 중에서 -

머리말

우리나라에는 전쟁이나 전투와 관련된 유적 혹은 흔적들이 전국에 산재해 있다. 왜구·일본의 침입과 식민 지배에 의한 유적과 유물 또한 도처에 널려 있어 수난의 역사를 말해주고 있다.

왜구나 일본군의 침공으로부터 국민의 생명과 재산, 영토를 지키기 위한 성곽, 관아 등 시설물이 많았는데 임진왜란 때 상당 부분 파괴되거나 변형되거나 불에 타 소실되었다. 의병을 내거나 의병활동의 근거지가 된 향교, 서원, 사찰 등은 여지없이 불에 타거나 훼손되었다. 또 일제강점기 일본·일본인에 의해 임진왜란의 흔적이 훼손되거나 사라진 것도 많을 것이다.

일본에 의해 유린당한 조선의 강토, 살육당하거나 포로로 잡혀 일본으로 끌려간 백성들, 살아남았다 해도 더욱 피폐해진 백성들의 삶, 파괴되거나 약탈당하거나 맥이 끊겨버린 문화재·문화유산을 어찌 말로 다 표현할 수 있을 것인가.

전란의 흔적이나 유적은 오랜 세월이 흐르면서 상당 부분 훼손되거나 사라졌다. 일부 남겨진 흔적이나 유적도 원래의 모습이나 형태를 잃은 것이 많다. 그러나 그렇다고 해서 역사적 사실 자체가 사라진 것은 아니기 때문에 역사를 기억한다는 차원에서 남아 있는 일부 그리고 복원된 유적이나 역시의 현장을 답사하여 사진으로 정리해 보았다.

이 책을 내는 이유는 임진왜란과 관련하여 어느 지역에 어떤 자료 혹은 흔적이 있으니 보라는 뜻도 있지만, '준비가 없으면 환란을 당하게 된다'는 무비유환(無備有患)의 역사적 경험을 되새겨야 한다는 것에 있다. 여기에서 준비란 국방을 튼튼히 하는 준비와 사회 내부에 존재하는 모순이나 불합리성·비효율성을 조정, 해결하여 내실을 다져두는 준비의 두 가지를 말한다.

왜란이 발발하기 전에 일본은 전국시대를 거치면서 최강의 군사력과 신식 무기체계를 갖추었으며, 여러 차례의 사절단 파견과 밀정 침투를 통해 조선의 지리·지형과 정치정세

등을 면밀히 정탐하고 있었다.

그런데도 조선 조정에서는 일본에 대해 눈과 귀를 막고 있었다. 뿐만 아니라 임진왜란 직전에 일본에 다녀온 사신 다수가 곧 일본의 침공이 있을 것이라고 보고했는데도 조정에서는 단 한 사람 김성일의 보고, 즉 일본의 침공은 없을 것이라는 보고를 믿었다. 역사상 수많은 외침을 당하고 전쟁을 경험한 나라의 조정이라고는 보기 힘들다.

또 임진왜란 기간에 일부 백성들이 일본군에 투항하여 관군이나 의병활동 관련 정보를 제공했거나, 일본군의 침공소식을 듣고 먼저 낫을 들고 우리 관아로 달려가 불을 지르거나 하는 등의 행동을 한 것은 조선사회가 신분제도나 조세제도 등과 관련된 사회적 모순을 해결하지 못하고 있던 '위태로운' 사회였음을 의미한다.

근년 세계적으로 문화재 찾기 운동이 전개되고 있다. 외국에 나가 있는 우리 문화재의 소재를 파악하고 찾아오는 일은 우리 문화의 맥을 되살린다는 점에서 중요하다. 그리고 국내의 문화재와 현장 유적에 대해서도 발굴과 보존, 그리고 이를 활용한 역사교육 또한 중요하다고 생각된다.

현장을 다니면서 느끼는 것은, 정식 역사서의 내용만 역사로 볼 것이 아니라 전국 각지에 구전되어 내려오는 왜란, 호란, 기타 전쟁 이야기를 녹취해 둘 필요가 있고, 역사서에는 오르지 않은 전란과 관련된 장소나 설화 등에 대해서도 종합적으로 정리해 둘 필요가 있다는 것이다.

식견이 부족한 사람이 임진왜란의 흔적을 찾아 나선 만큼 놓치는 것도 많을 것이고, 설명도 충분치 않을 수 있을 것이다. 부족하거나 잘못된 부분은 고칠 것이다. 앞으로 한 사람이라도 더 많은 조선의 군인과 의병의 이름이 이 책에 기록되었으면 한다.

2012년 임진년 1월
김현우

일러두기

1. 이 책은 현장 중심의 사진 화보 자료집이다. 수록된 사실관계 서술은 주로 현장의 안내문, 안내책자, 사적비, 신도비 등에서 발췌한 것이며, 구체적인 서술이나 내용 확인을 위해 사서(史書), 백과사전, 문화재청 홈페이지, 각 행정관청 홈페이지 등을 참고했다. 책 제목 '임진왜란의 흔적'에서 '임진왜란'은 임진왜란과 정유재란을 모두 포함한다.

2. 왜군(倭軍)·왜병(倭兵)·왜적(倭敵) 등의 여러 가지 표현은 '일본군(日本軍)'으로 통일하여 사용했다.

3. 임진왜란·정유재란 당시의 연월일은 음력 연월일이다.

4. 서적이나 물품, 박물관 소장품은 특별한 경우가 아니면 수록 대상에서 제외했다. 직접 촬영이 어려운 그림, 초상화, 교지 등은 관련 홈페이지에서 내려받았으며 이 경우 출처를 명시했다.

5. 일본군이 축조한 일본식 성곽인 왜성(倭城)은 주로 부산·경상남도 지역에 분포하지만 별도의 권에서 다루기 때문에 여기에서는 제외했다.

6. 유적 소재지 주소는 도로명 주소로 표기하되 도로명 주소가 분명치 않거나 아직 부여되지 않은 곳은 지번 주소로 표기했다.

목차

II 왜란의 흔적을 찾아서

I

왜란의 징조와 시대 상황

1. 임진왜란 전 조선의 상황

조선 사회 내부의 당파 간, 계급 간 갈등은 임진왜란 발발의 마중물이 되었다. 여기에 왜구의 잦은 침입과 왜관 체류 왜인들에 대한 조선 조정의 적절한 군사적·정책적 대응 부재는 사회적 혼란을 초래하고 있었다.

왜구의 침입, 왜관 체류 왜인들의 저항, 조정 내의 계파 간 갈등을 개략적으로 살펴보기로 한다.

삼국시대 이래 왜구는 수도 없이 한반도에 침입하여 인명을 살상하고 재물과 양곡을 탈취했으며 민간인, 부녀자들을 납치, 살상하는 등 단순한 해적 이상의 행위를 계속해 왔다. 특히 해안가에 사는 주민들에게 왜구는 공포의 대상이 되어 왔다. 그런 까닭에 왜구의 침입을 막고 주민을 보호하는 것은 나라의 크나큰 관심사항이었다. 왜구는 때로는 군부대 못지않은 큰 세력을 형성하여 침입했기 때문에 '왜구(倭寇)'라고 하기보다는 '왜군(倭軍)'이라고 보아야 할 경우도 있다.

그런 탓에 한반도 남부지역에 축조된 성곽·봉수대의 상당 부분은 왜구의 침입에 대비하기 위해 쌓은 것이다. 조금이라도 관심을 갖고 축성 이유를 살펴보면 읍성 혹은 산성 중에 왜구나 일본군의 침입에 대비하기 위해 축조한 것이 의외로 많다는 사실에 놀라게 된다. 예를 들면 웅천읍성은 왜구의 침입을 방어하고 주민들을 보호하기 위해 1434년(세종 16)에 축조한 성곽이다.

읍성이나 산성뿐만 아니라 전국에는 왜구의 침입을 막아달라고 기원하기 위해 건립한 사찰도 있고, 성흥사(聖興寺)처럼 침입해 온 왜구를 격퇴한 것을 기념하여 세운 사찰도 있다. 창원시 진해구 대장동에 소재하는 성흥사는 833년(신라 흥덕왕 8)에 무염국사가 웅동 지방에 침입한 왜구를 물리쳤기에 이를 기념하여 국왕이 무염국사에게 재물과 전답을 시주하여 사찰을 짓게 했다고 전한다.

또 왜구를 물리치게 해 달라는 혹은 왜구의 침입이 없도록 해 달라고 기원하는 뜻에서 다양한 형태의 종교의식이나 민간신앙이 표출되기도 했다. 향나무를 태워서 묻는 매향(埋香)이 그 한 예이다.

○ 삼포왜란

삼포왜란(三浦倭亂)은 1510년에 남해안 3개의 포구(부산포・내이포・염포)에 거주하던 왜인들이 대마도의 왜인들과 연합하여 일으킨 폭동사건이다.

조선은 계속되는 왜구의 침탈을 막기 위해 개국 초기부터 군사력을 동원한 퇴치 등 강경책과 포구를 개방하여 거주하게 하는 온건정책을 교차하며 왜인들을 대했다. 조선 조정은 조선을 오가는 왜인을 통제하기 위해 3개의 포구를 개항하고 왜관(倭館)이라고 불리는 거주 지역을 설치했다. 1407년에는 부산포와 내이포[1]를 개방했고, 1426년에는 염포를 개장했다.[2] 당초에는 장기 거주 왜인의 수를 주거 기준으로 60호로 한정시켰으나 왜인의 수가 점차 증가하여 1474년에는 400여 호에 2,000명을 넘게 되었다. 그럼에도 조선 조정은 애매한 정책으로 일관했고, 장기 거주 왜인이 계속 증가하면서 커다란 사회문제로 대두되기 시작했다. 이들 왜인은 처음에는 어업이나 농업을 주업으로 했으나 점차 정해진 거주 지역을 이탈하여 불법적으로 거주지역과 경작 면적을 확대해 갔다.

조선 조정 내에는 그들의 토지 경작에 대해 세금을 부과해야 한다는 논의가 있었으나 실행에 옮기지는 않았고, 그들이 불법행위를 해도 묵인하는 자세로 일관했다.

3개의 포구에 거주하는 왜인들은 조선으로부터는 특혜를 받아 면세되었지만, 대마도주(對馬島主)에게는 인구수에 따라 세금으로 상당량의 면포를 바치면서 이 지역에 이상한 조세체계가 형성되었다. 그 결과 삼포에는 그들 나름대로 거류 왜인을 총괄하는 조직체가 형성되기에 이르렀는데, 이 조직체는 기동성을 갖고 있어 나중에 삼포왜란의 주동자 역할을 하게 된다.

---

1) 내이포는 제포라고도 불린다. 진해 일대를 가리킨다.
2) 이상각, 『조선왕조실록』(서울: 들녘, 2009), 251~252쪽.

1506년 즉위한 중종 임금은 정치개혁의 일환으로 왜인에 대하여 법규에 따라 엄격한 통제를 가했는데 그동안 거의 규제 없이 지내던 왜인들의 불만이 고조되어 결국 삼포왜란으로 이어졌다. 1510년 4월 4일 제포 거주 왜인이 중심이 되어 삼포의 왜인들이 대마도주와 연합해 4,000~5,000명에 달하는 무리를 이끌고 부산포와 제포에서 약탈·학살 등의 만행을 저질렀다. 이들은 웅천읍성과 동래읍성까지 진격하여 지역을 점령하고 조선 군관을 체포하기도 했다. 부산포에서는 100여 명의 군인과 백성이 사망했고, 동래에서는 민가 198호가 소실되었다. 웅천과 제포에서도 막대한 인명 및 재산 피해가 있었다.

조선 조정은 군대를 파견하여 이들을 진압했고, 삼포 거주 왜인들은 모두 대마도로 도주했다. 이 왜란으로 조선 측은 군민 270여 명이 피살되고 민가 796호가 불탔으며, 왜인 측은 선박 5척이 격침되고 295명이 죽거나 생포되었다.[3)]

왜란 후 삼포의 왜관은 폐쇄되었으나, 1512년 임신조약(壬申條約)을 체결하여 대마도와의 관계를 회복함과 동시에 제포를 다시 왜인에게 개방했다.

○ 사량진왜변

사량진왜변(蛇梁鎭倭變)은 1544년(중종 39) 통영 사량진에서 왜인이 일으킨 약탈사건이다. 조선은 1512년의 임신조약을 통해 일부 항구를 왜인에게 개방하면서 그들의 활동을 엄격하게 통제하고 관리했다. 그럼에도 왜인들의 불법행위와 행패가 계속되던 중, 1544년 200여 명의 왜구가 20여 척의 배에 타고 지금의 경상남도 통영시 원량면에 있던 사량진에 침입하여 주민을 납치하고 말을 약탈해 가는 사태가 발생했다. 이때 조선 수군과 왜구 간에 전투가 벌어졌다.

조정에서는 거듭되는 왜인의 조약위반으로 골치를 앓고 있다가 사량진의 변란을 계기로 임신조약을 폐기하고 왜인의 조선 왕래를 금지했다. 조정은 대마도와의 관계 단절을 통보했고, 일본 막부는 조선에 사신을 보내 지속적인 교역 관계 유지를 청했다. 일본 측의 간청으로 1547년(명종 2)에 정미약조(丁未約條)를 체결하고 왜인의 왕래를 다시 허가하고 교역도 할 수 있게 했다.

정미약조는 왜인의 활동범위를 삼포 왜관으로 한정하는 조치를 담고 있었다. 정미약조

---

3) 이상각, 앞의 책, 252쪽.

체결 이후에도 왜인, 왜구의 해적 활동은 감소하지 않고 계속되었다.

O 을묘왜변

을묘왜변(乙卯倭變)은 1555년(명종 10) 왜인들이 전라도 남부 지역에 침입하여 약탈과 살인, 납치를 자행한 사건을 말한다.[4] 1510년의 삼포왜란 이래 조선 조정이 일본과의 교역량을 줄이자 경제적 난관을 겪게 된 대마도 등지의 왜인들이 1555년 5월 11일 배 70여 척에 분승하여 전라도 영암의 달량포와 이포에 상륙하여 약탈행위를 자행했다.

이때 가리포 수군첨사 이세린으로부터 보고를 받은 전라도 병마절도사 원적(元績, ?~1555)은 장흥부사 한온(韓薀), 영암군수 이덕견(李德堅)과 함께 달량포로 출전했다. 그러나 성은 왜구에 의해 포위되었고, 원적은 성안에 양식이 떨어지자 군민들의 목숨을 건지기 위하여 군사들로 하여금 의립(衣笠)을 벗게 하여 항복할 뜻을 보였다. 성벽을 넘어온 왜구들은 원적은 물론 영암군수 이덕견, 장흥부사 한온 등을 모두 살해했다. 전라도 병마절도사 휘하의 군대가 왜구에 의해 궤멸되는 어처구니없는 사태가 발생한 것이다.[5]

왜구는 그해 5월 하순까지 별 저항을 받지 않고 어란포·장흥·강진·진도 등을 거쳐 다시 영암으로 들어왔다. 조선 조정은 금군(禁軍) 등 서울의 정예 군대를 동원하고, 전직 무신들과 한량, 노비, 승려 등을 강제 징발했다. 한편에서 호조판서 이준경을 전라도 도순찰사, 김경석·남치훈을 좌·우도 방어사로 임명하여 왜구를 토벌하도록 했다.

지원군이 도착하자 전주부윤 이윤경은 군사를 이끌고 영암으로 가서 남치훈 등과 힘을 합해 5월 25일에 왜구를 격파했다. 왜구는 퇴각하는 길에 녹도(鹿島)를 습격한 데 이어 6월 27일에는 제주도에 상륙했으나, 제주목사 김수문이 왜구를 격퇴했다.

남해안에 침입한 왜구를 물리치는 데 중앙의 군대가 파견되어야 할 정도로 당시 조선 군은 군 병력 자체가 얼마 되지 않았고, 왜구를 단속할 함선의 수 또한 많지 않아 왜구 퇴치에 어려움이 있었다.

그해 10월 대마도주 소 요시토시가 조선에 침입했던 왜구들의 수급을 잘라 보내어 사과하면서 세견선의 수를 늘려 줄 것을 요청하자 조선 조정은 이를 승낙했고 교역은 임진왜란 전까지 계속되었다.[6]

---

4) 유종문 편역, 『이야기로 풀어쓴 조선왕조실록』(서울: 아이템북스, 2007), 241쪽.
5) 조정에서는 한 지역 방어의 책임을 맡고 있는 장수가 적에게 먼저 항복을 했다는 죄목으로 원적의 가산을 몰수했다.

임진왜란 직전 조선의 왜관에 머물고 있던 왜인들이 모두 본국으로 소환되었다. 조선 조정은 그때서야 전쟁이 임박했음을 알게 되고 대책을 서둘렀다.[7] 김수를 경상감사, 이광을 전라감사, 윤선각을 충청감사로 임명하여 무기를 점검하고 성을 수축하기 시작했으며, 신립을 경기도와 황해도에, 이일을 충청도와 전라도에 보내 군사시설을 점검케 했으나 이미 때는 늦었다.

O 붕당정치의 시작: 동인과 서인의 등장

선조 임금은 문치를 중시하고 학문을 즐겨했다. 그는 조정에서 훈구세력을 추방하고 유림의 명망 있는 인물들을 대거 기용했다. 훈구세력이 사라진 조정은 신진 사림의 독무대가 되었지만 사림은 1575년 동인과 서인으로 분열되었다. 이때가 을해년이기에 이를 '을해붕당'이라고 부른다.

붕당의 핵심인물은 심의겸(沈義謙, 1535~1587)과 김효원(金孝元, 1532~1590)인데 두 사람의 갈등은 인사문제에서 대립하면서 상호 간 불신의 골이 깊어졌다.

1572년 이조정랑 오건은 자신의 후임으로 신진 사림 김효원을 추천했다. 그러자 심의겸은 물망에 오른 김효원은 명종 임금 대의 권신이자 문정왕후의 동생 윤원형의 문객이었다는 점을 들어 임용에 반대했다. 이때 김효원은 이런저런 이유로 이조정랑에 오르지는 못했으나 2년 후에 다시 전임자인 조정기의 추천을 받았으며 심의겸 측의 반대에도 불구하고 이조정랑에 올랐다. 그 후 김효원은 심의겸을 비난했다. 이렇게 김효원과 심의겸은 당시 하급관료 인사업무 담당 책임자인 이조정랑직을 누가 맡느냐를 두고 대립하고 반목했다.

김효원이 이조정랑이 된 이듬해인 1575년, 심의겸의 아우 심충경이 장원급제하여 자신의 후임자로 물망에 오르자 김효원은 임금의 외척인 인물이 이조정랑식을 맡는 것은 부당하다면서 반대했다.[8] 이 사건을 계기로 두 사람 간에 감정 대립이 심해져 붕당이 만들어지게 되었다.

심의겸을 지지하는 세력을 서인이라 하고 김효원을 지지하는 세력을 동인이라고 하는데, 심의겸이 서울 서쪽인 정동에 거주했고, 김효원은 동쪽 건청동에 주거지가 있었기 때

---

6) 소 요시토시는 대마도주로서 고니시 유키나가의 선봉에 서서 조선에 침공해 왔다. 그는 일본의 군권을 주관하는 대장 고니시 유키나가의 사위이며, 도요토미 히데요시의 심복이다.

7) 유종문, 앞의 책, 268~269쪽.

8) 이한우, 『선조~조선의 난세를 넘다』(서울: 해냄, 2007), 205쪽.

문에 그렇게 호칭하게 된 것이다. 동인은 주로 젊은 사람들이 참여했고, 서인은 주로 연로한 사람들이었다.

1578년 서인 윤두수·윤근수·윤현 3인은 뇌물수수혐의를 받고 면직되었나. 동인 김성일이 진도군수 이수가 이들 3인에게 쌀 수백 석을 뇌물로 바친 것을 폭로했기 때문이다.[9]

율곡 이이의 중재로 동인과 서인의 대립은 확대되지 않았으나 1584년 그가 세상을 떠나자 동인과 서인의 다툼은 다시 격렬해졌다. 이이가 별세한 후 이발·백유양 등이 동인에 가세하여 서인 심의겸을 탄핵하여 파직시키고 동인 세력이 조정을 장악하게 되었다.[10]

O 기축옥사: 정여립 역모사건

그 후 서인을 옹호하고 동인 집권자들을 탄핵한 서인 강경파 조헌을 길주로 유배하고, 서인의 영수로 칭해지던 박순이 67세를 일기로 별세한 1589년 10월, 동인 권력을 송두리째 흔드는 사건이 발생했다. 바로 정여립 모반 사건이다. 정여립은 모반을 도모했으나 사전에 발각되어 동인은 조정에서 물러나고 서인이 조정을 장악했다. 서인 정철이 조사 책임자로 사건을 조사하는 과정에서 다수의 동인들이 모반 연루혐의를 받아 제거되었다.[11]

1589년 10월 2일 선조 임금은 황해감사 한준이 은밀하게 조정에 보낸 서신을 받아들었다. 안악군수 이축이 와서 역모가 진행되고 있음을 알려주었다는 내용의 보고서인데 역모의 주동자는 정여립(鄭汝立, 1546~1589)이었다. 정여립은 전주 출신으로 기대승의 문하에서 수학했으며, 과거에 급제하여 조정에 들어왔다.

정여립은 25세에 문과에 급제했으나 관직에는 나아가지 않고 성혼과 이이를 찾아가 학문을 토론하곤 했다.

1584년(선조 17) 우의정 노수신이 정여립을 천거했다. 노수신은 김효원과 심의겸 사이에 인사 문제가 발생했을 때 동인 김효원의 편을 들었던 일로 인해 동인으로 분류되는 인물이었다. 정여립은 노수신의 천거로 수찬이 된 후 당시 집권세력인 동인에 들어가 이이를 배반하고 성혼을 헐뜯었다. 이로 인해 선조 임금의 미움을 사서 관직에 오래 있지는 못했다.

---

9) 이상각, 『조선왕조실록』(서울: 들녘, 2009), 290쪽.

10) 유종문, 앞의 책, 257~261쪽.

11) 유승환 편역, 『한권으로 읽는 조선왕비열전』(서울: 글로북스, 2009), 273쪽.

정여립은 서인 사람들을 비판하고 동인인 유성룡 등에게 접근했다. 그러나 서인 측에서 그를 비난하자 벼슬을 접고 전라도 금구로 내려가 그곳에 별장을 짓고 학문을 강론한다고 위장하여 사람을 모았다. 그리고 황해도로 가서는 변승복·박연령 등 정치 불만세력을 포섭했다.

얼마 뒤에 그는 당대에 떠돌던 목자(木子)는 망하고 전읍(奠邑)은 흥한다는 '정감록'에 나오는 참언을 옥판에 새겨 승려 의연으로 하여금 지리산의 석굴 속에 감추어 두게 한 다음 자신이 우연히 이것을 얻은 것처럼 꾸몄다.

여기에서 목자는 곧 조선왕조를 세운 이씨이고 전읍은 정씨 성을 가진 사람이 나라를 일으킨다는 내용이다. 정여립은 의연에게 각 지방을 다니면서 '왕의 기운은 전라도에 있고, 전주의 남문 밖에 있다'고 소문을 퍼뜨리게 했다. 전주의 남문은 정여립이 태어난 곳이다.

마침내 정여립은 반란을 결심하고 황해도와 전라도에서 모은 사람들을 선동하여 서울로 진격하려고 했다. 그러나 그전에 승려 의암의 밀고와 정여립의 제자인 조구의 자백으로 역모는 사전에 발각되었다. 이러한 사실을 알게 된 안악군수 이축이 황해감사 한준에게 보고했고, 한준이 조정에 장계를 올린 것이다.

1589년 10월 8일 정여립 모반사건에 연루되었다는 혐의를 받은 수많은 인물들이 체포되어 심문을 받기 시작했다.[12] 선조 임금은 정철에게 이 사건의 조사책임을 맡겼다. 그리고 서인 송익필은 정철의 집에 기거하면서 배후에서 동인들에 대한 처단을 조종했다.

주범인 정여립을 체포하기 위해 의금부 도사들이 군사를 거느리고 금구로 갔으나 그는 이미 피신한 후였다. 변승복이 역모가 사전에 발각된 것을 알아채고 정여립에게 달려가 알리자 정여립은 변승복과 죽도로 도주했다. 진안현감이 관군을 이끌고 정여립의 뒤를 추격하자 그는 10월 17일 변승복과 자신의 아들을 죽이고 자결했다. 이 무렵 서울에 와 있던 일본 사절단의 승려 게이테쓰 겐소(景轍玄蘇, 1537~1611. 11. 26)는 이러한 조선 내부의 갈등과 변란을 살피고 있었다.[13]

이 역모사건 조사 과정에서 동인 사람들이 다수 제거되있다. 혹독한 고문으로 인해 3년여 동안 1천 명에 달하는 사람들이 목숨을 잃었다. 피해를 입은 동인 측 사람으로는 이발·이길·정언신·백유양·최영경·정개청 등이며 이를 가리켜 기축옥사라고 한다.

---

12) 이상각, 『조선왕조실록』(서울: 들녘, 2009), 294쪽.
13) 이이화, 『한국사 이야기 ⑪ 조선과 일본의 7년 전쟁』(서울: 한길사, 2000), 30쪽.

| 제14대 선조 임금 가계 | | 출생 1552년 서거 1608년 | 재위: 1567. 07~1608. 02 |

| 의인왕후 박씨 | | | 자식 없음. 광해군을 옹호. 1600년 서거 |

| 인목왕후 김씨 | 1남 1녀 | 영창대군 (1606~1614) | 역모 혐의 누명을 쓰고 강화도에 유배되었다가 대북파에 의해 살해됨(9세) |
| | | 정명공주 (1603년 출생) | |

| 공빈 김씨 | 2남 | 임해군 (1574~1609) | 일본군의 포로가 되었다가 풀려남(1592. 07. 24~1593. 07. 22). 세자책봉문제로 대북파에 의해 유배되었다가 살해됨 |
| | | 광해군 (1575~1641) | **제15대 임금 즉위**(재위: 1608~1623) |

인빈 김씨	4남 5녀	의안군	
		신성군 (1574~1592)	신립 장군의 딸과 혼인. 임진왜란 중 병으로 사망
		정원군(원종) (1580~1619)	**제16대 인조 임금의 아버지**
		의창군	
		정신옹주	
		정혜옹주	
		정숙옹주	
		정안옹주	
		정휘옹주	

| 순빈 김씨 | 1남 | 순화군 | 일본군의 포로가 되었다가 풀려남 (1592. 07. 24~1593. 07. 22) |

정빈 민씨	2남 3녀	인성군	
		인흥군	
		정인옹주	
		정선옹주	
		정근옹주	

| 정빈 홍씨 | 1남 1녀 | 경창군 | |
| | | 정정옹주 | |

온빈 한씨	3남 1녀	흥안군	
		경평군	
		영성군	
		정화옹주	

출처: 유승환(2009), 308쪽. 일부 가필.

○ 세자 책봉 문제와 남인·북인의 등장

1592년 2월 정철 등 서인들은 기축옥사가 마무리되자 조정의 권력을 장악했다. 동인 세력은 크게 위축되어 선조 임금의 신임을 받던 이산해와 유성룡이 최소한의 발언권을 행사하는데 그쳤다.

1591년 정철이 세자 책봉에 관해 거론하면서 조정 내부에 책봉 문제가 불거졌고, 동인들은 이를 반전의 계기로 삼았다.

선조 임금의 부인 의인왕후는 아이를 낳지 못했다. 그렇기 때문에 후궁에서 태어난 왕자들 중에서 세자를 책봉해야 했는데 당시 좌의정 정철은 이 문제를 임금에게 건의하려 했다. 이때 동인 이산해는 이 문제를 교묘하게 이용하여 정철을 제거하려는 계획을 세웠다.

이산해는 인빈 김씨와 뜻을 같이하여 김씨의 둘째 아들 신성군을 세자로 책봉하여 권력을 장악하려 했다. 한편 서인 정철은 의인왕후 박씨를 만나 공빈 김씨가 낳은 둘째 아들 광해군을 세자로 삼는다는 데 합의했다.

서인과 동인이 회동하여 세자 책봉 문제를 논의한 후 광해군을 세자로 추대하여 이를 선조 임금에게 건의하기로 되어 있었으나 영의정 이산해는 두 번씩이나 회동하기로 한 장소에 나타나지 않았다. 이는 서인 정철을 함정에 빠뜨리려는 동인의 계략이었다.

이산해는 선조 임금의 후궁 인빈 김씨의 오빠인 김공량과 결탁했다. 선조 임금은 인빈 김씨가 낳은 신성군을 총애하고 있었는데 이산해는 김공량에게 정철이 광해군을 세자로 삼고 인빈 김씨 모자를 죽이려 한다고 무고했다.

인빈 김씨가 이러한 사실을 선조 임금에게 알리자 임금은 몹시 불쾌해했는데 그런 줄도 모르고 경연장에서 정철이 세자 책봉 문제를 제기했다. 결국 선조 임금의 눈 밖에 난 정철은 삭탈관직 되었다.

1591년 정철이 세자 책봉 문제로 물러가자 다시 동인이 득세하게 되었다.[14] 동인 세력은 정철을 사형에 처해야 한다는 이산해 측과 유배를 보내야 한다는 우성전 측으로 갈라졌다.

유성룡·우성전을 중심으로 한 세력을 남인, 이산해·이발을 추종하는 세력을 북인이라고 하는데, 그 이유는 유성룡이 경상도 출신이고, 우성전은 서울의 남산 밑에 살았기 때문이며, 이산해의 집은 서울 북쪽에, 이발의 주거지는 북악산 밑에 살았기 때문이다. 동인

---

14) 유종문, 앞의 책, 261~264쪽.

이 남인과 북인으로 갈라선 배경에는 정인홍과 유성룡의 불화, 우성전과 이발의 대립이 있었다. 당시 이발의 집은 북악산 아래에 있었기에 그를 북인(北人)이라 불렀고, 우성전의 집은 남쪽에 있는 남산 아래에 있었기에 그를 남인(南人)이라 불렀다.15)

정철에 대한 처벌을 둘러싸고 집권 동인 내부에는 두 개의 흐름이 있었다. 처형하자는 강경파는 북인이라는 이름을 얻었다. 북인은 동인과 서인 대립 시에 강경파였기에 서인이 사건수사를 담당했던 기축옥사 때 큰 화를 입었다. 이발, 최영경 등과 이산해 등이 북인에 속했다. 또 정인홍을 비롯한 조식의 제자들이 주류를 이루었다. 반면 남인은 동인과 서인 대립 시 온건파였기에 기축옥사 당시 큰 화를 입지 않았다.

남인은 퇴계 이황의 문하인 영남학파가 주류를 이루었고, 북인은 율곡 이이·성혼 등과 관계를 가진 사람들이 주류를 이루었다.

남인과 북인으로 갈라진 조정의 동인 세력은 한때 유성룡·김성일 등의 남인이 정권을 잡았으나, 남인 유성룡이 임진왜란 때 일본과의 화의를 주장했다는 이유로 북인인 정인홍이 1602년에 그를 탄핵하여 다시 북인이 조정의 권력을 장악하게 되었다.16)

O 조선사절단의 상반된 보고와 임진왜란의 발발

조선 조정이 당쟁을 벌이는 동안 일본에서는 도요토미 히데요시가 전국시대를 종식시키고 일본 통일을 목전에 두고 있었다.

선조 임금은 1590년 황윤길을 정사, 김성일을 부사로 하는 사절단을 일본에 보내 조선에 대해 위압적인 태도를 보이는 도요토미 히데요시와 일본 내 상황을 살피도록 했다. 1591년 3월 귀국한 사절단은 임금에게 상반되는 내용의 보고를 했다.

현지 상황을 제대로 파악한 황윤길은 일본이 곧 침공해 올 것이라고 보고했으나, 김성일은 침공은 없을 것이라고 보고했다. 황윤길은 서인이고, 김성일은 동인이다. 국가 중대사를 둘러싸고 당파가 다르다는 이유로 다른 보고를 한 것은 납득하기 어려운 일이다.

특히 김성일의 보고는 일본이 조선에 대해 오만한 언행을 계속하여 양국 관계가 악화되어 가고 있는 상황에서 행한 허위 보고여서 국가적 위기 국면이 당쟁에 의해 가려진 형국이 되었고 결국 무방비 상태에서 전쟁을 맞이하는 최악의 상황을 초래했다. 전쟁에 대

---

15) 이상각, 앞의 책, 296쪽.
16) 유종문, 앞의 책, 264~265쪽.

비하지 않은 조선의 피해는 말로는 형용하기 어려울 정도로 막대하고 처참했다. 조정 관료들의 당파싸움과 무사 안일함이 도요토미 히데요시의 조선 정벌 의지에 힘을 보탰다.

사절단의 일원인 서장관 허성은 동인임에도 일본의 침공 분위기를 파악하고 전쟁이 일어날 것이라고 솔직하게 보고했다. 사절단 수행 무관 황진은 허위 보고를 한 김성일을 처벌할 것을 대신들에게 요구하고, 일본의 침공에 대비하여 군사를 모집하고 훈련시켜야 한다고 주장하기도 했다.

일본의 침공에 대비하자는 주장은 서인의 인식으로 자리 잡았고, 침공이 없을 것이니 대비할 필요가 없다는 것이 김성일 등 동인의 입장이었다. 조정에서는 혹시나 하여 이순신을 전라좌수사로 임명(1591. 02)하고, 송상현을 동래부사로 임명(1592. 04)하여 남쪽 지역에 배치함과 동시에 전국에 축성, 성곽 보수를 명했다.

그러나 이마저도 김성일이 1591년 11월에 시폐 10조를 올려 전쟁대비 시책을 비판하면서 폐기되었다. 김성일은 조정에서 이순신을 발탁한 것에 대해 비판하기도 했다.

선조 임금은 왜란 발발 후 피난지에 체류하던 중, 민폐가 된다며 일본의 침공에 대비하지 못하게 한 책임을 물어 동인 이산해와 유성룡을 파직했다. 선조 임금은 이산해를 유배형에 처하고 서인 정철과 윤두수를 조정에 불러들였다.

성명 (당시 직책)	당파 계보	비고
김효원	동인(東人)	사소한 인사문제로 심의겸과 대립, 동인의 시원
심의겸	서인(西人)	사소한 인사문제로 김효원과 대립, 서인의 시원
황윤길 (정사)	서인	일본의 침공이 있을 것이라고 보고
김성일 (부사)	동인	일본의 침공은 없을 것이라고 허위 보고
허성 (서장관)	동인	일본의 침공이 있을 것이라고 보고
황진 (수행무관)	-	일본의 침공이 있을 것이라고 보고
유성룡	동인/남인	동인 김성일이 행한 허위 보고의 진위를 철저히 규명하지 않음. 왜란 발발 직후 처형 위기에 놓인 김성일을 변호, 구원. 왜란 기간 중 일본과의 화의를 주장
이산해	동인/북인/대북	동인 김성일이 행한 허위 보고의 진위를 철저히 규명하지 않음. 왜란 기간 중 세자 책봉 문제로 서인 정철과 대립
정철	서인	왜란 기간 중 세자 책봉 문제로 이산해·우성전 등과 대립
정인홍	동인/북인/대북	왜란 기간 중 일본과의 화의를 주장한 유성룡을 왜란 종료 후에 탄핵. 광해군 즉위를 주장

2. 임진왜란 전 일본의 상황

○ 오다 노부나가, 상공업 장려 및 철포부대 양성

일본 통일의 기초를 다진 오다 노부나가(織田信長, 1534~1582)는 여러 가지 면에서 그 수월성을 인정받는 인물이다. 젊어서부터 새로운 무기와 전술을 고안해 냈다.[17] 그는 소수의 병력으로 수많은 전투에서 승리했으며, 서양의 근대식 문물을 적극적으로 일본 사회에 도입했고, 당시로는 생각하기 어려웠던 상공업 장려 정책을 시행했다.

그의 상공업 장려 정책은 '라쿠이치(樂市)·라쿠자(樂座)'라고 하는 짧은 용어로 축약된다.[18] '라쿠이치'에서 라쿠(樂)는 규제 완화, 이치(市)는 시장(市場)을 말하며, '라쿠자'에서 자(座)는 유통과 판매를 담당하는 동업자 단체 또는 그 영역을 말한다.

오다 노부나가가 시행한 정책의 핵심은 상공업자들이 같은 조건 하에서 공정한 방법으로 서로 경쟁하도록 유도하여 상공업의 발달을 촉진한 것에 있다. 지역을 관할하는 영주의 보호를 받으며 유통 및 판매 독점권을 가지고 있던 동업자 단체인 이치자(市座)의 특권을 과감하게 폐지하고 시장을 개방한 정책이다.

공정하고 자유로운 시장경제체제를 염두에 둔 이 정책은 좀 더 구체적으로는 기존의 상공업자들이 누리던 독점 판매, 면세 혜택 등의 특권을 폐지하고 동업자 단체를 해산시켜 능력 있는 업자나 단체가 시장에 참여할 수 있는 길을 터놓은 것이다. 이 조치로 인해 일본의 생산력은 비약적으로 성장했고, 전국 통일의 물적인 토대를 이루었다.[19]

---

17) 鈴木良一, 『豊臣秀吉』(東京: 文春新書, 1954), 10~11쪽.
18) 五味文彦·鳥海靖編, 『もういちど讀む山川日本史』(東京: 山川出版社, 2009), 142쪽.

오다 노부나가는 상업활동이 활발했던 사카이(堺)를 직할로 함으로써 자신의 권력 기반을 강화할 수 있었다. 또 그는 통행세를 폐지하고, 도로를 수리함으로써 물자의 운반·수송과 여행을 자유롭게 하여 경제활동을 크게 활성화시켰다.

오다 노부나가는 통일을 이루는 과정에서 이용할 수 있는 것은 모두 이용했다. 경쟁세력을 붕괴시키기 위해 조총 등 서양의 근대식 무기를 도입했으며 나중에는 자체 제작기술까지 확보하게 되었다. 이 과정에서 그는 조총 및 관련 재료 수입경로의 중심에 서 있는 가톨릭과 제휴했고, 가톨릭의 일본전파를 허용했다.[20] 그리고 조총으로 무장한 철포부대를 양성하여 세력 판도를 바꾸었다.

강성해진 무력을 바탕으로 일본 전국통일을 목전에 두고 있던 오다 노부나가는 변절한 부하로부터 기습공격을 받아 사망했다. 그의 사망 후에 도요토미 히데요시가 권력을 장악하고 일본을 통일했다.

○ 도요토미 히데요시, 전쟁을 위한 사회·군사정책 시행

도요토미 히데요시(豊臣秀吉, 1537~1598)가 조선과 명나라 정복을 꿈꾼 것은 흔히 말하는 것처럼 그의 망상 때문만은 아니다. 상공업이 발달하면서 든든한 경제적 기반이 조성되고 있었고, 군사적으로는 전국시대를 거치면서 성장한 실전에 강한 육군을 보유하고 있었으며, 유럽에서 전래된 조총과 같은 신식무기가 이미 일본 내에서 자체적으로 제조되고 있었기에 그가 '정벌'을 계획할 수 있었다.[21]

여기에 사절단이나 왜구, 밀정을 통해 조선, 명나라 등지의 국정과 사회 상황을 파악하고 있던 그로서는 침공에 앞서 일본의 사회제도를 개선 혹은 자신이 의도하는 방향으로 끌어가는 것이 선결 과제였다.

- 칼 사냥 -

도요토미 히데요시는 1588년 농민이 보유하고 있는 무기를 몰수하는 훈령인 '도수령(刀

---

19) 아키야마 슌(박화 옮김), 『오다 노부나가 읽는 CEO』(서울: 21세기북스, 2011) 참조.

20) 高橋幸八郎 外編(車泰錫·金利進譯), 『日本近代史論』(서울: 지식산업사, 1981), 60쪽.

21) 나는 새를 쏘아 떨어뜨릴 수 있다는 데서 그 명칭이 유래된 조총(鳥銃)은 15세기 말 유럽에서 처음 발명되었는데, 1543년 일본 다네가시마에 표착한 포르투갈 선박에 승선했던 선원에 의해 일본에 전래되었다. 우리나라에는 1555년에 일본인 평장친(平長親)이, 1589년에 평의지(平義智)가 각각 사신으로 와서 조총을 바치고 간 일이 있으나 이를 활용하지 않고 보관해 두고 있었다.

狩令)'을 발표했다. '칼 사냥'의 뜻을 갖는 '도수령'에 의해 백성 특히 농민이 가지고 있던 칼을 포함한 모든 무기와 잠재적인 무기류가 몰수되어 다이묘들과 그들이 이끄는 정규 군대의 손에 들어갔다.[22] 칼 사냥을 통해 수거된 무기들은 대부분 앞으로 전개될 군사행동에 대비해 보관되었다.

이 조치로 농민(소작민)에 대한 완전한 무장 해제가 이루어졌고, 농민들은 불만이 있어도 과거와 같은 농민봉기를 일으킬만한 수단을 더 이상 가질 수 없게 되었다.[23]

이렇게 도요토미 히데요시는 일본 전국 통일을 목전에 둔 시점에서 반란을 방지하고 동시에 조선침공을 위한 무기 혹은 그 재료를 확보했다.

- 신분 통제령 -

1591년 일본 전국을 통일한 도요토미 히데요시는 그해 8월 신분 통제령인 '인소령(人掃令)'을 포고했다. 이 훈령을 통해 일본 사회의 무사 계급과 농민 계급 사이에 공식적으로 엄격한 구분이 이루어졌다.

신분 통제령은 무사를 제외한 백성, 농민 등의 신분 이동을 금지한 법령이다. 도요토미 히데요시는 이 법령을 근거로 전국의 다이묘들에게 호구조사를 명했는데 그 목적은 조선 침공을 앞두고 군인과 군속을 조달하는 데 있었다.[24]

칼 사냥에 이은 신분 통제령 발령을 통해 도요토미 히데요시는 침략전쟁에 동원할 병역 자원 마련을 위한 제도적 장치를 완성했다.

오다 노부나가의 상공업 장려정책에 이은 도요토미 히데요시의 신분통제정책은 제도로 정착되어 일본의 농업기술과 상공업이 발달하게 되는 또 하나의 토대가 되었다.

- 침공의 명분 -

도요토미 히데요시는 조선을 침공하기에 앞서 명분을 찾는 데 고심했다. 그래서 고안해 낸 것이 조선 국왕이 자신을 알현하러 와 조공을 바칠 것과 명나라를 정벌하러 가니 조선이 앞장서서 이에 협력하라는 것이었다. 한 마디로 일본의 속국이 되라는 요구였다. 가당치 않은 요구를 제시한 도요토미 히데요시는 조선 측의 답변 여부와 관계없이 사회

---

22) '다이묘'는 지방의 영주를 말한다.
23) 高橋幸八郎, 앞의 책, 26쪽.
24) 五味文彦·鳥海靖編, 앞의 책, 144쪽.

구조 및 제도에 변혁을 가했고 그것이 어느 정도 성공을 거두었다.

일본을 통일한 지 1년 만에 조선 침공에 나설 수 있었던 것은 단순히 무력의 우위를 확신해서가 아니라 몇 년 전부터 시도한 경제·사회 및 군사관련 정책이 성공을 거두었다고 나름대로 판단했기 때문이다.

일본사회의 신분체제가 정비되자 도요토미 히데요시는 조선 침공에 나섰다.

○ 전쟁 지휘본부 나고야성 축조

오랜 세월 동안 조선과의 교역을 통해 부를 축적하고 있던 대마도주 소 요시토시(宗義智)는 도요토미 히데요시의 최측근인 고니시 유키나가의 사위이다. 도요토미 히데요시가 조선과 명나라 정복 의지를 밝히자 소 요시토시는 고니시에게 일본군이 조선에 쉽게 침공해 들어갈 수 있는 경로와 조선 정복에 필요한 모든 정보를 제공했다. 그리고 자신은 조선 정벌 시 선봉에 서겠다고 말했다.

고니시를 통해 그러한 정보를 들은 도요토미 히데요시는 만족했고, 조선으로 쉽게 갈 수 있는 항구가 어디인지를 가신들에게 물었다. 가신들이 규슈(九州)에 있는 나고야라고 답하자 도요토미 히데요시는 영주들에게 즉시 나고야로 집결하고 각자의 부담으로 자신이 전쟁 지휘본부로 사용할 넓고 견고한 성채를 축조할 것을 지시했다.[25] 도요토미 히데요시의 명령에 의해 불과 몇 달 만에 불모의 땅 나고야에 화려하고 견고한 성곽이 축조되었다.

---

25) 프로이스, 루이스(정성화·양윤선 역), 『임진난의 기록–루이스 프로이스가 본 임진왜란』(파주: 살림출판사, 2008), 40쪽.

3. 국민 한 사람 한 사람이 나라를 구한다

일본군은 1592년 4월 14일 부산에 상륙한 직후 울산, 양산, 김해의 3개 경로로 나뉘어 파죽지세로 서울을 향해 북상했다. 상륙 20일 만인 5월 3일 일본군은 서울을 점령했다. 그리고 사회제도 개혁에 무심했고 국방을 소홀히 한 선조 임금은 점령되기 직전에 피난길에 올랐다.

전 국토가 일본군의 손에 넘어가지 않은 것은, 명나라군의 지원이 있었다고는 해도 결국은 국민 한 사람 한 사람이 나라를 지키고자 피와 땀을 흘리고 희생했기 때문이다.

임진왜란·정유재란 때 위기에 처한 조선을 구한 이들은 군인, 의병, 승병뿐만이 아니었다. 힘도 없고, 별다른 무기도 없었고, 재물도 가지지 않았던 평범한 청년 혹은 아녀자들이 있는 자신이 할 수 있는 범위 내에서 일본군의 침공을 막아내거나 진격의 속도를 늦추는 데 기여했다.

○ 통영 목동 김천손 - 일본군 함대 정보 제공

한산해전 하루 전날인 1592년 7월 7일 이순신 함대는 당포(지금의 통영시 산양읍 삼덕리)에서 식료품, 땔나무, 물 등 병참물자를 보급받고 전열을 정비하고 있었다. 그때 목동 김천손(金千孫)이 조선 수군이 있는 곳으로 급히 달려와서 일본 수군의 동향을 전해 주었다.

"대선, 중선, 소선을 합쳐 약 70여 척의 적선이 오후 2시쯤 거제도 영등포에서 나타나 거제와 고성의 경계인 견내량에 이르러 머물고 있습니다."

김천손은 목관(牧官) 즉 군마(軍馬)를 돌보는 관리 밑에서 일하던 사람이다. 피난하여 산에 올라가 있던 김천손은 조선 수군 함대를 바라보고는 급히 달려와 자신이 미륵산에서 본 일본 함대의 척수, 이동 경로 및 이동시간 등을 조선 수군함대에 알려주었다.

조선 수군 함대는 그가 전한 정보를 기초로 하여 여러 장수들이 작전회의를 열었고, 1592년 7월 8일 아침 일찍이 일본 수군 함대가 정박하고 있는 견내량 바다로 나아갔다.[26] 그리고 한산도 앞바다에서 학익진 전법(鶴翼陣戰法)을 전개하여 일본 함대를 궤멸시켰는데 이 전투를 한산해전이라고 한다. 이순신은 폭이 좁은 견내량은 200여 척의 전함이 전투하기에는 좁기 때문에 한산 앞바다로 일본 수군을 유인하여 격파했다. 이 한산해전에서 9,000여 명의 일본 수군이 사망했다.

한산해전 경과를 보면, 사천해전·당포해전에서 일본 수군이 궤멸 당하자 도요토미 히데요시는 와키자카 야스하루(脇坂安治), 가토 요시아키(加藤嘉明), 구키 요시타카(九鬼嘉隆) 등의 일본 수군 지휘관들에게 함선을 모아 조선 수군을 격멸하라는 명령을 내렸다.

와키자카 야스하루는 본래 수군 장수이지만 개전 초기 조선 육군이 연전연패를 당하면서 후퇴하자 육상으로 올라와 지상전투까지 지휘하고 있었다.

경기도 용인에서 일본군 1,600명을 이끌고 5만 명이 넘는 조선군을 격파한 바 있는 와키자카는 용인지역 수비를 우키타 히데이에게 맡기고 경상남도 남해안 지역으로 내려왔다. 그리고 가토 요시아키와 구키 요시타카가 이끄는 수군이 출동준비를 갖추기도 전에 독자적으로 전함 73을 이끌고 웅천을 출발하여 거제시 사등면 견내량 일대로 향했다.

이날 오후 2시경 와키자카가 이끄는 수군 함대의 견내량 도착을 확인한 김천손은 삼덕리 당포마을까지 단숨에 달려왔다.

일본 수군의 동향을 신속하게 조선 수군에 알려준 김천손의 행동은 이순신 장군이 일본 수군을 격파하기 위한 전략을 수립하는 데 있어 큰 힘이 되었다. 한산해전의 승리는 조선 수군이 제해권을 확립하고 일본군의 보급로를 차단함으로써 전황을 뒤집는 또 하나의 계기가 되었다.

통영시는 한산대첩을 기념하여 매년 축제를 개최하는데, 행사 중에는 김천손의 구국적 행동을 기리는 '김천손 구국의 봉황불 이어달리기' 행사를 포함시키고 있다. 역사의 현장인 당포에서 통영세관 부근의 문화마당까지 달리는 행사이다.

---

26) 견내량은 지금의 거제대교 부근 바다를 말한다.

O 고성 기녀 월이 – 일본 밀정 소지 지도 조작

널리 알려진 의녀(義女) 논개 이야기 외에도 한 사람의 주민 혹은 한 여인의 몸으로 나라를 지키고자 했던 가상한 이야기들이 여러 곳에 전해 온다.

일본이 임진왜란을 일으키기 전에 다수의 밀정을 보내 조선의 정세를 정탐하고 지형과 지리를 정찰하여 지도를 그릴 때의 이야기이다. 도요토미 히데요시에게 있어 20만 명에 달하는 대규모의 군대를 동원하여 바다 건너 남의 나라를 침공해 들어갈 때에는 사전에 그 나라의 정치정세를 정탐하고, 지리와 지형을 익혀 그것을 지도로 그려두는 일은 필수적인 일이었다.

도요토미 히데요시는 승려 게이테쓰 겐소 등을 공식 사절로 조선에 파견했으며 그 사절 일행은 부산에서 내려 서울까지 가는 동안 이곳저곳을 경유하면서 지역 관리들을 만나 대화를 나누면서 조선의 사정을 파악했다. 서울까지 가는 기간도 길었지만, 서울에 체류하는 기간도 길어 어떤 때는 6개월씩 머물기도 했다.[27]

일본은 공식 사절단이 수집하는 정보 외에도 수많은 밀정을 비밀리에 조선에 파견하여 전국을 누비고 다니게 하고 지리와 지형을 익히게 했다.

1591년 가을 어느 날 경상남도 지역의 해안선을 살피러 고성에 잠입한 일본 밀정이 무학리에 있는 술집 무기정(舞妓亭)에 들어왔다. 이때 '월이'라는 기녀(妓女)는 그가 1년 전에도 와서 며칠 쉬었다 간 사람임을 알아보았다.[28] 그 사람과 기녀들은 구면이어서 바로 친해지고 서로 술을 권했다. 그런데 술에 취해 곯아떨어진 그 사람의 품속에 여러 겹으로 싼 비단 보자기가 보였다. 이것을 예사롭지 않게 본 월이가 보자기를 열어보니 조선을 침공하고자 하는 일본의 해로 공략도(海路攻略圖), 위기상황 발생 시 육상 도주로 등 지리와 지형이 상세히 그려지고 있었다.

월이는 그 지도에 당항만이 바다로 이어진 것처럼 그려 넣었다. 즉 고성읍 수남리 앞바다와 소소강(召所江, 지금의 간척지)을 연결하여 통영군과 동해면, 거류면을 섬으로 만들어 놓은 후 지도가 들어 있는 보자기를 밀정의 품에 전과 같이 안겨 놓았다.[29]

---

27) 게이테쓰 겐소는 기타규슈 하카타(北九州 博多, 지금의 후쿠오카 福岡)에 있는 절 성덕사(聖德寺)의 승려로서 대마도의 외교승려이기도 하다.

28) 이봉수, 『이순신이 싸운 바다: 한려수도』(서울: 새로운 사람들, 2008), 80~82쪽.

29) 고성 당항포관광지 내 당항포 해전관 자료; 고성군청 홈페이지 자료. 고성군 마암면 두호리에 있는 소소강은 당항포해전 때 일본 전함들이 숨어 있던 곳이다.

1592년 조선을 침공한 일본군은 제1차 당항포해전에서 월이가 조작한 지도를 든 채 조선 수군과 싸웠다. 이순신의 전략과 거북선의 위력에 밀린 일본군은 바다로 빠져나가려고 했으나 그렇게 하지 못하고 거의 전멸당했다. 당항만으로 들어오면 바다로 빠져나갈 수 있다고 믿어 들어섰지만 지도에 표시된 해로를 찾을 수 없었기 때문이다.

전투에서 살아남은 일본군은 당항포 앞바다에서 퇴로가 육지로 막혀 있어 빠져나가지 못하고 조선군에 의해 사살되거나 생포되었다. 일본 밀정을 속인 월이의 설화는 당항포 앞바다(지금의 고성군 마암면 두호리)를 일컫는 '속싯개'라는 지명으로 그 흔적이 남아 있다.

○ 쇄미록 – 오희문의 전쟁 기록

전투에 참여하여 나라를 구한 인물은 아니지만 난을 당하여 침착하게 그 상황을 기록하고 각종 문서를 취합하여 후세에 남겨 준 인물이 있다. 학자 오희문(吳希文, 1539~1613)은 당시의 처절했던 상황을 '쇄미록'이라는 제목의 책자로 남겼다. 오희문은 학문에는 뛰어났으나, 과거 급제를 하지 못해 관직에 오르지는 못한 사람이다.

1592년 4월 임진왜란이 일어났을 때 전라도 장수현에 있던 그는 약 3개월 동안 산속에서 난을 피했으며, 그해 겨울에 강원도로 피신했던 가족들과 만나 홍주·임천·평강 등지를 옮겨 다니며 겪은 일을 일기로 남겼는데, 이 피난일기가 바로 보물 제1096호 쇄미록이다.

쇄미록은 전쟁에 관한 기록뿐만 아니라 비참했던 일반 백성들의 생활상, 혼란스러웠던 사회상 등을 자세히 기록하고 있다.

모두 7책으로 구성된 이 책에는 말미에 국왕과 세자의 교서, 의병들이 쓴 여러 가지 글, 유명한 장수들이 쓴 성명문, 각종 공문서, 과거시험을 알리는 글, 기타 잡문이 수록되어 있다.

그밖에 조선 군대의 무력함에 대한 비판, 명나라의 구원병 파병, 명나라군과 일본군 간의 강화교섭 진행과 결렬 과정, 정유재란 등 전쟁에 관해 전반적이고 광범위하게 기록했다. 이러한 기록이 가능했던 것은 오희문 자신이 관직에 있지는 않았지만, 친분이 두터운 많은 고을 수령들의 도움을 받아 종합적으로 당시의 전황 정보를 입수할 수 있었기 때문이다.

특히 전라도 장수현에서 보고 들은 각 지역의 전투현황과 각 의병장들의 활약상, 일본군의 잔인한 살인과 약탈 행위, 명나라 군대의 무자비한 약탈, 전란에 따른 피난민 사태, 군대 징발, 군량 조달 등은 왜란 연구를 보완해주는 중요한 자료이다.

쇄미록은 국방을 소홀히 하면 어떤 결과가 초래되는지를 보여주는 교훈적인 자료이며, 객관적이고 정확한 자료라는 점에서 그 가치가 크다고 할 수 있다.

4. 적(敵)은 내부에 있다

　　임진왜란 직전 조선에 왔던 한 일본 사신이 조선을 떠나면서, '사마귀에게 먹힐 줄도 모르고 매미는 저렇게 노래하는구나'라는 내용의 글을 일본사신 숙소인 동평관(東平館)에 낙서처럼 남겼다.[30] 중앙에서는 고급 관리들 간의 투쟁이 이어지는 것을 보았고, 지방에서는 백성을 괴롭히는 관리들이 많았음을 본 것일까. 그리고 주변국 정세를 모르는 한심한 조선 조정을 비꼰 것일까. 자신의 주군 도요토미 히데요시는 체계적으로 조선 정벌을 준비하고 있는데 이 나라는 무사태평으로 지내고 있으니 한심하다고 느꼈을 것이다.

　　무엇보다도 임진왜란 기간에 여러 건의 반란사건이 발생한 것은 국내 정치가 불안정했고, 사회적인 불만을 가진 백성들이 많았다는 뜻으로 해석할 수 있다. 불만은 주로 신분제도와 납세제도, 관리들의 백성 착취에 있었다.

　　송유진의 난, 이몽학의 난, 두 왕자(임해군, 순화군) 납치사건을 포함하는 여러 건의 반란사건은 많은 것을 생각하게 한다.

○ 남해 용문사 천왕각

　　남해 용문사(龍門寺)는 조선시대 중기에 탐진당과 적묵당을 지었는데, 이곳 자리가 좋다하여 충청남도 금산에 있던 보광사 대웅전을 이곳으로 옮기고 사찰의 이름을 '용문사'라고 지었다.

---

30) 동평관은 조선시대에 일본사신이 머물던 객관(客館)이다. 1407년(태종 7)에 처음 건립했으며, 지금의 서울시 종로구 인사동에 있었다. 지금은 그 터를 알리는 작은 비석만 서 있다.

절의 입구에 있는 천왕각은 임진왜란 때 소실된 것을 1702년에 다시 지은 용문사의 관문이다. 천왕각은 사천왕(四天王)을 모시고 있는데 동쪽은 지국천왕, 남쪽은 증장천왕, 서쪽은 광목천왕, 북쪽은 다문천왕이 각각 비파, 칼, 용, 창을 늘고 설을 드나드는 사람들을 보호하고, 잡인 혹은 잡귀의 출입을 막는 문지기 역할을 한다. 사천왕상은 300cm, 238cm의 크기로 왕관을 쓴 목조상이다.

다른 사찰의 경우 사천왕은 마귀를 밟고 있는 형상을 하고 있지만 이곳의 사천왕은 부정한 양반과 관리를 밟고 있는 모습을 하고 있다. 용문사를 찾는 사람들은 이곳 천왕각에서 조선시대에 만연했던 계급 차별, 관리의 횡포를 느낄 수 있다. 오죽했으면 백성을 착취하는 탐관오리를 밟고 있는 사천왕상을 만들었을까.

사회 내부의 기반이 약하면 위기가 찾아왔을 때 적전 분열을 일으키게 되므로 사태 수습에 더 많은 시간과 희생을 요구한다.

O 조선 조정의 논공행상

임진왜란 때 공을 세운 이들에 대한 논공행상은 논란의 대상이 될 수 있다.

7년에 걸친 전쟁에 참가한 수많은 공로자 중에서 최고 등급인 선무공신 칭호를 받은 사람은 모두 18명이다. 논란이 되는 것은 부산포해전에서 전사한 정운, 금산전투에서 전사한 조헌, 의병장 곽재우, 의병장 정문부 등은 선무공신에 포함되지 않았고, 칠천량해전에서 패하여 조선 수군을 궤멸시킨 원균은 이순신과 나란히 선무공신 1등에 올라있기 때문이다.

선조 임금은 자신을 따라 피난길에 나섰던 신하들의 공로가 크다고 판단했다. 임금을 모신 인물 중 86명에게 호성공신 칭호를 주었는데, 임금 주변에서 일을 맡아 하는 환관 중에서도 24명이 호성공신의 반열에 올랐다.[31] 환관의 예를 들어보면 호성공신 3등에 올라있는 김양보는 정여립사건이 발생했을 때 선전관과 함께 토벌에 참여했으며, 임금의 의주 몽진을 보필한 공로를 인정받았다. 또 김기문, 김붕, 민희건, 안언봉, 박충경, 임우, 김응창 등은 임금의 몽진을 수행하여 그 공로를 인정받았다.[32]

---

31) 이순신역사연구회, 『이순신과 임진왜란 4』(서울: 비봉출판사, 2006), 260쪽. '호성공신'은 선조 임금을 모시고 의주까지 피난할 때 공이 있는 사람에게 준 칭호이다.

32) 박영규, 『환관과 궁녀』(서울: 웅진지식하우스, 2009), 116~117쪽.

왜란을 평정하는 과정에서 공을 세운 사람들은 많았다. 그중에는 자신은 위기에 빠진 국가를 위해 당연히 해야 할 일을 했을 뿐이라며 공적 조서를 꾸미는 것조차 마다한 이도 있고, 제말 장군처럼 200년의 세월이 지난 후에야 공적의 전모가 세상에 알려지게 되어 조정으로부터 추가로 서훈을 받은 경우도 있다. 남의 공로를 시기하는 관료에 의해 공적이 빛을 보지 못하고 묻힌 사례도 있다.

조정에서는 논공행상에 있어 오판을 하기도 했고, 임금 주변의 인물들이 전란 평정의 공을 상당 부분 차지하여 결과적으로는 관군·의병의 사기를 저하시켰다. 전공을 세우고도 선조 임금의 치세에는 공로를 제대로 인정받지 못하는 사례들도 다수 있다. 기록의 누락, 증거 불충분의 경우도 있겠지만 임금 주변의 인물에 의한 모함, 판단 미숙, 특정 인물에 대한 공적 격하 등 올바르지 못한 행위에 의한 것도 있었다.

공신도감은 1603년에 설치되어 임진왜란 때의 선무공신과 호종공신 선정 작업을 시작했는데 1604년 6월 25일에 확정, 발표한 논공행상 결과는 다음의 표와 같다. 왜란 전에 조선의 군사력이 약할 수밖에 없었던 이유, 왜란 때 일본군 침공 20일 만에 서울을 내주게 된 이유, 왜란 후 병자호란 때 의병 봉기가 크게 감소한 이유 등을 설명해 주는 듯하다.

공신	등급	성명
선무 공신 (18인)	1등	이순신(李舜臣), 권율(權慄), 원균(元均)
	2등	신점(申點), 권응수(權應銖), 김시민(金時敏), 이정암(李廷馣), 이억기(李億祺)
	3등	정기원(鄭期遠), 권협(權悏), 유사원(柳思瑗), 고언백(高彦伯), 이광악(李光岳), 조경(趙儆), 권쥰(權俊), 이순신(李純信), 기효근(奇孝謹), 이운룡(李雲龍)
호성 공신 (86인)	1등	이항복(李恒福), 정곤수(鄭崑壽)
	2등	신성군 이후(李珝), 이부(李琈), 이원익(李元翼) 윤두수(尹斗壽), 심우승(沈友勝), 이호민(李好閔), 윤근수(尹根壽), 유성룡(柳成龍), 김응남(金應男), 이산보(李山甫), 유근(柳根), 이충원(李忠元), 홍진(洪進), 이픽, 유영경(柳永慶), 이유징(李幼澄), 박동량(朴東亮), 심대(沈岱), 박숭원(朴崇元), 정희번(鄭姬藩), 이광정(李光庭), 최흥원(崔興源), 심충겸(沈忠謙), 윤자신(尹自新), 한연(韓淵), 이기(李耆), 이경온(李景溫), 이경검(李景儉), 신잡(申磼), 안황(安滉), 구성(具宬)
	3등	정탁(鄭琢), 이헌국(李憲國), 유희림(柳希霖), 이유중(李有中), 임발영(任發英), 기효복(奇孝福), 최응숙(崔應淑), 최빈(崔賓), 여정방(呂定邦), 이응순(李應順), 이수곤(李壽崐), 송강(宋康), 고희(高曦), 강인(姜絪), 김기문(金起文), 최언준(崔彦俊), 민희건(閔希騫), 허준(許浚), 이연록(李延錄), 김응수(金應壽), 오치운(吳致雲), 김봉(金鳳), 김양보(金良輔), 안언봉(安彦鳳), 박충경(朴忠敬), 임우(林祐), 김응창(金應昌), 정한기(鄭漢璣), 박춘성(朴春成), 김예정(金禮楨), 김수원(金秀源), 신응서(申應瑞), 신대용(辛大容), 김새신(金璽信), 조귀수(趙龜壽), 이공기(李公沂), 양자검(梁子儉), 백응범(白應範), 최윤영(崔潤榮), 김준영(金俊榮), 정대길(鄭大吉), 김계한(金繼韓), 박몽주(朴夢周), 이사공(李士恭), 유조생(柳肇生), 양순민(楊舜民), 경종지(慶宗智), 최세준(崔世俊), 홍택(洪澤), 전룡(全龍), 이춘국(李春國), 오연(吳連), 이희령(李希齡)
청난 공신 (5인)	1등	홍가신(洪可臣)
	2등	박명현(朴名賢), 최호(崔湖)
	3등	신경행(辛景行), 임득의(林得義)

* 청난공신은 1596년 이몽학의 난을 평정하는 데 공을 세운 공신이다.
출처: 국립진주박물관, 『새롭게 다시 보는 임진왜란』(서울: 삼화출판사, 1999), 134쪽. 일부 명단 수정.

    정문부 장군은 큰 공을 세웠지만 함경도 관찰사 윤탁연에 의해 그 공로가 날조되고, 역모사건에 연루되어 심한 고문을 받다가 세상을 떠났다. 윤탁연이 정문부를 시기하여 공적을 거짓으로 보고함으로써 정문부의 전공이 오랜 세월 세상에 알려지지 않고 있었다.

    임진왜란 후에 발생한 병자호란에서 관군의 사기가 오르지 않고, 의병 봉기도 적어졌다는 점을 고려해 보면 왜란 수습과정이나 사회제도 개선이 만족스럽지 않음을 알 수 있다.[33]

---

33) 김덕령이 모함을 받고 처형된 후에 다른 의병장, 의병들의 사기는 크게 저하되었다. 18명의 선무공신 중 의병장 출신은 이정암 한 사람뿐이다.

5. 왜구·일본을 경계하다

남해·통영 등 남해안 곳곳에는 왜구를 물리친 장수들에 대한 고마움을 표하는 비석이나 석탑이 세워져 있다. 사당 또한 여러 곳에 건립되어 있다. 감사하는 마음과 왜인들에 대한 경계심이 동시에 표출된 건축물들이다.

특히 임진왜란 이후에는 성곽과 같은 관방시설에도 일본에 대한 경계심이 한층 더 선명하게 표출되었다.

O 부산 수영성 낭문 박견

수영성(水營城)은 조선시대에 낙동강 동쪽에서 경주까지 이어지는 동해안과 남해안을 방비했던 수군의 본영인 경상좌도 수군절도사 진영이 있던 곳이다.

수영성은 동서남북 네 곳에 성문이 있는데 동문은 영일문(迎日門), 서문은 호소문(虎嘯門), 남문은 주작문(朱雀門), 그리고 북문은 공진문(拱辰門)이라 한다.

이 중에서 남문은 6칸으로 규모가 가장 컸는데, 남문 문루 위에 큰 북을 달아두고 쳐서 시각을 알리며, 이에 맞춰 성문을 여닫았다. 현재의 상태는 홍예(성문, 다리, 수문 등을 무지개 모양으로 쌓은 것)와 홍예기석(홍예석을 쌓기 위해 가장자리에 기둥처럼 놓은 돌)이 남아 있고, 홍예기석과 같은 높이의 성벽이 좌우에 10m 정도 남아 있다.

남문은 1692년에 설치되었다고 하는데 확실한 시기는 알 수 없다. 현재의 남문은 지금의 자리에서 200m쯤 떨어진 수영동 286번지(옛 수영초등학교 자리)에 있던 것을 옮겨 온 것이다.

　임진왜란 이후에 지어진 후 여러 차례 옮겨지었으며, 일제강점기에도 위치 변동이 있었다. 세월이 흐르면서 조금씩 기반이 침하되어 붕괴될 위험성이 제기되자 1993년 8월에 보수공사를 했다. 현재 수영공원의 정문으로 이용되고 있다.

　남문 전면 양쪽에는 특이하게도 화강암으로 조각한 '박견(拍犬)'이 서서 성을 지키고 있다. 박견은 '조선 개'를 말하는데 도둑을 지키는 개를 성문 앞에 둔 것은 왜구·일본군의 동향을 감시하던 이 성의 임무를 상징적으로 보여주고 있다. 성문 앞에 개 조각상을 배치한 것은 다른 지방의 성곽에서는 흔히 볼 수 없는 일이다.[34]

부산시 수영구 수영동 229 수영사적공원 안내도

수영성 남문 앞 박견(왼쪽)

박견(오른쪽)

아치형 형태의 남문과 좌우에 있는 박견

---

34) 왜구의 침입이 있었던 순천시 낙안읍성에도 '왜구 감시', '왜구 경계'를 상징하는 석구(石狗), 즉 개모양의 석상이 배치되어 있다.

○ 부산진 지성 서문 돌기둥: 서문쇄약·남요인후

부산진 지성(釜山鎭支城) 서문(西門)의 양측 성곽에 돌기둥이 하나씩 끼어있는데 이 돌기둥은 임진왜란 후 이 성을 수축할 때 세운 것이다. 돌기둥은 본래 부산진 지성의 서문 자리였던 현 성남초등학교 교정에 있었는데 1975년 부산시에서 부산진 지성 정화공사를 하면서 서문 입구 좌우로 이전했다.[35]

성문을 바라볼 때 오른쪽 돌기둥에는 남요인후(南徼咽喉), 왼쪽 돌기둥에는 서문쇄약(西門鎖鑰)이라는 글자가 각인되어 있다. '나라의 목에 해당하는 남쪽 국경이요(남요인후),

자성대공원 안내도(부산시 동구 범일동 321-29번지)

서문쇄약

남요인후

서문 좌측 돌기둥: 서문쇄약

서문 우측 돌기둥: 남요인후

---

35) 부산진 지성은 '자성대'라고도 불린다.

서문은 나라의 자물쇠와 같다(서문쇄약)'는 의미로 당시 부산이 갖는 국방상의 중요성을 잘 나타내고 있다.

돌기둥은 임진왜란 후 일본을 크게 경계한 당시의 시대적 정신을 담고 있는 유물이며, 부산 앞바다에 접해 있던 부산진 지성의 중요성을 보여주는 유적이다. 1972년 6월 26일 부산광역시 기념물 제19호로 지정되었다.

II

왜란의 흔적을 찾아서

1. 거제

(구율포성)

구율포성은 장목면 율천리에 위치한 석축성이다. 동쪽을 제외한 삼면이 산으로 둘러싸인 계곡에 돌로 쌓은 성곽이다.

이 성은 원래 외포바닷가에 축성된 것을 이곳으로 옮겼다고 하며, 1688년(숙종 14)에 통제사 이세현이 임금에게 장계를 올려 이곳에 축성하고 담당관을 두어 방어하도록 했다.

구율포성은 임진왜란 때 우수영에 속한 방어진지로 사용했으며, 조선군이 일본군의 침공에 대비하여 전투준비 및 작전회의를 하던 곳이다. 칠천량해전 때 조선 수군이 패하면서 일본군에게 점령되기도 했다.

현재 성 바깥에는 민가가 들어서고 내부는 경작지로 사용되고 있다. 동쪽과 서쪽에도 문터가 있었다고 전하는데 훼손이 심해 확인하기는 어려우며, 문터 주변이나 사방에 배치하는 치성과 체성 바깥의 해자 또한 마찬가지이다. 구율포성은 1998년 11월 13일 경상남도 기념물 제206호로 지정되었다.

율포 앞바다가 바라보이는 학생 야영장

구율포성 방향 안내판

구율포성 성벽

(율포해전)

구율포성에서 동쪽 바다 쪽을 바라보면 대금리 마을이 있고, 바닷가에 대금리 학생 야영장(옛 대금초등학교)이 있는데 그 앞바다가 율포해전이 벌어진 곳이다.

율포해전은 1592년 6월 7일 거제 장목면 대금리 앞바다에서 벌어졌다. 이날 일본 전함 7척이 율포로부터 가덕도를 향해 가고 있는 것을 조선 수군이 쫓아가 율포 바깥 바다에 이르러 접전을 벌였다. 일본군은 전함 내에 있는 모든 물건을 모두 바다에 투척하고 배의 무게를 줄여 기동성을 확보한 후 조선 수군과 전투를 벌였다. 이순신은 이 해전에서 일본 수군 전함 7척(대선 5척, 중선 2척)을 격파했다.

대금리 학생 야영장에서 바다를 바라보면 섬들이 보이는데 가깝게는 이수도, 백사도가 있고 멀리는 가덕도가 있다.

○ 경상남도 거제시 장목면 율천리 325-1번지

거제 옥포대첩기념공원

임진왜란 발발 이후 이순신 장군이 첫 승전을 거둔 옥포해전을 기념하고 충무공정신을 후세에 계승하기 위해 옥포만이 내려다보이는 거제시 옥포동 산 1번지 일원에 약 109,000㎡의 규모로 옥포대첩기념공원을 조성했다. 공원 내에는 30m 높이의 옥포대첩기념탑과 참배단, 옥포루, 기념관, 기념탑 이순신 장군 사당 등이 있다.

옥포대첩기념탑과 옥포정은 본래 옥포조선소(현재는 대우조선해양) 자리에 위치하고 있었는데, 1973년 옥포조선소가 기공됨에 따라 1974년 옥포대첩기념탑과 옥포정을 조선소 부근 거제시 아주동 탑곡 마을로 옮겨지었다. 그러나 부지가 좁고 위치도 적합하지 않아 다시 이곳 옥포동에 부지를 확보하여 옥포대첩기념공원을 조성하면서 기념탑과 누각을 세웠다.

1991년 12월 20일 기념공원 사업을 시작하여 1996년 5월 15일 준공했고, 6월 22일에 옥포대첩기념공원이 개원되었다. 1998년 4월 22일에는 이순신 장군 사당 건립공사를 시작하여 1999년 5월 6일에 준공했다.

기념공원에서는 매년 이순신 장군 제례행사가 열리며, 6월 16일을 전후하여 3일간 옥포대첩기념제전이 개최된다.

(옥포해전)

1592년 4월 14일 부산포에 상륙한 일본군은 경상북도 상주, 충청북도 충주를 거쳐 5월 2일에는 마침내 서울을 점령했으며, 6월 13일에는 평양에 도달했다. 일본군은 전국 곳곳에서 살인, 방화, 약탈, 부녀자 납치를 일삼았다.

일본군 부산 상륙 후 경상우수사 원균은 율포만호 이영남을 전라좌수사 이순신에게 보내 구원을 요청했다. 4월 29일 구원요청을 받은 이순신 장군은 출전을 결단하고, 5월 4일 축시(丑時, 새벽 1~3시)에 판옥선 24척, 협선 15척, 포작선 46척을 거느리고 전라남도 여수의 전라좌수영을 출발하여 경상도로 향했다.

이순신은 소비포 앞바다에 이르러 날이 저물어 하룻밤을 지낸 다음 5월 5일 새벽 원균과 만나기로 약속한 당포로 향했다.[36] 5일 밤을 당포 앞바다에서 보내고 6일 아침에야 전

---

36) 소비포는 지금의 경상남도 고성군 하일면 동화리 일대를 말한다.

선 1척을 타고 도착한 원균을 만나 일본 수군의 정세를 상세히 들은 이순신은 남해현령과 경상도 진장들의 전선 6척을 증강 편성하고 거제도 남단을 거쳐 송미포 앞바다에 도달한 후 밤을 지냈다.[37]

5월 7일 새벽 송미포를 출발하여 일본 수군이 머무르고 있는 가덕도로 향했다. 옥포만은 지형이 복잡한 거제도의 동쪽에 위치한 작은 규모의 어항이다. 오시(午時, 오전 11시~오후 1시)경, 조선 수군 함대가 옥포 앞바다에 이르렀을 때 이순신 장군이 타고 있던 판옥선 전방의 척후선으로부터 옥포 선창에 일본 수군이 있음을 알리는 신호가 왔다. 이순신은 여러 장병들에게 일본 수군 발견을 알림과 동시에 전열을 가다듬은 후 공격 개시 명령을 내렸다. 이 공격으로 옥포선창에 정박하고 있던 일본 전함 50여 척 중 26척을 격파했다. 당시 일본 수군은 도도 다카토라(藤堂高虎) 등의 장수가 지휘했다.

옥포해전은 조선이 일본의 수군을 맞아 벌인 최초의 해전(海戰)이며 조선 수군은 이 전투에서 승리를 거두었고, 이후의 전황을 유리하게 전개시키는 계기가 되었다. 일본군의 통신 및 보급로를 해상에서 차단함으로써 일본군의 상륙, 진격을 저지했고 동시에 조선군의 사기를 진작시키는 효과를 거두었다.

(기념관)
기념관에는 해전도 등 이순신 장군과 관련된 유물이 전시되어 있으며, 매년 이곳에서 제례행사를 개최하고 있다.

사당 효충사 전경

기념관

---

37) '진장(鎭將)'은 군사 거점 지역을 지키는 방어 장수를 말한다. 송미포는 거제시 남부면 다대리(다대포)의 옛 이름인 송변현이다.

화포

화포

제승재

사당 거충사

충무공 영정

(사당 효충사/거충사)

효충사(效忠祠)에는 충무공 이순신의 위패가 봉안되어 있고, 거충사(巨忠祠)에는 이순신을 비롯한 23인의 위패가 봉안되어 있다.

거충사 위패
원평(元平), 제홍록(諸弘祿), 옥계성(玉桂成), 윤승보(尹承輔), 이언량(李彦良), 조윤전(趙允銓), 반관해(潘觀海), 윤홍량(尹興良), 여막동(余莫同), 김희진(金希璡), 반중경(潘仲慶), 이순신(李舜臣), 신응기(辛應奇), 윤영상(尹榮祥), 신덕룡(辛德龍), 유녹상(劉祿詳), 김후석(金厚錫), 제○(諸○), 제진(諸璡), 반중인(潘仲仁), 제억(諸億), 김옥춘(金玉春), 윤낙보(尹珞輔)

(기념탑)

기념탑은 높이 30m로 학익진, 전선, 태산 모양을 형상화하여 진취적 기상을 표현했다.

사당 효충사

효충사에서 내려다 본 남해

옥포루

충무공 위패-거충사

옥포대첩기념탑

○ 경상남도 거제시 옥포동 산 1번지

| 거제 옥포대승첩기념탑/옥포정 |

(옥포대승첩기념탑)

옥포대승첩기념탑은 1592년 5월 7일 옥포 앞바다에 침입한 일본 수군을 이순신 장군이 이끄는 수군과 현지 주민들이 힘을 합쳐 일본 전함 26척을 격파한 승리를 기념하고, 충무공 이순신의 우국충정과 멸사봉공의 거룩한 얼을 가리기 위해 세운 탑이다.

1959년에 옥포만을 굽어볼 수 있는 옛 당등산(지금의 대우조선해양 서쪽 가장자리) 정상에 세웠다가, 1975년에 조선소가 건설되면서 그해 5월 7일 현재의 위치인 아주동 227번지로 옮겨 지었다.

옥포대승첩기념탑

옥포정

(옥포정)

옥포대승첩기념탑을 건립했지만 해전 승리를 기념하는 제전 및 문화예술행사를 치를 수 있는 공간이 없었다. 그러던 차에 박정희 대통령으로부터 충무공 유적을 정화, 정비하라는 지시가 있어 1963년 6월에 누각 옥포정(玉浦亭)을 건립하게 되었다.

그해 5월 7일(양력 6월 8일)에 첫 옥포 대승첩 기념 제전을 옥포정에서 거행했으며, 이듬해부터는 양력 5월 7일에 제전과 민속예술 행사를 하고 있다. 1970년 국고 보조로 종전의 건물을 헐고 오늘날의 3칸 규모의 옥포정을 중건했다.

그 후 1973년 10월 옥포조선소 건설로 인해 기념탑과 옥포정을 옮기게 되어 현재의 부지 아주동 227번지(국도변)에 1975년 5월 7일(음력)에 옮겨 짓고 낙성과 동시에 기념제전을 거행했다.

○ 경상남도 거제시 거제대로 3370(아주동)

거제 장목진 객사

거제 장목면 장목리 서구마을에 있는 장목진 객사(長木鎭客舍) 건물은 거제 7진(鎭) 중의 하나였던 장목진 관아의 부속 건물이었다.

장목진 객사 자리는 삼도 수군통제영이 설치되기 전에 진해를 마주 보는 거제도의 북단에 위치한 군사적 요충지로서 진해만 일대를 방어하고 대한해협을 바라보기 위한 전략지였다. 이러한 점 때문에 이곳은 수군들이 수시로 회합을 갖고 전략을 숙의하던 곳이다.

실제로 이곳은 임진왜란 당시 이순신 장군과 이영남 장군이 거제 옥포해전 등에 관한 전략을 숙의했던 장소이다.[38]

장목진 객사는 1785년 별장 어해장군(禦海將軍) 이진국이 중건하고 1802년에 다시 중수했다.

일제강점기(1910~1945)인 1914년부터 6·25전쟁이 종료된 시기인 1953년까지 장목면 사무소로 사용했으며, 한때는 경로당으로도 사용했다. 건물이 노후하여 1981년에 해체 및 복원 공사를 시작하여 1982년에 공사를 마쳤다. 1979년 12월 29일 경상남도 유형문화재 제189호로 지정되었다.

○ 경상남도 거제시 장목면 장목5길 9

---

38) 이영남(李英男) 장군 묘역과 사당 충용사는 충청북도 진천군 덕산면 기산리에 있다. 장군은 가리포첨사로 노량해전에 참전했다.

거제도와 칠천도 사이를 흐르는 칠천량 바다는 임진왜란 초기부터 조선 수군 함대가 자주 정박하던 곳이다.

(칠천량해전)

가토 기요마사가 다시 조선으로 온다는 정보를 접한 선조 임금은 가토를 바다에서 공격하라고 명한다. 그러나 거짓정보라고 판단한 이순신은 움직이지 않았다. 선조 임금은 이순신이 어명에 불복했다 하여 체포하여 서울로 압송했고, 그 후임으로 원균을 임명했다.

조선 조정은 권율 도원수에게, 도원수는 원균 삼도 수군통제사에게 바다로 나가 싸워 일본군을 물리치라는 명령을 하달한다. 계속되는 출전 독촉을 받은 원균은 1597년 6월, 100여 척의 전함을 이끌고 한산도를 출발해 안골포와 가덕도 앞바다로 가 치열한 공방을 벌였으나 별다른 성과를 거두지 못하고 회군했다.

일본 수군은 맞대응보다는 조선 수군의 진을 빼는 전술과 기습공격으로 나왔다. 조정에서는 조선 수군에게 부산으로 진격하라고 종용했고, 도원수 권율은 7월 11일 머뭇거리는 원균을 곤양으로 소환하여 곤장을 치고 출전할 것을 명한다. 곤장을 맞은 원균은 수군 함대 도합 160여 척을 이끌고, 7월 14일 부산포 근해에 이르렀다.

7월 15일 바다의 파고가 높아진 가운데 조선 수군은 함대를 영등포에서 칠천량 앞바다로 이동시켰다.[39]

조선 수군은 7월 16일 새벽 칠천량에 정박했고 이를 보고 있던 일본군은 기습작전을 계획했다. 일본 수군은 전함 수백 척을 조용히 움직여 조선 수군 함대를 포위한 후 이날 새벽에 공격을 시작했다. 먼저 5~6척으로 구성된 기습부대가 야습을 감행했고 뒤이어 600여 척의 일본 함대 본진이 공격해 왔다. 당시 일본 수군은 도도 다카토라와 와키자카 야스하루가 지휘했다.

일본 수군은 조선 함대에 접근한 후에 공격을 시작함으로써 조선 함대의 화포 공격을 사전에 차단했다. 장거리 화포 공격력은 앞서지만 근접전에는 약한 조선 함대는 기습 공격을 받고 참패했다. 원균은 기습공격을 당하자 모든 전함이 지휘선을 중심으로 집결하여

---

39) 영등포는 지금의 거제시 장목면 구영리이다.

대응태세를 갖추도록 명하고는 전함이 집결하기도 전에 자신은 도주했다.[40] 조선 수군은 더더욱 전의를 상실하여 우왕좌왕하다가 궤멸상태에 빠졌다.

조선 수군이 보유하고 있는 전함 대부분이 격파되고 병사들은 피살되거나 바다에 빠져 죽었다. 이 과정에서 원균에게 여러 차례 함대를 안전한 지역으로 이동시키자고 건의했던 경상우수사 배설은 전함 12척을 이끌고 현장을 빠져나와 도주했다.[41]

불과 5개월 전 이순신이 체포될 때 원균에게 넘겨준 한산 본영의 군량미 9,914석과 화약 4,000근, 총통 300자루, 그리고 수많은 전함이 격침되거나 불더미 속에서 재로 변했다.

원균과 그를 뒤따르던 일부 병사들은 칠천량을 탈출하여 고성땅 추원포에 상륙했다가 일본군의 공격을 받았다. 피로와 기갈에 시달린 조선 수군은 물을 구하려고 가덕도에 상륙했으나 이미 가덕도에 진을 치고 있던 일본군에 의해 400여 명이 피살당했다.[42] 다시 거제도 북단의 영등포로 이동한 조선군은 역시 이곳에 매복하고 있던 일본군에게 도륙당하고 말았다. 가덕도나 거제도는 일본군이 중시하는 바다의 길목이라서 늘 진을 치고 있는 곳인데 조선 수군이 조금만 유의했더라면 참사는 막을 수 있었을 것이다.

칠천량해전은 1597년 7월 삼도 수군통제사 원균이 치른 정유재란 첫 해전이자 조선 수군이 일본 수군의 야간 기습 공격을 받아 궤멸당한 해전이다. 칠천량해전은 거북선과 판옥선 등 160여 척의 전함이 격침 또는 소실되는 손실과 1만여 명의 병사가 숨진 조선 수군 최대의 패전으로 기록되었다.

---

40) 도현신, 『원균과 이순신』(서울: 비봉출판사, 2008), 223~224쪽.

41) 배설(裵楔)은 1597년 정유재란 때 경상우수사로 통제사 원균의 휘하에서 칠천량해전에 참전했으나 전투과정에서 12척의 전함을 이끌고 한산도로 도주했다. 그 후 원균의 뒤를 이은 통제사 이순신의 휘하로 들어갔지만 명량해전을 며칠 앞두고 일본군의 위세에 겁을 먹고 도주했다. 배설은 칠천량해전 당시 휘하에 있던 판옥선 12척을 이끌고 도주했는데 이 전함들이 명량해전을 치른 조선 수군함대 13척의 대부분을 이루게 된다. 명량해전을 앞두고 도주한 배설은 1599년 경상북도 선산에서 체포되어 처형되었다.

42) 육지에 상륙한 원균이 일본군의 공격을 받았지만 그는 그때 살해당하지 않았으며 그 후 한동안 생존해 있었다는 근거자료가 제시되었다. 도현신, 앞의 책, 227~231쪽.

칠천량해전 표지석

칠천량바다

칠천교

(칠천량해전 기념비)

칠천교를 건너기 직전에 있는 정자 옆 도로변에 칠천량해전을 기념하는 기념비가 서 있다.

칠천량해전 정유년(1597년 7월 16일)

칠천량해전은 1597년(선조 30) 음력 7월 16일 거제 칠천도 부근에서 벌어진 치열한 전투였다. 당시 산도 수군통제사 원균이 지휘하던 조선 수군은 7월 14일 가덕도와 영등포 등에서 일본군의 습격으로 손실을 크게 입고 후퇴하여 7월 15일 밤에 이곳 칠천량에 정박하였다. 이튿날인 7월 16일 새벽 다시 일본 수군 600여 척의 기습공격으로 조선 수군은 160여 척을 잃었고, 전라우수사 이억기, 충청수사 최호 등 조선 장수들이 장렬히 전사하였으며 원균 또한 고성으로 퇴각하다 육지에서 전사하였다.

이 해전의 패배로 남해안의 제해권을 일본에 빼앗기자 조선 조정은 초계[현 합천군 율곡]의 권율 도원수 휘하에서 백의종군하던 충무공 이순신을 다시 삼도 수군통제사로 임명하여 제해권을 회복하도록 하였다.

경상남도는 2008년 6월 1일부터 칠천량해전의 가슴 아픈 역사가 다시는 반복되지 않기를 바라면서 온 국민의 마음을 하나로 모아 당시 침몰된 거북선을 찾기 위하여 탐사를 추진했다.

2010년 1월 12일 경상남도

칠천도 위치 안내도(중앙 상단 왼쪽)

(칠천량해전 전시관)

조선 수군이 패배를 당한 칠천량해전을 기억하고 당시 희생된 병사들을 기리기 위한 전시관 공사가 2010년에 시작되어 2011년 6월 현재 칠천도 바닷가 끝쪽에서 진행되고 있다.

칠천량해전의 주요 무대였던 거제시 하청면 연구리 옥계마을 바닷가 언덕에 건설되고 있는 칠천량해전 전시관에는 거제지역에 전해 내려오는 칠천량해전과 임진왜란에 관한 이야기를 소개하는 구전 이야기 마당과 12척의 배 조형물 광장, 당시 목숨을 잃은 조선 수군을 기리는 위령 조형물, 전시실과 영상실 등이 들어설 예정이다. 전시관은 판옥선 모양의 형태를 하고 있다.

○ 경상남도 거제시 하청면 실전리 칠천교 앞

2. 거창

거창 만월당 정용 유적비

거창군 북산면 농산리는 임진왜란 때 의병을 일으켜 공을 세운 의사들의 충절이 살아 숨 쉬는 장소이다. 이곳에 소재하는 만월당(滿月堂) 뜰에는 1593년 6월 제2차 진주성 전투 때 순절한 정용(鄭庸, 1539~1593) 의사의 유적비가 있다.

비석에는 '충순위 내금위장 의사 중재 진양 정공휘용유적비(忠順衛內禁衛將義士中齋晉陽 鄭公諱庸遺蹟碑)'라고 새겨져 있는데 이 비문은 1964년 김황이 지은 것이다.

정용은 1539년 10월 1일 갈천리 본가에서 태어났다. 천성이 올바르고 굳은 심지를 가진 그는 어버이에게 효도하고 형에게 공손하였으며, 의기가 높아 큰 뜻을 지니고 용맹이 뛰어났다.

임진왜란을 당해서 큰 성이며 고을이 와해되고 감사와 수령들이 뿔뿔이 흩어져 숨어버리자 정용은 형의 아들인 정익주와 정광주, 사촌 형의 아들들, 그리고 가솔 수십 명을 모아 의병을 일으켜 김면 장군의 휘하에 들어갔다.

정용 유적비

정용 유적비

만월당

학봉 김성일이 초유사로 영남지역에 당도하여 송암 김면을 의병대장으로 삼고 우현(牛峴)에 진을 치고 있었다. 정용은 그를 찾아가 일본군을 토벌할 계략과 변화에 대처하는 방법을 설명하기도 했다.[43]

당시 평양이 일본군의 수중에 들어가고 선조 임금이 평안북도 의주로 몽진했다는 소식을 들은 정용은 김면에게 청하여 자기에게 소속된 의병을 거느리고 낙동강 하류의 일본군을 추격하여 토벌하겠다고 했다. 이에 김면은 정용의 연로함을 들어 만류했으나 정용은

---

43) '초유사(招諭使)'는 전쟁이나 반란 등 난리가 일어났을 때 백성을 타일러 경계하는 일을 맡아 하던 조선시대의 임시 벼슬이다.

한 번 죽어 나라의 은혜에 보답하는 것이 곧 나의 뜻이라고 말하고 달려 나가 일본군의 깃발을 꺾고 십여 명의 목을 베었다. 일본군이 소지했던 여러 가지 물자를 노획하여 김면에게 주자 그는 정용을 장하게 여겨 그 소식을 영문(營門)에 보고했다.

김면 사망 후에 정용은 그 군사들을 거느리고 진주로 가 병사(兵使) 최경회(崔慶會)의 휘하에 들어갔다. 최경회는 정용의 충의를 장하게 여기고 공로를 치하하며 "한 고을의 외로운 성이 그대를 얻어 든든하게 되었다."라고 말하고 마음을 함께하여 죽음으로써 성을 지키자고 맹세했다. 당시 병사 황진(黃進), 창의사 김천일(金千鎰), 의병장 임계영(任啓英), 복수장 고종후(高從厚)가 그 자리에 있었는데 정용의 계책과 지략을 듣고 칭찬해 주었다고 전한다.[44]

일본군이 1593년 6월 재차 진주성을 공격해오자 조선군과 의병은 끝까지 항전했으나 중과부적으로 성은 함락되고 말았다. 성을 지키던 정용은 두 조카와 함께 촉석루 밑으로 투신, 자결했다. 이때가 계사년 1593년 6월 29일이고 정용의 나이 55세였다.

(만월당)

이 옛집은 만월당 정종주(滿月堂 鄭宗周) 선생을 기려 1666년(현종 7)에 세운 건물이며, 1786년에 중건하여 오늘에 이르고 있다. 건물 구조는 정면 4칸, 측면 1칸의 규모로 가운데 2칸에 대청을 두고 좌우로 1칸씩 방을 두었으며 지붕은 옆에서 볼 때 사람 인(人)자 모양인 맞배지붕이다.

만월당은 중건 이래 거창지역의 향토문화를 계승 발전시키는 데 기여하는 공간이 되고 있다.

---

44) '창의사(倡義使)'는 국가 전란 시에 의병을 일으킨 사람에게 임시로 부여하는 군사 직책이다.

소박하면서도 간결한 정면 4칸, 측면 1칸 규모의 조선시대 후기의 건물이다. 만월당은 2001년 12월 20일 경상남도 유형문화재 제370호로 지정되었다. 농산리 용수막회관 옆에 자리하고 있다.

○ 경상남도 거창군 북상면 덕유월성로 2279-6(농산리)

거창 용원서원

문위(文緯)는 1554년 거창군 가북면 용산리에서 출생했으며, 14세 때부터 부친 문산두에게 글을 배웠다. 이때 나중에 의병장이 되는 윤경남도 그와 같이 수학했다.

문위의 나이 19세 때 남명 조식(曺植)에게서 가르침을 받고자 했으나 얼마 안 있어 조식이 세상을 떠나 직접 가르침을 받지는 못했다.[45]

그의 나이 39세 때인 1592년 임진왜란이 발발하자 거창에서 의병활동에 나섰으며 의병장 김면과 함께 경상북도 고령에서 일본군을 물리치는 데 공헌하여 선무원종공신 3등의 서훈을 받았다.

그 후에 선조 임금이 서거하고 광해군이 왕위에 오르자 벼슬을 그만두고 고향으로 내려왔다. 정인홍 등과 함께 조식의 제자였지만, 정인홍이 광해군을 옹립하며 집권하자 관계를 끊고 학문에만 몰두했다. 문위는 부모상을 당한 후에 거창현 모계리에 터전을 마련하고 10여 년 동안 제자들을 가르치는 데 전념했다.

1623년의 인조반정 후에 70세의 나이로 고령현감에 부임했으나, 부임 후 몇 개월도 안되어 건강상의 이유로 사임했다.[46]

그 후 김우옹, 유성룡 등의 추천을 받아 동몽교관, 사헌부 감찰 등을 지냈다.[47] 사후에 거창 용원서원(龍源書院)에 모셔졌다.

---

45) 문위(1554~1631)는 조식의 가르침을 받지 못한 대신 조식의 문인인 덕계 오건과 한강 정구(鄭逑) 등에게 조식의 학문을 전수받았다.

46) 인조반정(仁祖反正)은 1623년(광해군 15) 이서(李曙)·이귀(李貴)·김유(金瑬) 등 서인(西人) 일파가 광해군 및 집권당인 대북파(大北派)를 몰아내고 선조 임금의 손자인 능양군(綾陽君: 뒤의 인조 임금)을 국왕으로 세운 정변이다.

47) '동몽교관'은 조선시대에 어린이를 교육하기 위해 각 군현에 둔 벼슬의 이름이다.

용원서원 전경

사당 입구

(남평 문씨 종가 소장 고문서)

용원서원에 소장되어 있는 고문서는 모계 문위가 지은 교지류, 문집, 서첩 등으로 서책 6권과 교지류 19매 등 25점이 보관되어 있다. 교지는 국가에서 관직 등을 제수할 때 내리는 일종의 증명서이다. 2권의 책자로 된 문집은 1829년(순조 29)에 후손들에 의해 간행된 것으로, 문위가 남긴 여러 글을 모은 것이다. 문집에는 특히 의병(義兵) 관련 사적이나 효자 이야기가 다수 수록되어 있다. 특히 '곽망우당 사적'은 의병장 곽재우의 활동을 정리한 것으로 그의 전략과 전술 등을 적었다.

○ 경상남도 거창군 가북면 용산리

거창 원천정

원천정(原泉亭)은 원천 전팔고가 후학 양성에 전념하기 위해 세운 건물이다. 1587년에 지은 이 정자는 양쪽에 방을 1칸씩 만들고 가운데 마루를 2칸으로 한 4칸짜리 목조기와집 이었는데, 1684년 수리 보수할 때 구조를 변경했다. 앞면 4칸, 옆면 1칸 규모이며, 지붕은 맞배지붕으로 꾸며져 있다.[48]

원천정–용천서원

원천정

사당 용천사(원천정 뒤편)

(전팔고)

전팔고(全八顧)는 1540년 12월 15일 거창 가조면 원천에서 출생했으며, 11세 때 논어와

---

48) '맞배지붕'은 건물의 모서리에 추녀가 없고 용마루까지 측면 벽이 3각형으로 된 지붕을 말한다.

중용을 독파하고 남명 조식 밑에서 학문을 익혔다.

임진왜란을 당하여 전팔고는 거창, 합천, 고령, 성주, 현풍 등 각지에서 의병장 김면(金沔), 박대암(朴大庵), 곽준(郭越) 등과 더불어 의병을 규합하고 군량미 조달을 위해 밀의한 후 각지의 의병에게 연락을 취했으며, 초유사 김학봉을 방문하여 정보를 교환하기도 했다.[49] 왜란 당시 이곳 원천정은 의병들의 비밀모의 장소로 이용되기도 했다.

전팔고는 1593년 7월 명나라 장수 유정(劉綎)이 이끄는 군대가 거창군 가조에 주둔하고 있을 때 그들의 군량미가 두절되자 쌀 수백 석을 그들에게 제공하기도 했다. 그가 적극적으로 명나라 원군을 지원해 준 공을 인정하여 명나라 신종(神宗) 황제가 첨지중추부사 벼슬을, 선조 임금이 대사헌의 벼슬을 내렸지만 사양하고 향리에서 학문을 연마하다가 1612년에 세상을 떠났다.[50]

1684년 후손들이 원천정 건물을 중창했으며 이후 여러 번 중수했다. 원천정 뜰에는 신도비(神道碑)가 있으며, 정자 안에는 정자 건립에 관한 기문(記文)과 상량문이 걸려 있다. 정자에는 서숙이 1636년에 지은 '원천정사기'와 1684년에 임동익이 지은 '원천정사 중창 상량문', 그리고 정온·조경·오장 세 사람이 지은 시가 걸려 있다.

원천정은 1997년 12월 31일 경상남도 문화재자료 제251호로 지정되었다.

○ 경상남도 거창군 가조면 원천1길 80

거창 윤경남 생가

거창 남하면 양항리에서 태어난 윤경남의 호는 영호(瀯湖), 본관은 파평(坡平)이다. 그는 일찍부터 학문에만 뜻을 두었기에 과거 시험을 통해 입신출세한다는 목표는 설정하지 않았으며, 문위(文緯)·정온(鄭蘊) 등의 학자와 두터운 친분을 쌓았다.

임진왜란이 일어나자 그는 의병을 모집하여 일본군을 격퇴하는 데 큰 공을 세웠다. 특히 이곳 생가는 왜란 당시 일본군을 물리치기 위한 의병 모집과 군기 비축을 위한 근거지

---

49) 전인진 역편, 『원천정 오선생 행록(原泉亭五先生行錄)』(1988), 16쪽.

50) 전인진, 앞의 책, 19쪽. 전팔고의 동생 전팔급(全八及)은 1542년 가조면 원천에서 출생하여 1613년 별세했다. 그는 임진왜란 때 거창, 합천, 고령, 성주, 현풍 등지의 의병장 김송암(金松庵), 박대암(朴大庵), 곽준(郭越), 하모헌(河慕軒), 조도촌(曺陶村), 박용담(朴龍潭) 등과 의병 모집, 군량 조달 등에 관해 밀의통문하며 지원했다. 전팔급은 그 전인 1589년 정여립의 모반사건에 연루되었다는 무고로 1590년 7월 8일에 체포되어 수감되었다가 선조 임금의 특명으로 동년 10월에 출옥했다. 체포 당시 압수된 저술 서적 등이 모두 소각 처리되어 전팔급의 문집은 남아 있지 않다.

로 이용되었다.

　왜란이 종결된 뒤 윤경남은 그 공로로 벼슬길에 나가 1599년에 장수현감의 관직을 받았다. 사후에는 대사헌의 벼슬이 내려졌다.[51]

　목조 건축물인 생가의 건립연대는 명확하지 않으나 1540년대에 처음 건립한 것으로 추정되고 있다. 현재는 안채와 사랑채 2동의 건물만이 남아 있는데, 안채는 5칸으로 부엌 위에 다락방이 위치하고 있으며 사랑채는 누마루 대청 양식을 갖추고 있다. 건물의 기단은 모두 자연석을 쌓아서 만들었고, 이 기단 위의 자연석 주춧돌에 나무를 깎아 기둥을 세웠다.

　윤경남 생가는 1997년 1월 30일 경상남도 유형문화재 제326호로 지정되었다.

　○ 경상남도 거창군 남하면 양항길 366

---

51) 윤경남(尹景男, 1556~1614) 유품은 얼굴 가리개·수통·인장함·연적·표주박 등 모두 16점이며 1997년 1월 30일 경상남도 유형문화재 제325호로 지정되었다. 이들 유품은 윤경남의 후손이 보관하고 있었으나 후손의 협찬으로 현재는 거창박물관에 전시, 보관되어 있다.

3. 고성

고성 당항포 숭충사

지리적으로 고성군 회화면과 동해면 사이의 당항만에 위치하는 당항포는 조선 수군과 일본 수군 간에 치열한 해전이 벌어졌던 곳이다. 이순신 장군은 이곳에서 1592년과 1594년 두 차례에 걸쳐 일본 전함 57척을 격파했다.

숭충사(崇忠祠)는 해전에서 승리하여 나라를 구한 이순신 장군을 추모하기 위해 그의 영정과 위패를 모신 사당이다. 이곳의 충무공 영정은 1996년 11월 문화체육부에서 제작한 표준영정이다.[52]

숭충사 제전향사는 1594년 4월 23일(음력 3월 3일) 제2차 당항포해전에서 일본 전함 31척을 전멸시킨 날을 기념하고 그때의 호국정신을 새기며, 애국 애족하는 마음가짐을 고취하기 위한 행사이다. 매년 양력 4월 23일에 거행된다.

숭충사 제전위원회 주관으로 봉행되고 있는 제전향사는 도제항(개회), 국민의례, 향례사(당항포 대첩 개요), 이충무공의 노래, 이충무공 추모 헌시 낭독, 예포, 향례(유고 절차), 분향의 순서대로 진행된다.

---

52) 표준 영정은 1953년 아산 현충사에 봉안된 월전 장우성 화백의 인물화인데 장우성 화백은 다른 화가와는 달리 충무공을 문인으로 그렸다.

충무공 영정과 위패

숭충사

　지금은 당항포해전 승리를 길이 후손에게 전하기 위해 국민관광지로 조성하여 운영하고
있다. 당항포관광지에는 공룡엑스포주제관, 공룡나라 식물원, 수석전시관, 자연사박물관 외에
당항포 해전관, 거북선 체험관, 숭충사, 임란창의공신현충탑 등 왜란과 관련된 시설이 있다.

당항포 관광지 안내도

(혈침)

당항포 해전관 입구 오른쪽에 혈침 하나가 전시되어 있다. 2002년 8월 10일 당항포관광지 경내 자연예술원 건축 부지에서 발견된 이 혈침(穴針, 쇠말뚝)은 일제강점기의 풍수침략의 산물이다. 한반도의 중요한 지점, 중요한 혈(穴)에 쇠말뚝을 박아놓음으로써 땅의 지맥을 끊어 조선에서 영웅이나 인재가 나오지 못하게 한 것이다. 이곳의 혈침은 다른 곳의 쇠말뚝과는 달리 놋쇠로 되어 있으며 크기 또한 매우 크다.

설명문은, 놋쇠로 만들어진 큰 혈침을 박아놓은 것은 임진왜란 때 이곳 당항포에서 일본 수군이 이순신 장군에게 패한 것을 보복이라도 하는 것처럼 당항포 앞바다가 보이는 산 중앙에 박은 것으로 추정된다고 적고 있다.

○ 경상남도 고성군 회화면 당항만로 1116

당항포해전은 제1차 해전과 제2차 해전으로 나뉜다. 제1차는 1592년 6월 5일부터 6일까지 이틀간 있었고, 제2차는 1594년 3월 4일 하루 동안 벌어졌다.

(제1차 당항포해전)

1592년 6월 5일(양력 7월 13일) 당포(통영시 산양면 삼덕리)에서 쫓긴 일본 함대가 거제를 지나 당항포로 와 정박하고 있다는 정보가 조선 수군 진영에 접수됨에 따라 전라좌수사 이순신의 전함 23척과 전라우수사 이억기의 전함 25척, 경상우수사 원균의 전함 3척 등 51척의 조선 수군 연합함대가 당항포 앞바다에 이르렀다.

당항포 서쪽 해안에는 3층 누각이 세워진 화려한 대장선을 중심으로 검은 색칠을 한 일본 전함 26척(대선 9척, 중선 4척, 소선 13척)이 정박해 있었다.

조선 수군 연합함대는 당항만 어귀에 판옥선 4척을 숨겨두고 47척은 거북선을 앞세워 당항포로 진격했다. 선두에서 공격을 시작한 거북선은 천저총통과 지자총통을 발사하여 일본 수군 대장선에 명중시켰고, 이어 여러 전함이 번갈아 일본 전함에 접근하여 총통과 화살을 퍼부어 일본 전함 전부를 불태웠다. 그리고 일부 패잔병들이 육지로 올라가 백성들을 해칠 것을 염려하여 일본 전함 1척은 남겨두어 그들의 퇴로를 터 두었다.[53]

6월 6일 새벽 산으로 도주했던 일본군 100여 명을 태운 전함 1척이 강 하구에서 바다 안쪽에서 바깥으로 빠져나오는 것을 포착한 조선 수군이 돌격하여 불태우고 격침시켰다.[54]

(제2차 당항포해전)

1592년 4월 일본군은 부산을 점령하고 그곳을 일본 수군의 근거지로 삼았다. 그러나 전라남도 여수에 본영을 둔 이순신 함대는 옥포해전을 시작으로 연이은 일본 수군과의 해전을 모두 승리로 이끌면서 일본군의 통신 및 보급물자 수송을 차단했다.

1594년 3월 4일의 제2차 당항포해전은 당시 조선 수군의 활약으로 인해 바다와 육상에서 동시에 진격하려는 수륙병진전략에 차질을 빚은 일본 수군이 거제도 내륙을 오가며

---

53) 일본 수군은 밀정이 작성해 간 지도를 따라 지금의 고성군 회화면과 동해면 사이의 좁은 수로를 지나 고성으로 진출하려 했으나 지금의 마동호 저수지 안쪽인 거산리 두호리 일대의 소소강에 이르러 물길이 막힌 것을 알고는 빙빙 돌면서 북과 징을 울리기 시작했다. 기녀 월이가 무기정 술집에 왔던 일본 밀정의 지도에 가필하여 수정한 결과이다. 이봉수, 『이순신이 싸운 바다』 참조.

54) 고성 당항포 해전관 자료

살인과 납치, 약탈을 일삼고 있을 때 행해졌다.

3월 3일 일본 전함이 당항포와 저도 등지로 향한다는 보고를 받은 이순신은 3월 4일 새벽 함대를 이끌고 본영인 한산도를 출발했다. 이순신은 전함 20여 척을 거제도 견내량 바다로 보내 만일의 사태에 대비하도록 하고, 동시에 전라좌수영과 경상우수영에서 각각 10척, 전라우수영에서 11척을 선발해 공격 함대를 편성한 후 어영담(魚泳潭)을 인솔지휘관으로 임명하고 당항포로 급파했다.

이순신은 이억기, 원균 등과 함께 나머지 함대를 이끌고 증도 해상에서 학익진(鶴翼陣)을 펼치며 함대 시위를 하는 한편, 다른 일본군의 지원 및 도주로를 봉쇄한 후에 공격 명령을 내렸다.

어영담이 이끄는 공격 함대는 읍전포에서 6척, 어선포에서 2척, 신굿포에서 2척의 일본 전함을 격파한 후에 당항포로 진격했다. 당항포에는 21척의 일본 전함이 정박하고 있었는데 이들은 전세가 불리하다고 판단하고 육지로 상륙하여 포진하고 있었다. 조선 함대가 당항만 안으로 진격했으나 일본군은 이미 배를 버리고 육지로 올라가 있었다. 조선 수군은 21척의 일본 전함을 모두 불태운 후 전투를 마치고 한산도로 귀환했다.

이번 해전에서는 조선 연합함대의 전함 124척이 합동작전을 펼쳐 압승을 거두었다. 경상도 우수사 원균, 전라도 좌수사 이억기 등과 함께 수군 연합함대를 편성하여 해전에 임하면서 일본군이 눈치채지 못하도록 위장 또는 잠복전술을 쓰는 등 치밀하게 작전을 준비한 이순신의 전략이 빛을 발했다. 또한 이번 해전은 인근 주민이 제공한 일본군 동향 관련 정보가 작전 수행에 중요한 역할을 했다.[55]

---

55) 당항포 해전관 자료(http://dhp.goseong.go.kr/)

당항포대첩기념탑

해전관 내부 당항포해전 광경 재현

거북선 모형

(당항포대첩기념탑)

　당항포대첩 전승지를 성역화 하는 사업의 일환으로 이순신 장군의 위국정신을 후세에 선양하고자 1986년도에 건립한 기념탑이다. 탑의 높이는 20m이다.

해전관

당항포 앞바다

임진란 창의공신 현충탑

의병장 명단

○ 경상남도 고성군 회화면 당항만로 1116

고성 당항포 임진란 창의공신 현충탑

임진란 창의공신 현충탑은 임진왜란 때 나라를 지키기 위해 분연히 궐기하여 일본군을 무찌르다 전사한 고성지역 의병 44인의 충혼의백을 기리고 충의정신을 기리기 위해 세운 탑으로 높이는 11.2m이다.

임진란 창의공신 현충탑의 의병 명단(가나다 순)
구동(其棟), 구응성(其應星), 김성원(金聲遠), 노임수(盧任守), 박승남(朴承男), 박승립(朴承立), 박애상(朴愛祥), 박연형(朴連亨), 박연홍(朴連弘), 박춘영(朴春英), 배덕기(裵德基), 배덕춘(裵德春), 배언극(裵彦克), 배응록(裵應祿), 배응춘(裵應春), 배희도(裵希度), 윤사복(尹思復), 이달(李達), 이덕상(李德祥), 이명원(李明原), 이복(李福), 이응성(李應星), 정곽(鄭郭), 정규(鄭奎), 정유경(鄭惟敬), 정윤(鄭潤), 정준(丁俊), 제락(諸洛), 제만춘(諸萬春), 제말(諸沫), 제한국(諸漢國), 제홍록(諸弘祿), 조응도(趙凝道), 최각호(崔角虎), 최○(崔○), 최강(崔堈), 최균(崔均), 최용호(崔勇虎), 최진호(崔振虎), 최흥호(崔興虎), 황근(黃瑾), 황선(黃瑄), 허호(許祜), 허희(許禧)

○ 경상남도 고성군 회화면 당항만로 1116

고성 망사재

망사재는 의병장 박애상(朴愛詳)을 모신 사당이다. 박애상은 경상남도 고성에서 출생했으며 임진왜란이 일어나자 조응도와 함께 의병을 일으켜 진주, 반성, 함안 등지에서 일본군을 토벌했다. 이순신 장군의 막하에 들어가 있을 때는 진중에서 모병과 군량 보급업무를 맡아 일하는 등 공을 세웠으며 조응도 고성현령과 함께 고성 귤도해전에서 일본군과 전투를 벌이다가 해상에서 전사했다.

박애상의 부인 어씨(魚氏)는 부군이 전사했다는 소식을 듣고 바닷물에 투신, 자결했다. 망사재 바로 옆 숲속에 박애상과 그의 부인 묘소가 있다. 시신을 수습하지 못한 부인의 묘는 가묘로 조성되어 있다.

○ 경상남도 고성군 삼산면 공룡로 2936-88

망사재

의병장 박애상 묘

고성 배둔리 잡안개

'잡안개'는 고성군 회화면 배둔리를 지나는 배둔천을 따라 남쪽으로 내려가면 만나게 되는 물가를 말한다. 임진왜란 때 회화면 당항리와 배둔리 중간 지점의 골짜기 부근에서 전투가 있었고 전투에 패해 도망가던 일본군이 계곡과 개천을 따라 남쪽으로 내려가다가 물속에서 사살되거나 생포된 곳이다. 이곳은 바다 같지만 사실은 물길의 끝은 육지로 막혀있다. 바다로 나가려면 물길을 다시 거슬러 올라와야 하는데 이곳에 갇혀 꼼짝 못하게 된 일본군을 잡는 곳이라 하여 불리게 된 이름이다. '잡안개'는 '잡은 개'가 바뀐 이름이다.

○ 경상남도 고성군 회화면 배둔리 배둔천 하류(당항포 앞바다)

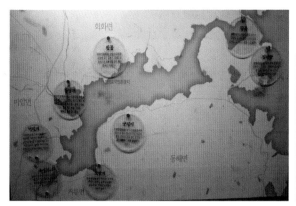

당항포 앞바다

관인로 46번길 배둔천 – 산 너머에 핏골이 있다

잡안개

고성 소천정

소천정(蘇川亭)은 의병장 최균·최강 형제의 공적을 기리기 위해 1872년에 후손들이 세운 정자이다. 소천정은 고성군 구만면 효락리에 위치하고 있다.

소천정은 앞면 3칸, 옆면 1칸 규모의 건물이며 지붕은 팔작지붕이다. 소천정은 일반적인 정자의 형식에서 벗어나 공부하고 집회를 갖는 재실의 성격 또한 갖는다. 1986년 8월 6일 경상남도 문화재자료 제160호로 지정되었다.

(최균)

의병장 최균(崔均)은 주역과 천문지리에 능통했으며, 임진왜란 때 동생 최강과 함께 의병을 일으켜 고성 등지에서 많은 전공을 세웠다. 1597년 정유재란 때도 동생과 함께 무공을 세워 통정대부에 올랐고 만년에 가선대부(嘉善大夫)에 승진했다.[56]

(최강)

의숙공 최강(崔堈)은 1585년 무과에 급제했으며, 임진왜란이 일어나자 형 최균과 함께 의병을 일으켜 고성, 진해 지역에서 일본군과 교전했다. 그는 화공법을 잘 구사하여 일본군 선박을 불태우는 전공을 세웠다.

그는 가리포(전남 완도) 첨절제사, 경상도 좌수사, 충청수사를 역임했으며, 사후에 병조판서의 직위가 내려졌다.

○ 경상남도 고성군 구만면 효락1길 149-29

고성 옥천사 자방루

옥천사는 고성군 연화산 기슭에 있는 사찰로서 676년에 의상대사가 지었다. 그 후 신라시대와 고려시대를 거쳐서 조선시대에 이르기까지 여러 차례의 중창이 있었다. 국가의 숭유억불정책이 가중되면서 한동안 도둑의 소굴로 변했던 시기도 있었지만 1639년에 학명

---

56) '통정대부'는 조선시대 정3품 문관의 품계이고, '가선대부'는 정2품 문관의 품계이다.

대사가 중창했다.[57]

1657년에 용성화상이 다시 지었으며, 그 후 여러 차례의 수리를 거쳐 오늘에 이르고 있다. 사찰 경내에 달고 맛있는 물이 끊이지 않고 솟는 샘이 있어 절의 이름을 '옥천사(玉泉寺)'라고 부르게 되었다.

옥천사는 임진왜란·정유재란 때는 구국승병의 군영 역할을 했던 호국사찰이다. 그 때문에 이곳을 점령한 일본군이 사찰을 불태우고 폐허로 만들었다.

옥천사는 1700년대에 이전에 비해 훨씬 큰 규모로 중창되었다. 대규모로 중창이 이루어진 것은 단순한 종교적 기능뿐 아니라 호국사찰의 기능까지 수행하면서 국가로부터 지원을 받았기 때문이다. 실제로 1733년(영조 9)부터 1842년(헌종 8)까지 옥천사에는 340여 명의 군정(軍丁)이 기거하면서 왜구·일본군의 침공에 대비했다.

자방루

구유와 범종

대웅전

57) 대웅전은 1974년 12월 28일 경상남도 유형문화재 제132호로 지정되었다.

자방루 현판   자방루 내부

자방루 앞 광장–왜란 때는 승병의 연병장으로 사용되었다

(자방루)

자방루(滋芳樓)란 '꽃다운 향기가 점점 불어난다'는 말이며, 불도(佛道)를 닦는 누각이라는 뜻이다.

자방루는 1764년(영조 40) 뇌원대사가 처음으로 지었으며 1888년(고종 25)에 중수한 누각으로 경상남도 유형문화재 제53호로 지정되어 있다. 대들보 6개 중 왼쪽에서 네 번째에는 하늘을 나는 아름다운 비천상이 쌍방으로 그려져 있고 세 번째에는 비룡(飛龍)이 그려져 있다. 4개의 기둥 중 2번, 3번의 기둥머리에는 용두(龍頭)가 쌍방으로 조각되어 있다.

자방루는 정면 7칸, 측면 3칸의 규모이며 단층 팔작지붕이다. 기둥 사이를 모두 두터운 문으로 막고 오직 앞마당과 면하는 전면만을 개방하여 큰 성채를 방불케 한다. 건물 내부는 화려하게 장식했다. 이러한 건물 형식은 단순히 불교신도를 위한 설법용이나 불구(佛具)를 두기 위한 공간이 아님을 보여준다.

임진왜란 직후 조정에서는 전략 요충지에 비상시를 대비한 군사적 목적의 사찰을 건립했는데 옥천사도 그중의 하나이다. 군사용 회합장소로 넓은 공간이 필요했을 것이고 사찰과 주변지역을 보호하기 위한 방어용 성채와 군사훈련을 위한 장소로 필요했을 것이다.

사찰의 누각은 대체로 2층 누각 밑을 통과하여 대웅전으로 올라가게 되어 있으나 옥천사 자방루의 경우 처음 지을 당시 300여 명의 승군(僧軍)에게 군사교육을 실시하기 위해 단층 누각으로 건립했다.

승병 교육 및 지휘본부라고 할 수 있는 자방루 건물 정면의 넓은 앞마당은 승군들이 훈련하던 연병장이었다. 승군은 훈련할 때 동편과 서편으로 나뉘었으며 동편장은 통정대부, 서편장은 판사(무관직 5품종)의 벼슬을 제수받은 스님들이 지휘했다.

이후 이 누각은 승려들에게 불경을 가르치고 초파일 같은 큰 행사 때 법회를 여는 장소로 사용되었다.

○ 경상남도 고성군 개천면 연화산1로 471-9

고성 운곡서원

운곡서원은 임진왜란 때인 1593년 성주전투에서 일본군과 싸우다 전사한 의병장 제말(諸沫) 장군과 제학봉, 제동형 등 제씨 가문의 선열을 모시는 사당이다.

제말은 의령 정암진 전투 후 조정에서 파견한 초유사 김성일을 도와 각처에서 흩어져 싸우는 의병을 연결하고 조직화하는 일을 하면서 경상북도 성주까지 진출했으나 성주성은 이미 일본군에게 점령당한 후였다. 이에 성을 탈환하기 위해 싸우다가 전사했다.[58] 제말 장군은 성주 충절사(忠節祠)에서도 모시고 있다.

---

58) 제말의 묘소는 창원시 마산합포구 진동면 다구리 산 66-2번지에 소재하고 있다.

○ 경상남도 고성군 대가면 척정2길 213-50

승병 활동의 근거지이자 조선 수군의 주요 전적지인 운흥사(雲興寺)는 고성군 하이면 와룡리 와룡산 향로봉 서쪽 기슭에 자리 잡고 있다.

운흥사는 676년 의상대사가 창건했다. 1974년 2월 16일 경상남도 유형문화재 제82호로 지정된 대웅전 건물은 1731년(영조 7)에 재건한 것으로 앞면 5칸, 옆면 3칸 규모의 맞배지붕 건물이다. 그밖에 범종루, 산신각, 요사채 등의 건물이 있다. 다만 대웅전 앞에 탑이 없는 점이 특이하다. 대웅전 설명문에 의하면 임진왜란 때 불탄 부속 건물들을 미처 복원하지 못한 때문이라고 한다.

운흥사 소재 문화재 중 괘불탱 및 궤는 보물 제1317호, 관음보살도는 보물 제1694호로 각각 지정되어 있다. 그밖에 1690년에 만든 운흥사 범종이 있었으나 일제강점기 일본으로 밀반출되었다.

대웅전

영산전

(의병 활동)

임진왜란 때 사명대사가 승병 6,000여 명을 이끌고 운흥사 일대에서 일본군과 싸웠다. 승병 역사상 가장 큰 규모의 격렬한 전투가 승병의 근거지인 이곳에서 전개된 것이다.

이곳은 일본군 입장에서 볼 때는 군량미 조달을 위해 꼭 점령해야 하는 곡창지대인 삼남(三南)으로 가는 길목이었고, 조선군·승병·의병 입장에서 보면 이 길을 막아야 일본군의 보급로를 봉쇄하여 그들의 군사력을 최대한 약화시킬 수 있는 곳이다. 이 때문에 이순신 장군도 작전회의를 위해 운흥사에 세 번이나 올라왔다고 한다. 이곳이 전략적 요충지이기 때문에 대규모의 승군이 집결한 것이고, 일본군도 이곳을 극복하기 위해 모든 화력을 집중해 공격했다.

나중에 이곳을 점령한 일본군이 사찰에 불을 질러 대웅전 등 건물을 모두 불태웠다. 폐허가 된 운흥사는 방치되다가 1651년에 법성 스님이 중창했다.

(운흥사 영산전)

지금의 영산전(靈山殿)은 1731년에 중건된 건물이다. 정면 3칸, 옆면 2칸 크기의 맞배지붕 건물이다. 임진왜란 때 산화한 승병과 의병의 명복을 비는 영산제를 매년 이곳에서 거행한다.

(운흥사 영산제)

운흥사에서는 숙종 임금(재위: 1675~1720) 때부터 매년 음력 2월 8일 호국영령의 넋을 기리는 영산제를 여는데, 이 날은 임진왜란 때 승병과 일본군과의 전투에서 가장 많은 수의 승병이 전사한 날이다.

영산제에 사용하는 괘불탱 및 괘는 1730년에 의겸 스님과 그 문하생들이 그렸으며, 2001년 8월 3일 보물 제1317호로 지정되었다.

○ 경상남도 고성군 하이면 와룡2길 248-28

4. 김해

김해 사충단

사충단(四忠壇)은 임진왜란 때 의병을 일으켜 김해성(金海城)을 지키다가 전사한 김득기·류식·송빈·이대형 등 4인의 공을 기리기 위해 고종 임금의 명으로 1871년에 건립한 묘단이다

김득기(金得器)는 1549년 김해 거인리에서 5대 독자로 태어났다. 무과에 급제했으나 당파싸움으로 세상이 시끄러워지자 벼슬을 버리고 고향에 내려와 독서로 소일하던 중 임진왜란이 발생하자 김해성으로 가 동문을 지키면서 일본군과 싸우다가 전사했다.

류식(柳湜)은 1552년 김해 대동면 마산마을에서 태어났으며, 학문이 높아 벼슬에 나아갈 수 있었음에도 책과 더불어 사는 선비의 길을 택했다. 임진왜란이 일어나자 김해성으로 가 서문을 맡아 싸우다 전사했다.

송빈(宋賓)은 1542년 중종 임금 때 절제사를 지낸 송창의 아들로서 진영 하계리에서 출생했다. 그는 어릴 때부터 신동 소리를 들었으며 침착한 성품으로 효성이 지극했다고 한다. 김해성 남문을 지키며 일본군을 물리치다가 성이 함락된 후 김해 서상동에 있는 지석묘로 가 순절했다.

이대형(李大亨)은 1543년 김해 활천에서 태어났으며 학문과 인품은 마을에 널리 알려졌으나 벼슬길에는 나가지 않고 오직 학문에만 전념했다. 김해성 북문을 지키다가 전사했다.

사충단 정문

송담서원

송담서원

이들 사충신의 의로운 죽음은 임진왜란 의병 봉기의 본보기가 되었으며, 매년 사충신이 순절한 음력 4월 20일 네 분의 영령을 기리는 추모제를 지낸다.

1708년(숙종 34) 김해부사 이봉상의 발의로 김해부민들이 이들의 공적을 기리기 위해 김해의 진례에 송담사(松潭祠)와 송담서원(松潭書院)을 세우고 송빈·이대형·김득기 3충신의 위패를 모셨다.

1833년에 송담서원은 국가로부터 '표충사(表忠祠)'라는 사액을 받았으나, 1868년(고종 5)에는 송담서원 표충사가 서원 훼철령에 따라 훼철되었다. 그 후 1871년 왕명으로 사충단을 설치하여 4충신을 향사하다가 1995년 현재의 위치로 옮겨 세우고 송담서원과 표충사를 복원했다.

비각 이외의 건물은 이때 신축되었다. 비각의 지붕에 여의주를 물고 사방을 지키고 있는 네 마리의 용은 4충신을 상징한다.

처음에는 김해시 동상동 873번지에 있었던 것을 김해시의 도시계획으로 인해 227번지와 228번지로 옮겨 세웠다가 나중에 다시 동상동 161번지 일원에 확장, 이전했다.

사충단은 1990년 12월 20일 경상남도 기념물 제99호로 지정되었다.

○ 경상남도 김해시 가야로 405번 안길 22-9

김해 송공 순절암

1592년 4월 18일 구로다 나가마사(黑田長政)가 이끄는 일본군 5천 명, 오토모 요시무네(大友義統)의 6천 명, 모리 요시나리(毛利吉成)의 2천 명 등 총 13,000명의 일본군이 부산에서 다대포를 건너와 김해 죽도에 진주했다. 다음날인 4월 19일에는 불암창(지금의 불암동)까지 진출해 김해성을 포위했다.

일본군의 위세에 눌린 관군 다수가 도망해 비어 있는 김해성에는 송빈이 이대형과 장정 백여 명을 이끌고 입성해 성을 지키고 있었다. 무과급제자인 김득기는 동문을 지켰고, 류식이 가솔 수십 명을 이끌고 입성하면서 의병의 사기는 더욱 높아졌다. 임진왜란 최초의 의병이다.[59]

김해성은 성벽이 높고 참호가 깊어 일본군이 성에 접근하기 어려웠고 동문을 지키던 사관 백응량(白應良)은 성 위의 소나무에서 활로 일본군 장수를 사살하기도 했다.

관군은 거의 도망가고 500명도 안 되는 의병이 남아 성을 지켰다. 그러나 13,000명이나 되는 일본군이 성을 포위한 후 들판의 보리를 베어 해자(垓子)를 메우고 담을 쌓아 성을 공격해 오니 더 이상 지키기는 힘들었다. 초계군수 이유검이 도망가고 김해부사 서예원이 배를 타고 진주로 도망하자 의병의 사기는 떨어지고 이내 수세에 몰리게 되었다.[60] 경상우병사 조대곤은 창원병영에 다수의 군대가 있었음에도 김해성을 지원하지 않았다.

4월 19일 밤에 일본군이 일본군 형태를 한 허수아비를 성안에 던져 넣자 성내가 소란해지면서 혼란은 가중되었다. 일본군은 바로 조총 사격을 하면서 공격해 왔다. 일본군이 성

---

59) 1600년(선조 33) 송빈에게 정3품 벼슬인 공조참의 직위가 내려졌다. 1708년(숙종 34)에는 충무공 이순신의 고손자인 이봉상 부사가 주지(州誌)를 보다가 송빈의 공적을 발견하고 감격한 나머지 충렬사(忠烈祠)를 짓도록 건의하여 송빈을 제사하게 되었다.

60) 초계군수 이유검은 김해성에서 도주한 죄로 1592년 4월 26일 거창에서 경상감사 김수에 의해 참수되었으며, 김해부사 서예원은 삭탈관직당하면서 백의종군했다. 이후 의병장 김면 휘하에서 활동하다가 제1차 진주성 전투의 주역인 김시민 진주목사가 전사하자 뒤이어 진주목사가 되었다. 진주목사가 되어 제2차 진주성 전투를 맞았지만 서예원은 겁에 질려 싸우지 못하고 숨어 있다가 일본군에 의해 살해되었다. 일본군은 서예원의 수급을 도요토미 히데요시에게 보냈고 도요토미 히데요시는 서예원의 수급을 김시민의 수급인 줄 알고 있었다. 왜란 후 서예원은 선무원종공신 2등에 올랐으며 병조참의의 직위가 내려지고, 고종 임금 때 진주성내 창렬사에 제향되었다.

내로 진입하면서 격전이 벌어졌고 의병군은 하나로 뭉쳐 4월 20일 성이 함락될 때까지 싸웠다. 수백 명의 의병이 전사하고 극히 일부만 성이 함락된 후 피신했다.[61]

김해읍성 북문

송공 순절암

송빈은 김해성이 함락된 후 이곳 순절암으로 와 시를 한 수 지은 후 임금이 있는 북쪽을 향해 큰 절을 한 후 순절했다.[62]

---

61) 4월 20일의 상황은 그날 밤 시체더미에 섞여 구사일생으로 살아 나온 양업손(梁業孫)을 통해 밝혀졌다.

62) 송빈은 향시(鄕試)에 다섯 번이나 합격하고도 관직에 오르지 않고 선비의 길을 가던 중 임진왜란이 일어나자 벼슬이 없는 포의(布衣)로 나라를 위해 의병을 일으켰다. '향시'는 조선시대 각 도에서 관내의 선비들에게 보이던 시험의 한 종류이고, '포의'는 벼슬이 없는 선비를 말한다.

송공 순절암은 청동기시대의 전형적인 기단식 지석묘로 상석의 크기는 4.6m×2.6m 폭 1.4m이다.[63]

비석은 임진왜란 때 김해성에 침공해 온 일본군과 싸우다가 전사한 사충신의 한 사람인 송빈이 이곳 지석묘에서 순절한 것을 기리기 위해 세운 것이다.

순절암은 시내 좁은 골목 안에 있기에 찾기가 쉽지 않다. 김해성 북문 앞에 동상치안센터가 있고 그 아래쪽에 비잔티아 가구간판이 보이는데 그 건물 옆 좁은 골목으로 들어가면 20미터 거리에 순절암이 있다.

○ 경상남도 김해시 가락로 108-17

김해 선조 어서각

선조 어서각(宣祖御書閣)은 선조 임금이 1593년 9월에 의주의 행재소(行在所)에서 내린 어서를 보관하기 위해 권탁 장군의 후손이 1836년에 건립한 건물이다.

이 건물은 1칸 평면의 맞배지붕 목조와가였는데 관리 상태가 악화되어 1989년 4월 현재의 장소로 옮겨 세웠다. 어서각은 1983년 8월 6일 경상남도 문화재자료 제30호로 지정되었다.

어서각

경충재

---

63) 지석묘는 청동기시대에 살았던 사람들의 무덤을 말하는데 흔히 '고인돌'이라고 부른다. 이곳 지석묘에서는 돌칼, 돌화살촉, 무문토기 등의 유물이 출토되고 있어 당시의 생활을 연구하는 데 귀중한 자료가 되고 있다. 지석묘는 1974년 2월 16일 경상남도 기념물 제4호로 지정되었다.

어서각

(선조 국문 유서)

선조 국문 유서(宣祖國文諭書)는 선조 임금이 의주로 피난 가 있을 당시인 1592년 9월에 백성들에게 내린 한글로 쓴 교서이다.

당시 조선은 명나라군의 지원과 의병의 봉기에 힘입어 평양 등 여러 지역을 탈환했고, 일본군은 차츰 남쪽으로 밀리면서 부산 등 남해안 지방에서 창궐하고 있었는데, 이때 많은 백성이 포로로 잡혀갔고 그 중에는 협박이나 회유를 당하여 일본군에게 협조하는 자가 적지 않았다. 이에 선조 임금은 백성들이 쉽게 알 수 있는 한글로 쓴 교서를 내려 포로가 된 백성들이 돌아오도록 했다.

조선군과 명나라군의 연합작전으로 전면적인 반격을 시도하기 위해서는 일본군 점령지역 내에 있는 조선 백성들의 협조가 필요했다. 백성들의 협조를 구하기 위한 조정의 의지를 담은 문서가 선조 국문 유서이다.

백성들이 돌아오도록 권유하는 이 유서는 선조 임금이 서울로 돌아오기 한 달 전에 내려졌다. 당시 김해 수성장(金海守成將)으로 있던 권탁(權卓, 1544~1593)이 포로의 친척으로 가장하여 유서를 휴대하고 일본군이 점령하고 있던 김해성에 잠입하여, 40여 명의 일본군을 사살하고 백성 100여 명을 구출했다.

권탁 사망 후, 선조 국문 유서는 중요 유품으로 간주돼 후손들에 의해 대대로 보존돼 왔다. 1855년 무렵에는 김해 유민산 아래에 권탁을 기리는 사당 현충사를 지으면서 곁에 어서각을 세워 유서를 봉안했다.

낱장으로 된 이 문서는 가로 75cm, 세로 48.8cm의 규격으로 '유서지보(諭書之寶)'라는 보인(寶印)이 세 곳에 찍혀 있다. 1592년 9월 한글 방문(榜文)의 형식으로 조선 팔도 각지에 나붙었던 유서의 요지는 다음과 같다.

> 어쩔 수 없이 왜인에게 붙들려간 백성들의 죄는 묻지 않는다. 왜군을 잡아오거나 왜군의 동태를 알아오거나 포로가 된 우리 백성을 데리고 나오는 자에게는 천민·양민을 가리지 않고 벼슬을 내릴 것이다. 조선군과 명나라군이 연합하여 왜군을 소탕하고 그 여세를 몰아 왜국으로 들어가 분탕할 계획이다. 그전에 서로 알려 빨리 적진에서 나오라.

유서는 1975년 지방문화재로 지정되었다가 1988년 6월 16일 보물 제951호로 승격, 지정되었다. 현재 부산박물관에서 보관, 관리하고 있다.

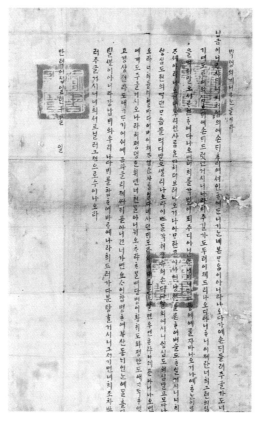

선조 국문 유서

○ 경상남도 김해시 흥동로 123-18

선조 어서각 바로 옆에는 사당 현충사가 자리하고 있다. 권탁 장군을 기리는 사당이다. 현충사 입구에 서있는 이건 기념비에는 권탁의 공적이 자세히 적혀 있다.

선조대왕 어서각 · 권탁 상군 현충사 이건 기념비

김해시의 서부 유민산록의 홍동에 새로이 이건된 전각은 선조대왕의 국문교서를 받들고 적진에 쳐들어가 납치되어 가려는 동포 백여 명을 구출한 증장예원판결사 권공을 향사하는 현충사이다. 공의 휘는 탁이요 자는 사원이며 안동인으로 좌참찬의 후예이고 월곡 종의 아들로서 중종 39년(1544) 선산부 월동리에서 태어나 용위가 수미하고 출중한 장신으로 여력이 남보다 뛰어났다.

임진왜란(1592)이 일어나자 성을 버리고 달아나는 수령의 뒤를 이었는데 공은 벼슬도 없는 포의의 몸으로 홀로 실함된 김해성으로 내려와 겸임수령에게 청하여 스스로 수성장이 되어 갑옷을 입고 성 위에 올라가서 사졸을 수습하고 허물어진 성을 다시 축조하기를 밤낮으로 쉬지 않으니 적도 감히 접근치 못하였다. 계사년(1593) 9월에 남쪽으로 후퇴한 왜적이 사로잡은 우리 백성들을 배에 싣고 저의 나라로 달아나려고 하니 선조대왕께서 국문교서를 내리시고 남도의 장수들에게 유시하여 이 글을 가지고 적지에 들어가 나의 백성을 구출하라고 하셨으나 적세가 워낙 강대하여 제장들이 두려워하고 성지를 받들고 나갈 사람이 없었다.

이에 공이 분연히 일어나 장사 수십 인을 뽑아 양산강구(현 구포<龜浦>)에 있는 왜진으로 들어가서 납치된 동포의 친척이라고 속여 석별의 정을 나눈다 하면서 교서를 읽고 효유하여 왜군 수십 인을 참하고 남녀 백여 명을 배에 싣고 함께 돌아왔다. 공은 이때 입은 전상으로 인하여 조정의 포상이 내리기 전인 11월 21일 김해성 내에서 50세로 서거하였다.

경종 2년(1722) 공의 증손 재도가 임금의 거동 길에 공의 유사를 가지고 엎드려 읍소하니 공에게 드디어 통정대부 장예원판결사를 추증하였다. 실로 130년만의 증직이나 공의 충성에 비하여 너무나 낮은 포증이라고 모두 유감으로 생각하였다. 순조 30년(1821) 김해부사 권복이 실기와 묘갈명을 짓고 철종 6년(1855) 향인들이 홍동에 어서각과 현충사를 세워 공을 향사하다가 고종 7년(1870) 유림에서 그 자리에 재건하고 부사 허전이 기문을 지었다.

(이하 생략)

현충사 전경

○ 경상남도 김해시 흥동로 123-18

5. 남해

남해 관음포 이충무공 전몰 유허

　남해대교를 지나 남해군으로 들어서서 가다 보면 곧 오른쪽에 관음포 이충무공 전몰 유허를 만나게 된다.

　1598년 11월 19일 조선과 명나라 연합수군은 도주하는 일본군과 관음포 앞바다에서 결전을 벌였다. 이순신 장군은 이날 이른 아침 관음포 앞바다에서 도주하는 적선을 추격하다가 일본군이 쏜 총탄에 맞아 전사했다.

　이곳은 노량해전을 승리로 이끌고 전사한 이순신 장군의 유해가 가장 먼저 육지에 오른 곳이다. 그 후 충무공의 유해는 남해 충렬사를 거쳐 1599년 충청남도 아산에 모셔졌다.

전방이 시급하니 나의 죽음을 알리지 말라

이락사 입구

이락사 현판

　이락사가 호국 성지로서의 모습을 갖추기 시작한 것은 장군이 전사한 지 234년이 지난 1832년이다. 이순신 장군의 8대손으로 삼도 수군통제사가 된 이항권이 이곳에 나라를 지켰던 이순신 장군을 기리는 유허비와 비각을 세웠는데 비석은 높이 187cm, 폭 75.5cm, 두께 22cm의 규모이다.64) 이항권은 통제사로 부임한 후 왕명을 받아 단을 모아 제사하고

---

64) 유허비는 옛 선현의 자취를 살피어 후세에 전하고 그를 기리고자 세워두는 비석이다.

충무공의 진충보국의 뜻을 기리는 이충무공 유허비를 세웠다. 비와 비각을 세워 추모하고 '이락사(李落祠)'라 했다.

1950년 남해군 주민 7,000여 명이 모금하여 유허의 정원과 참배도로를 정비했고, 1965년 4월 13일에는 박정희 대통령이 '큰 별이 바다에 떨어지다'라는 뜻인 '대성운해(大星殞海)'와 '이순신이 순국하다'라는 뜻의 '이락사(李落祠)' 액자 2개를 친필로 써 주어 이락사에 걸게 했다.

이순신의 전몰지인 이곳은 1973년 6월 11일 사적 제232호로 지정됨과 동시에 경역 정화사업이 전개되었다. 이때부터 '관음포 이충무공 전몰유허(觀音浦李忠武公戰歿遺墟)'라고 부르게 되었다.

대성운해

충무공 이순신 유허비

(관음포 노량해전)

7년의 왜란 기간 중 노량해전은 최후의 격전이었다.[65] 1598년 8월 18일 도요토미 히데요시가 사망한 후 조선에 와 있는 일본군에 철군령이 내려졌다. 순천의 고니시 유키나가 군대, 남해의 소 요시토시 군대, 사천의 시마즈 요시히로 군대는 11월 10일에 철수하기로 약속하고 남해 창선도에 집결하기로 했다.[66]

이를 알아차린 조선과 명나라 함대는 11월 9일 연합함대를 편성하여 고흥군 나로도에서 광양만으로 함대를 이동했다. 일본 수군함대는 11월 10일에 약속대로 창선도에 집결했으나 순천의 고니시 유키나가 군대만 명나라 수군에 의해 퇴로가 차단되고 있었다. 11월 14일 고니시 군대는 명나라 장수 진린(陳璘)에게 뇌물을 바치고 퇴로를 열어줄 것을 호소하면서 간청했으나 조명 연합함대는 퇴로를 차단하고 길을 열어주지 않았다.

고니시는 사천에 있는 시마즈 요시히로에게 지원을 요청했다. 11월 18일 6시경 창선도

---

65) 노량(露梁)이란 원래 해협의 이름인데 경상남도 하동 쪽은 하동노량, 남해 쪽은 남해 노량이라고 부른다. 노량해협을 사이에 두고 하동과 남해는 마주 보고 있다.

66) 창선도는 경상남도 남해군 창선면에 속한 섬으로, 사천시청에서 남서쪽으로 약 3.3km 지점에 있다. 이 섬의 남쪽은 창선교를 통해 남해도와 연결되어 있다. 삼천포대교를 건너면 창선도가 나타난다. 창선도는 정유재란 당시 대마도주(對馬島主) 소 요시토시의 부대가 주둔했던 곳이다.

에 집결한 일본군과 거제도와 부산에 집결한 일본군은 500여 척의 선단으로 재편성된 후 순천왜성에 고립되어 있는 고니시 군대를 구원하기 위해 노량해협에 집결했다.

한편 조명연합군은 11월 18일 22시경 장도에서 관음포를 향해 출발했고, 19일 새벽 2시경 관음포에서 조명 연합함대 150척과 일본 전함 500여 척과의 전투가 시작되었다. 이순신은 노량 앞바다로 가 적선 50여 척을 격파하고 200여 명의 일본군을 물리쳤다. 이때 일본 수군은 이순신이 타고 있던 전함을 포위하려 했으나 도리어 명나라 수군 전함의 협공을 받게 되자 후퇴했다. 전황이 크게 불리해진 일본 전함들은 흩어져 도주하기 시작했다.

이순신은 적선의 퇴로를 막고 공격했으며 남해 방면으로 도망치는 적선을 추격하던 중 오전 9시경 일본군 저격수가 발사한 총탄에 왼쪽 가슴을 맞고 쓰러졌다. 장군은 싸움이 바야흐로 급하니 나의 죽음을 말하지 말라는 유언을 하고 10시경 전사했다.

일부 일본군은 함대를 버리고 육지로 도주했고 순천의 고니시 유키나가 군대도 여수 앞바다를 통해 도주했다. 육지로 오른 일본군은 선소왜성으로 도피했으며 11월 21일 선소 왜성의 일본군은 일본으로 돌아갔다.

(이충무공 유적비)

비명은 '유명 수군 도독 조선국 삼도통제사 증의정부영의정익충무이공순신 유허비(有明水軍都督朝鮮國三道統制使贈議政府領議政謚忠武李公舜臣遺墟碑)'이다. 비의 문장은 홍석주가 짓고 이익회가 썼다.

　남해읍에서 동으로 이십여 리 바다로 둘러싸여 있고 큰 배가 드나들고 있는 이곳은 관음포(觀音浦) 옛적의 삼도 수군 통제사(水軍統制使)였으며 돌아가신 뒤에 영의정(領議政)으로 추증된 이충무공(李忠武公)께서 순국한 장소다. 공이 수군을 거느리고 왜적을 대파한 이래 지금까지 이백삼십여 년 동안 해상에서는 왜적으로 인한 걱정이 전혀 없어졌지만 공은 이 싸움에서 탄환을 맞고 목숨을 잃었다. 임진왜란은 우리 역사상 가장 비극의 시기였다. 이때를 당하여 충성과 지혜로 임금을 도와서 국가의 중흥을 이룩한 여러 사람이 있었다. 모두들 공신에 봉하고 역사에 기록되어 그 이름을 빛내고 있다.

　그러나 그 가운데서도 공적이 천지에 가득하고 명성이 해외에까지 떨쳤으니 역사가 흐를수록 태양처럼 빛을 발하는 사람으로 누구를 막론하고 우리 충무공을 생각하지 않는 사람이 없다. 옛 역사에도 충신 의사가 많지 않은 것은 아니나 그의 공과 덕이 영원한 후대에까지 칭송되기로는 충무공과 같이 위대한 분은 다시없을 것이다.

　공의 유적으로는 좌수영(左水營)의 대첩비(大捷碑) 벽파진(碧波津)의 명량대첩비(鳴梁大捷碑) 충무(忠武)의 충렬사비 순천의 충민사비(忠愍祠碑) 남해의 충렬사비(忠烈祠碑) 등이 있어 모두 영원한 세대에 공의 공적을 알리고 있으나 다만 장렬한 최후를 마친 이곳에는 아무런 기념물이 없었다. 금상(純祖) 32년(1832)은 선조(宣祖) 임진 이후 네 번째 맞이하는 임진년이다. 임금께서는 깊은 감회를 일으켜 당시에 공을 세운 분들에게 추승의 예전을 베풀 때에 가장 먼저 공에게 실시하였다. 이때 마침 공의 팔세손 항권(恒權)이 공이 맡았던 삼도 수군통제사로 이곳에 부임하여 왕명을 받들어 제사를 드리고 나서 여러 주민들과 상의하고 순국한 유적지에 이 비를 건립하기에 이르렀으며 공은 또한 훌륭한 후손을 두었다고 하겠다.

원비 1832년 예조판서 홍문관 대제학 홍석주, 형조판서 예문관 제학 이익회
서기 1980년 11월 임창순 역술 배재식 씀 경상남도 세움

(유언비)

　이락사 입구 잔디광장에는 충무공이 유언한 전방급신물언아사(戰方急愼勿言我死) 즉 전방의 상황이 시급하니 나의 죽음을 말하지 말라'는 내용의 글자가 새겨진 높이 8m의 유언비가 1998년 12월 20일 충무공 순국 400주년 추모식 때 제막되었다.

(첨망대)

　이충무공 전몰 유허비각이 있는 곳에서 해안가 방향으로 500m 정도 능선을 따라가면 임진왜란 당시 치열한 전투가 벌어졌던 광양만, 노량해협, 관음포가 한눈에 내려다보인다. 관음포 바다 너머로 광양제철소가 보인다.

　이순신 장군이 순국한 바다가 보이는 이곳에 장군의 공적을 기리기 위해 1991년 2월 16일 2층으로 된 누각 첨망대를 건립했다.

첨망대

첨망대에서 바라본 관음포, 노량해협, 광양만

관음포 유허 사적비

이충무공 전몰 유허 안내도(③번 건물이 이락사)

(관음포 유허 사적비)

1973년 관음포 이충무공 전몰 유허 주변이 사적으로 지정됨에 따라 이를 알리기 위해
세운 사적비이다.

○ 경상남도 남해군 고현면 차면리 산 125번지

남해 용문사 대웅전/천왕각

앵강만을 굽어보는 호구산(虎口山) 산자락에 위치한 용문사(龍門寺)는 663년(신라 문무
왕 3)에 지어졌다.

용문사는 원효대사가 충청남도 금산에 세운 보광사(普光寺)를 나중에 이곳에 옮겨 지은 것이라고 하는데, 처음 지은 시기는 명확하게 알려진 것이 없다.

세월이 지나 보광사가 없어지고 1660년에 백월당 스님이 보광사 대웅전 등의 건물을 이곳으로 옮기고 사찰 이름도 '용문사'라고 고쳐 불렀다. 그리고 1661년에 탐진당과 적묵당을 지었다. 1666년에 일향스님이 대웅전을 창건했고 지혜스님이 다듬고 윤색하게 했다. 지금의 건물들은 임진왜란 때 불에 탄 것을 다시 지은 것이다. 대웅전은 1974년 2월 16일 경상남도 유형문화재 제85호로 지정되었다.

용문사 일주문

용문사 입구

천왕각

(호국사찰 용문사)

용문사는 임진왜란 때 사명대사의 뜻을 받들어 승려들이 일본군에 맞서 싸운 호국사찰이다. 숙종 임금 (1675~1720)은 승병을 일으켜 일본군과 싸워 나라를 지킨 용문사를 호국사찰이라 하여 수국사(守國寺)로 지정했다.[67] 숙종 임금은 용문사 경내에 축원당을 건립해주고, 위패를 비롯하여 연옥등, 촉대 등을 하사했다. 사찰 내에 보관 중인 삼혈포라는 대포, 숙종 임금이 호국사찰임을 표시하기 위해 내린 수국사 금패, 그리고 승병들의 밥을 퍼두던 목조(木槽)가 왜란의 흔적이다.[68] 거대한 밥통인 목조는 2005년 7월 21일 경상남도 유형문화재 제427호로 지정되었다.

목조. 임진왜란 때는 승병들의 밥을 퍼 두던 밥통으로 사용되었다. 밥통의 몸통 둘레는 3m, 길이는 6.7m이다. 1,000명분의 밥을 퍼 담을 수 있었다.

대웅전

(천왕문 사천왕)

사천왕을 모신 천왕각에는 오른손에 장검을 들고 동쪽을 수호하는 지국천왕, 노한 눈으로 오른손에 용을 움켜쥐고 왼손에는 용의 입에서 빼낸 여의주를 쥐고 남쪽을 지키는

---

67) 남해군청 홈페이지 http://tour.namhae.go.kr/(검색일: 2010.01.05)

68) 용문사, 『호구산 용문사』(2009), 39쪽(안내책자). 연옥등과 촉대는 일제강점기에 사라졌다.

증장천왕, 삼지창을 들고 서쪽을 지키는 광목천왕이 있다. 북쪽을 지키는 다문천왕은 오른손으로 비파를 튕기며 환히 웃고 있다.

천왕문에서 특히 눈여겨볼 것은 사천왕 발밑이다. 다른 절의 사천왕은 마귀를 밟고 있는데 용문사 사천왕은 탐관오리와 양반을 밟고 있다. 고통 받고 신음하는 백성들 곁에 있고자 했던 이 사찰의 정신이 표현되어 있다.[69]

○ 경상남도 남해군 이동면 용문사길 166-11

남해 임진성

임진성(壬辰城)은 임진년인 1592년에 축성했다하여 '임진성'이라 부른다. 이 성은 임진왜란 때 일본군을 막기 위해 군·관·민이 힘을 합쳐 쌓았기에 '민보산성(民堡山城)'이라 부르기도 한다. 나라를 지키기 위해 군인과 주민 모두가 나선 단결의 정신이 면면히 살아 있는 산성이다.

임진성은 자연석과 마석을 이용하여 남면 상가리 일대 해발 80m 지점인 옥포만 인접 구릉에 작은 규모의 타원형으로 축성되었다.

평산진성과 마주 보고 있는 임진성은 일본군의 침공에 대비해 지었으나 이곳에서 일본군과의 직접적인 전투는 없었다. 현존하는 성벽의 남쪽 동문 터와 서문 터 사이의 173m는 근년 보수 공사를 마쳤다.

임진성은 1974년 12월 28일 경상남도 기념물 제20호로 지정되었다.

---

69) 용문사, 앞의 책, 19쪽.

(축성 동기)

옛날에는 임진성과 평산진성 사이의 작은 포구(浦口)를 옥포라고 불렀다. 임진왜란 때 이순신 장군이 출전하여 일본군을 무찔러 승리를 거둔 장소인 거제도 옥포와 남해의 옥포가 지명이 동일하므로 패배한 일본군이 옥포로 쳐들어온다는 소문이 퍼지자 남해에서는 이곳으로 쳐들어오는 줄 알고 1592년에 군·관·민이 서둘러 단시일에 축성했다.

○ 경상남도 남해군 남면 상가리 291번지

남해 장량상 동정마애비

자연바위에 글자나 그림을 새긴 비를 '마애비'라고 한다. 장량상 동정마애비는 남해군 남해읍 선소마을 선착장의 오른쪽 해변에 자리하고 있는 비석으로, 명나라 장수 장량상이 동쪽을 정벌하고 바위에 글을 새겼다 하여 '장량상 동정마애비(張良相東征磨崖碑)'라 이름 붙인 것이다.

비석의 형태는 커다란 자연석의 윗면을 직사각형으로 평평하게 갈아 글을 새겼다. 명나라 이여송(李如松) 장군과 수군 도독 진린이 지원군으로 조선의 남해에 와서 일본군을 무찔렀다는 내용이다.[70]

---

70) 이여송(李如松, 1549~1598)은 중국 명나라의 장수로서 임진왜란 때 당시 명나라 제2차 지원병을 이끌고 참전했다. 그는 조선 출신 이영(李英)의 후손이며, 요동총병(遼東總兵)으로 요동 지역 방위에 큰 공을 세운 이성량(李成梁, 1526~1615)의 큰아들이다. 1592년 임진왜란이 일어나자 방해어왜총병관(防海禦倭總兵官)으로 임명되어 조선으로 파병되었다. 43,000여 명의 군사를 이끌고 압록강을 건넌 이여송은 서산대사 휴정(休靜, 1520~1604), 김응서(金應瑞, 1564~1624) 등이 이끄는 조선의 승군, 관군과 연합하여 1593년 1월 고니시 유키나가가 이끄는 일본군을 기습, 공격하여 평양성을 함락시켰다. 연합군은 퇴각하는 일본군을 추격하여 평안도와 황해도, 개성 일대를 탈환하였지만, 서울 부근의 벽제관에서 고바야카와 다카카게, 다치바나 무네시게 등에게 패하여 개성, 평양으로 퇴각했다. 그 뒤에는 전투에

선소마을에서 명나라군과 일본군이 전투를 벌였다는 기록은 없다. 따라서 이 마애비는 장량상이 이여송·진린의 전공을 기록함과 동시에 자신 또한 선소왜성이 있는 이곳까지 일본군을 토벌하러 왔다는 것을 기록한 것으로 볼 수 있다. 노량해전 직후나 그 이듬해인 1599년에 새겨 놓은 것으로 추정되고 있다.

마애비의 사각 테두리는 당초문(덩굴풀이 뻗어 나가는 꼴을 그린 무늬)으로 장식을 했다. 마애비는 높이 5m, 폭 1.5m, 높이 2.5m, 폭 1.5m의 규모이며, 12행 종서로 새겼다.

선소마을 끝부분까지 가면 '새횟집' 간판이 보이는데 그곳에서 언덕 위로 올라가면 왜성(倭城)이 있고, '새횟집' 동쪽 방향에 마애비가 있다. 마애비는 1972년 2월 12일 경상남도 유형문화재 제27호로 지정되었다.

적극적으로 나서지 않고 교섭협상에만 주력하다가 그해 말에 유정(劉綎, 1558~1619)의 부대만 남기고 명나라로 되돌아갔다.

장량상 동정마애비

○ 경상남도 남해군 남해읍 선소리 169-9번지

남해 충렬사

남해대교 아래 노량포구 동편에 위치하고 있는 남해 충렬사(忠烈祠)는 임진왜란이 끝나던 해 마지막 해전인 노량해전(1598. 11. 19)에서 순국한 충무공 이순신의 충의와 넋을 기리기 위해 세운 사당이다.

충렬사에는 1604년에 선무공신 1등으로 서훈되고 덕풍부원군, 좌의정의 직위가 내려지고, 1613년에는 영의정으로 책봉된 충무공의 구국충정의 얼이 서려 있다.

남해 충렬사는 통영 충렬사와 함께 '충렬'이라는 현판을 처음부터 같이 사용해 왔으며 조선시대 인조 임금 때 지어졌다.

노량해전에서 순국한 충무공의 시신은 이락사에 최초로 안치되었다가 그해 이곳 남해 충렬사로 이장, 안치되었다. 시신을 충청남도 아산으로 운구하기 전에 3개월간 이곳 가묘자리에 안치했다. 1599년 2월 11일 유해가 충렬사에서 군영지인 전라도 고금도를 거쳐 아산 현충사로 운구되어 안장되었다.

충렬사 앞 거북선과 남해대교

충렬사 안내도

충렬사

충렬사 건립은 충무공의 순국을 슬프게 느낀 남해사람 김여빈과 고승후가 충무공 사당 건립을 주장하면서 시작되었다. 두 사람은 1633년(인조 10)에 한 칸짜리 초가 사당을 건립하고 위패를 봉안하여 처음으로 제사를 지냈는데 이것이 충렬사의 시작이다. 남해현령 이정건은 이 사당 앞에 충민공비(忠愍公碑)를 세웠고, 조정에서는 1643년에 이순신에게 '충무공'이라는 시호를 내렸다.

1658년에 조정에서 어사 민정중에게 명하여 통제사 정익으로 하여금 낡고 초라한 초가 사당을 철거하고 사당을 신축하도록 하여 모습을 갖추었는데 이것이 충렬사의 중건이다.71) 이때 충민공비는 땅속에 묻었다.72) 현재 사당 앞에 있는 '유명 조선국 삼도 통제사 증시충무 이공 묘비'는 1660년에 송시열이 글을 짓고 송준길이 쓴 것이다.

1663년 남해 충렬사는 통영 충렬사와 함께 현종 임금이 친필로 써서 내려준 '충렬사' 현판을 받게 되었다.

---

71) 민정중(閔鼎重, 1628~1692)은 관찰사 민광훈의 아들로 1649년 정시문과에 장원, 호남어사(湖南御史)를 지낸 뒤 대사헌을 거쳐 이조·공조·호조·형조 판서를 역임했다. 1675년 남인이 득세하자 서인으로서 장흥부에 유배되었다가 1680년 풀려나 좌의정이 되었다. 1689년 기사환국(己巳換局) 때 남인이 다시 득세하자 벽동에 유배되어 그곳에서 죽었다.

72) 1973년에 남해 충렬사가 사적으로 지정되면서 재정비 사업을 하던 중에 매몰되었던 충민공비가 발견되어 다시 세워 오늘에 이르고 있다.

남해 충렬사비

박정희 대통령의 친필 현판 보천욕일

노량해전도

충무공 이순신 영정과 위패

　1726년에 이곳에 노량서원을 세웠는데 1871년(고종 8) 대원군의 서원철폐령에 의해 서원은 철거되었다. 일제강점기인 1922년 향사 윤기섭과 고준홍 등이 모여 조직한 '보존회'의 기금으로 사우를 건립했다. 이들이 사재를 털어 모은 자금으로 사당을 새로 짓고 제사를 지내게 되어 오늘에 이르고 있다.

　충무공의 11대손이 되는 이민봉이 1925년에 청해루 누각을 지었고, 1948년에 남해군민과 경상남도 초등학생들이 모은 성금으로 한글비를 청해루 앞에 세웠는데 글은 정인보가 짓고 김충현이 썼다. 1949년에 '보존회'는 해체되고 남해 충렬사 모충회가 조직되어 현재까지 충렬사를 관리하고 있다.

　충렬사는 1965년에 박정희 대통령이 써 준 '충렬사'와 '보천욕일'이라는 액자 현판을

달았다.[73]

(충무이공 묘비)

사당 곁에 있는 충무이공묘비(忠武李公廟碑)는 충렬사의 연혁을 자세히 기록하고 있다. 묘비는 1661년 우암 송시열이 비문을 쓰고 1663년에 통제사 박경지 등이 세웠다.

1746년 5대손 이언상이 충렬사 곁에 작은 암자 호충암(護忠庵)을 짓고 가까운 화방사(花芳寺)의 승려 10명, 승장 1명을 두어 수직호사로 임명하고 이들이 번갈아 와서 사당을 지키도록 했다.

충민공비

충무공비

비각 뒤에 있는 가묘

---

73) '보천욕일'은 나라를 위해 싸운 공적이 극히 크다는 뜻이다.

청해루 앞의 한글비석

(충렬사비)

사당 경내에는 1948년 정인보가 쓰고 경상남도 도청에서 세운 '충렬사비(忠烈祠碑)'가 있다.

충렬사는 1973년 6월 11일 사적 제233호로 지정되었다.

○ 경상남도 남해군 설천면 노량리 350번지

남해 화방사 채진루

남해군 고현면 대곡리 망운산 기슭에 자리 잡고 있는 사찰 화방사(花芳寺)는 신라시대 문무왕(재위: 681~691) 때 원효대사가 세워 연죽사(煙竹寺)라고 부른 절이다. 고려시대인 1200년대에 진각국사 혜심이 연죽사를 현 위치의 서남쪽 400m에 옮기고 영장사(靈藏寺)라고 이름을 바꾸었다.

영장사는 임진왜란 때 일본군이 불전과 선당에 방화하여 소실되었는데 1636년 서산대사의 제자인 계원대사와 영철대사가 지금의 위치에 옮겨 짓고 '화방사'라고 했다.

화방사는 1740년에 화재가 발생하여 전소했으며, 사방이 재가 되고 승도들이 흩어졌으나 다음 해인 1741년에 재건되었다. 마당에서 출입이 쉽도록 누각바닥이 마당과 같은 높이로 만든 이 누각은 정면 5칸 측면 2칸의 2층 맞배지붕집이다. 대웅전의 본래 명칭은 보광전이었으나 1981년 10월 1일에 화재로 소실되자 1984년 12월 29일에 신축 복원하면서 '대웅전'이라 했다.

문무왕 때 원효대사가 지금의 충청남도 금산에 보광사를 세우고 이곳 망운산 남쪽에 연죽사를 세운 뒤에 진각국사가 현재의 위치로 보광전을 옮겼고, 계원대사가 지금의 채진루(埰眞樓)를 1638년에 창건했다. 채진루는 대웅전과 마주 보고 있는 건물이다.

대웅전

화방사 전경

채진루

채진루에는 화방사 효천 주지스님이 1997년 해를 꼬박 넘기는 원력불사로 복원한 '이충무공 충렬묘비' 목판 비문이 있었다. 이 목판비는 높이 3m, 폭 1.6m로 나무판 앞뒤에 충무공의 충절을 기리는 내용으로 1,300여 자가 새겨져 있고, 남해 충렬사에 있는 비와 똑같은 크기와 내용이다. 당시에 탁본해 두었던 것을 새로 복원했다.

화방사는 호국사찰로 알려져 있으며, 오랫동안 이순신 장군의 제사를 올렸다고 전한다. 채진루는 1985년 11월 14일 경상남도 문화재자료 제152호로 지정되었다.

○ 경상남도 남해군 고현면 대곡리 14번지

6. 밀양

밀양시 부북면 후사포리에 있는 박양춘 여표비각(朴陽春閭表碑閣)은 박양춘(1561~1631)의 효행을 기리기 위해 1912년에 마을 사람들이 박양춘의 유허에 여표비를 건립하고 비각을 세운 것이다.[74]

박양춘은 조선시대 명종 임금 때 효행으로 호조참의에 특별히 제수된 박항(朴恒)의 아들로서 대대로 충효의 가문에서 태어난 인물이다. 그는 아버지의 상을 당하여 밤에는 시묘(侍墓)하고 낮에는 어머니를 찾아뵙는 일을 거르지 않았다.

박양춘은 임진왜란 중에 할머니와 어머니의 상(喪)을 함께 당했으나 전란의 와중에도 피신하지 않고 밤낮으로 통곡을 하므로 그의 효성에 감복한 일본군 장수가 그의 집 문 앞에 '하늘에서 난 효자'라는 뜻의 '출천지효(出天之孝)'라는 글자를 써서 정표한 것이 이 여표비의 유래가 되었다고 한다. 문에 붙은 정표는 다른 일본군이 이 집에 침입하는 것을 막아주었다고 한다.

비석에는 '모헌 박선생 여표유허비 명병서(慕軒朴先生閭表遺墟碑銘幷序)'라고 쓰여 있다. 탁암 김도화가 비문을 지었으며, 진사 안종석이 글씨를 썼다.

박양춘 여표비각은 1993년 1월 8일 경상남도 문화재자료 제195호로 지정되었다.

---

74) '여표비'는 정려의 표시로 세워두는 비석을 말한다. '정려'는 충신·효자·열녀 등의 언행과 정신을 기리기 위해 그들을 표창하는 일을 말하며, 나라에 공을 많이 세운 사람이나 효자·열녀의 집 앞에 나라에서 붉은 문을 세워준다.

박양춘 여표비

○ 경상남도 밀양시 부북면 송포로 194

 밀양 사명대사 생가 터

사명대사 생가 터에는 유허비, 사당 숙청사, 안채 육영당, 사랑채가 있다. 임진왜란 때 승병을 이끈 사명대사는 1544년 밀양시 무안면 고라리 풍천 임씨(豊川任氏) 집안에서 아버지 임수성(任守成)과 어머니 달성 서씨(達成徐氏) 사이에 둘째 아들로 태어났다.

사명대사의 이름은 유정(惟政) 또는 응규(應奎)이며, 호는 종봉(鐘峰), 송운(松雲), 사명(四溟)이다. 사명대사는 사명당 또는 송운대사라고 불리기도 한다.

사명대사는 13세 때인 1556년 출가를 결심하고 그해 가을 황악산 직지사로 가서 선문(禪門)에 들어갔다.

유허비

사당 숙청사

사명대사는 임진왜란을 당하여 승병을 일으켜 일본군에 맞서 싸웠으며, 왜란 중에 일본군과의 강화를 위해 적진에 들어가 가토 기요마사와 회담을 하기도 했다.[75] 왜란 종료 6년이 지난 1604년 4월에는 선조 임금의 국서를 휴대하고 일본으로 건너가 도쿠가와 이에야스와 면담한 후 포로로 잡혀간 3,000여 명의 동포를 데리고 귀국하는 등 큰 업적을 남겼다.

사명대사가 출가하기 전에 살던 고향집은 그동안 위치가 정확하게 밝혀지지 않고 있었다. 그러다가 지형상 고라리 399번지가 이곳을 축으로 하여 뒷산의 주맥이 흘러내려 오고

---

75) 밀양문화원, 『국역 조선왕조실록초 사명당 송운대사 자료집』(밀양: 밀양문화원, 1998), 27~30쪽 참조.

있는 지점이기에 증조부 임효곤이 풍수지리상 명당 터를 잡았을 것으로 추정되었다.[76]

사랑채: 사명대사가 거처하던 곳

안채(육영당): 사명대사가 태어나고 자란 곳

유허비문

우리 대사의 가르침은 온 세상을 구제하는 것이지만 자기 몸으로 돌아와서는 물병과 밥그릇 한 벌뿐이오. 세상에 나가 사용하면 국위를 크게 선양하게 된다. 이제 이 돌에 새기노니 거룩한 공덕 천만년 밝게 나타나리라.

* 이우성이 허균의 대사비문(大師碑文)에서 뽑아 약간 고쳐 만든 글을 전면에 새기고 다시 우리말로 옮겨 여기 후면에 새겼다. 글씨는 허계식이 썼다.

또한 현장의 유구를 조사한 결과 기와파편, 생활용품 조각 등이 발견되고 건물의 유구로 보이는 담장의 흔적들도 발견되었다. 이에 밀양시는 시내 무안면 고라리 399번지를 생

---

76) 사명대사의 증조부 임효곤은 문과에 급제하여 장낙원정(掌樂院正)이 되어 대구수령(大邱守令)으로 있다가 밀양에서 살았으며, 조부는 강계부사(江界府使)를 지낸 임종원이다.

가 터로 인정하고 생가 터 정비작업(부지 매입, 기반 조성, 생가 터 정비, 기념비 건립)을 시행하여 오늘의 모습을 갖추게 되었다.

사명대사 생가 터는 1992년 10월 21일 경상남도 기념물 제116호로 지정되었다.

○ 경상남도 밀양시 무안면 사명대사생가로 642

밀양 사명대사 유적지

사명대사 유적지는 밀양시 무안면 고라리 399번지에 소재하는데 생가 터와 유적지로 구분된다. 생가 터와 유적지는 작은 길을 사이에 두고 마주해 있다. 유적지에는 상징광장, 사명대사 기념관, 추모마당, 수변광장이 있다.

어명을 받아 포로로 잡힌 백성들을 구하러 일본에 가는
사명대사

사명대사기념관

사명대사 유적지 조성기념비

밀양 출신 사명대사의 호국정신과 애민애족의 숭고한 얼을 기리기 위해 1999년부터 2006년까지 부지 면적 49,146㎡에 사명대사 동상과 사명대사 기념관, 추모공원 기념비 등을 조성하여 역사의 산 교육장으로 활용하고 있다. 유적지 및 생가 복원사업은 2006년 4월 7일 완료되었다.

승병장으로 일본군을 무찌르는 사명대사   사명대사 동상

사명대사 친필

사명대사는 1592년 임진왜란이 일어나자 스승인 서산대사의 뜻에 따라 서산대사의 휘하에 들어가 승병을 모집하고 조직했다. 승병을 이끌고 명나라 군과 협력하여 평양성 수복 전투를 승리로 이끄는 데 기여했다.

(사명대사 추모시)

다음은 갑진년 1604년 일본으로 가는 승장 사명대사를 배웅하며 택당(澤堂) 이식(李植,

1584～1647)이 쓴 추모시이다.

사명대사 추모시

적을 막는 데 좋은 비책 없어 운림에 노사(老師) 일어나셨네
행장은 멀리 바다를 건넜고 간담은 이미 하늘도 알아주리
시험 삼아 삼선의 혀만 움직였지 어찌 육출 기묘함을 번거로이 하리오
돌아와 밝은 임금께 아뢰이고 예처럼 한 지팡이로 돌아가며

○ 경상남도 밀양시 무안면 사명대사생가로 642

밀양 석동 임진왜란 창의유적 기념비

석골사(石骨寺)는 밀양시 산내면 원서리 운문산에 소재하고 있는 사찰이다. 560년 비허대사가 창건했다는 설과, 773년에 법조대사가 창건했다는 설이 있다. 비허대사가 절을 창건하고 법조대사는 중창한 인물로 추정된다.

석골사는 태조 왕건이 고려를 건국할 때 재정적인 도움을 많이 주었으며, 고려 건국 후에는 암자를 9개나 거느릴 정도로 발전했다.

이곳 석골사 일대는 임진왜란 때 삼랑진 작원관전투에서 패하고 이곳으로 온 밀양부사 박진(朴晉)과, 의병을 모집한 손기양 등이 힘을 합쳐 일본군에 맞서 싸운 전적지이다.

석골사는 1753년 함화선사가 사찰을 중창한 뒤 오랫동안 명맥을 이어오다가 1950년에 화재가 발생하여 소실된 것을 1980년대에 복원하여 오늘에 이른다. 건물로는 대광전과 칠성각·산신각·요사채가 있고, 유물로는 석조아미타삼존불과 절구·석탑 재료 등이 있다.

석골사 극락전

임진왜란 창의유적기념비

(석동 임진왜란 창의 유적 기념비)

석골사 일대는 의병들이 일본군과 전투를 벌인 곳이며, 사찰 석골사로 올라가는 초입에 '석동 임진왜란 창의유적기념비'가 건립되어 있다. 밀양문화원에서 세운 이 기념비는 다음과 같이 적고 있다.[77]

호거산 아래 석동(石洞)은 임진왜란 때 작원관 전투 패배 이후 향촌수호(鄕村守護)를 위해 밀양의 오한 손기양이 이경홍(李慶弘), 진사 이경승(進士 李慶承)·김선홍(金善洪) 등과 함께 밀양에서 최초로 창의한 전적지이다.
제2 얼음골의 오른쪽에 손기양이 부모를 모시고 난을 피했던 손가굴이 있고 왼편에 이경홍·이경승이 역시 노모를 모시고 난을 피했던 형제굴의 유적이 아직도 남아 있다.

○ 경상남도 밀양시 산내면 원서리 454번지

밀양 작원관지

밀양시 삼랑진읍 검세리에 있는 작원관(鵲院關)은 고려시대 이후 동·남 육로와 남·북 수로의 요충지로서 문경의 조령관과 함께 동래에서 서울을 연결하는 교통과 국방의 2대 관문 중 하나였다.[78] 김해와 밀양 등 낙동강 유역에 창궐하던 왜구의 침공을 방비하던 요새지였던 작원관은 작원진 나루터로 출입하는 사람들과 화물을 검문하던 원(院), 관(關), 진(津)의 기능을 수행했다.

작원관은 육지로는 양산과의 경계이며 서울로 북상하는 교통 및 국방상의 첫 번째 요새지이다. 또한 낙동강을 사이에 두고 김해를 바라보는 수로이기에 동서의 요충을 이루는 곳이기도 하다.

작원관은 영남지방의 동서와 남북 요로상의 역원(驛院)으로서 여행하는 관원들의 숙박소 기능과 관방(關方)으로서 외부에서 침입하는 적을 경비하고 방위하는 곳이었다.

---

77) 참고로 이경홍과 이경승은 형제이며, 석골사를 중심으로 보았을 때 왼쪽 방향에 형제굴이 있고, 오른편에 손가굴이 있다. 석골사에서 좌우 각각 1.4km 정도의 거리에 굴이 있다.

78) '작원(鵲院)'이라는 지명의 유래는 '금작소전(金鵲所傳)'이라는 문자에서 취한 것이다.

한남문(扞南門) – 남쪽을 막는다는 뜻의 문

작원관 임란순절용사 위령비

경부선 철도와 낙동강

작원관 복원 기념비

이곳 작원관은 옛날 원(院), 관(關), 진(津)의 역할을 겸하던 곳으로 교통과 국방상의 요충지였으며, 임진왜란 때는 군관민 300여 명이 왜적 1만 8천7백 명을 상대로 결사항전(1592년 4월 17일)을 벌였던 전적지(戰跡地)로서 구국충혼(救國忠魂)이 잠들어 있는 성지이며, 수백 년 동안 피땀을 흘린 지역민들의 애환이 서려 있는 유서 깊은 곳이었다.

그러나 경부선 철도가 개설되면서 원래의 자리에서 밀려나 낙동강 변에 그 터를 잡았으나, 1936년 대홍수에 휩쓸려 그 후 흔적조차 찾을 수 없게 되었다. 이때 이를 복원하기 위해 동분서주하는 사람이 있었으니 이는 경운(耕雲) 송만술(宋萬述) 선생이었다. 선생께서는 작원관의 역사적 의미와 그 중요성을 깨닫고, 작원관을 복원하는 일에 혼신의 노력을 기울여왔으나, 그 복원을 보지 못하고 타계(他界)하셨다.

뒷날 선생의 작원관에 대한 깊은 사랑과 지역민의 노력으로 지금과 같이 우뚝 서게 되었으니 이를 기념하고 오늘을 살아가는 우리들은 조국과 민족 사랑을 실천하고 선조(先祖)들의 거룩한 정신을 기리고 계승하기 위한 작은 의지로 이 비(碑)를 세운다.

삼랑진읍민 일동

작원관은 임진왜란 당시 밀양부사 박진 장군이 이곳으로 몰려오는 고니시 유키나가의 군대를 막기 위해 제일방어선을 구축하고 결사적으로 항전을 펼친 곳이다. 전투에 패한 후 폐허로 남아 있던 것을 1995년에 복원했다. 이에 앞선 1983년 7월 20일 작원관은 경상남도 문화재자료 제73호로 지정되었다.

○ 경상남도 밀양시 삼랑진읍 검세리 101번지

작원관 위령탑

밀양 죽원재사는 선조 임금(재위 1567~1608) 때 울산판관과 영천군수를 지낸 손기양 (孫起陽, 1559~1617)을 기리기 위해 지은 사당이다. 손기양은 밀양 함화산(일명 석동산)에 서 의병을 일으켜 충의를 떨쳤다.

죽원재사는 그 후손들이 뜻을 모아 1753년에 짓고 1956년에 고쳐 지은 후 오늘에 이르 고 있다.79) 치엄문·삼문·정열사 등이 함께 배치되어 있다. 죽원재사는 2000년 1월 25일

죽원재사

79) 밀양시 단장면 미촌리 산 80번지에 칠탄서원(七灘書院)이 있는데 이 서원 역시 오양 손기양을 기리는 사당이다. 과거에는 재실기능과 교 육기능이 있었는데 지금은 재실기능만 남아 있다. 서원 앞에 개천이 흐르고 있는데 우기에는 개천을 건너기가 쉽지 않다.

경상남도 문화재자료 제284호로 지정되었다.

○ 경상남도 밀양시 산외면 다원2리 2길 39

밀양 표충비

표충비(表忠碑)는 사명대사의 충절을 기리는 비석으로, 일명 '사명대사비'라고도 불린다.[80] 사명대사는 1592년 임진왜란이 일어나자 의병을 모집하여 순안(順安)에 가서 서산대사의 휘하에서 활약했고 서산대사의 뒤를 이어 승군을 통솔했다.

표충비는 1742년 10월 사명대사의 5대손인 남붕선사가 경상북도 경산에서 돌을 가져다가 현재의 자리(밀양시 무안면 무안리)에 세운 것으로 좌대를 포함한 총 높이는 380cm, 비신의 높이 275cm, 너비 98cm, 두께 56cm의 큰 비석이다. 무안지서(파출소) 바로 옆에 자리하고 있으며 현재는 비각 안에 보존되어 있다.

비석의 정면에는 '유명 조선국 밀양 표충사 송운대사 영당비명병서(有明朝鮮國密陽表忠祠松雲大師靈堂碑銘幷序)'를 새기고, 뒷면과 옆면에는 '서산대사 비명'과 '표충사 사적기'를 음각했다.

비문에는 표충사의 내력, 서산대사의 행적, 사명대사의 행적 등을 4면에 고루 새겨 놓아 서산대사의 제자이기도 한 사명대사가 임진왜란 당시 스승의 뒤를 이어 승병활동을 한 사실, 가토 기요마사와의 담판 내용, 선조 임금의 어명을 받들어 일본에 건너가 포로로 끌려갔던 백성들을 데리고 온 사실 등을 적고 있다. 표충비는 비석 3면에 사명대사, 서산대사, 기허대사의 행적을 기록하여 일명 삼비(三碑)라고도 불린다.

사명대사 임유정 스님이 무안면 고라리에서 아버지 임수성과 어머니 달성 서씨 사이에 태어나고 67세로 일생을 마감하기까지 54년에 걸친 승려생활을 한 행적과 함께 임진왜란과 정유재란 때의 구국활동이 기록되어 있다. 비는 네모난 받침돌 위에 몸통을 세우고, 맨 위에 머릿돌을 얹은 구조이며, 비의 몸통은 검은 색 대리석을 사용했다.

뒷면에는 서산대사 휴정의 행장을, 측면에는 밀양 표충사의 내력, 그리고 기허대사의 비명이 있다. 비문은 영중추부사 이의현이 짓고, 홍문관 부제학 김진상이 글씨를 썼으며, 판중추부사 유척기가 전서했다.

---

80) 사명대사는 사명당(四溟堂), 송운대사(松雲大師)라고 호칭되기도 한다.

홍제사는 1742년 사명대사의 5대 법손 태허당 남붕선사가 현재의 터에 표충비와 사당을 세우면서 사당을 지키는 수호사찰 역할을 했으나 사당이 영정사(지금의 사찰 표충사)로 옮겨지면서 비각의 보호와 관리를 위해 작은 원당과 삼비문(三碑門)을 세운 것이 그 출발이었다.

(표충비 - 땀 흘리는 비석)

표충비는 국가에 큰 어려움이나 전쟁 등 불안한 징조가 보일 때에 비석 전면에 자연적으로 땀방울이 맺혀서 구슬땀처럼 흘러내린다 하여 '땀 흘리는 표충비'라고 불리기도 한다.

때로는 비석의 4면에서 이슬처럼 몇 시간씩 계속해서 흐르다가 그치는데 글자의 획 안이나 머릿돌과 조대에서는 물기가 전혀 비치지 않는다고 전한다.

밀양 사람들은 나라와 겨레를 존중하고 근심하는 사명대사의 영험이라 하여 신성시하고 있다.

표충비각 현판

연구자들은 이 신기한 현상을 두고 기후 변화에 따른 외기현상이라고도 하고, 비석 자체의 결로 현상에 연유한 것이라는 과학적인 해명을 하고 있다.

표충비는 1972년 2월 12일 경상남도 유형문화재 제15호로 지정되었다.

○ 경상남도 밀양시 무안면 무안리 903-2번지 홍제사

밀양 표충사

표충사(表忠寺)는 밀양읍에서 동쪽 방향으로 28km 떨어진 재약산 기슭에 자리 잡은 사찰이며, 사명대사의 호국성지로 널리 알려진 곳이다.

표충사는 654년에 원효대사가 나라의 번영과 삼국통일을 기원하고자 명산을 찾아다니던 중, 천황산 산정에 올라 남쪽계곡 대나무 숲에서 오색구름이 일고 있는 것을 보고, 이곳에 터를 잡아 절을 세우고 사찰의 이름을 죽림사(竹林寺)라고 했다.

829년(신라 흥덕왕 4) 인도의 고승 황면선사(黃面禪師)가 부처님의 진신사리를 모시고 와서 이곳에 머물 때 당시 흥덕왕의 셋째 왕자가 악성 피부병에 걸려 전국에서 명산과 명의를 찾던 중 이곳 죽림사의 약수를 마시고 병을 치유할 수 있었다. 이에 흥덕왕이 감탄하여 탑을 세우고 가람을 크게 부흥시켰으며, 왕자가 마셨던 약수를 영험한 우물 약수라는 뜻의 '영정약수'라 했고, 이때부터 절 이름을 '재약산 영정사(靈井寺)'라 고쳐 부르고 크게 부흥시켰다.

1592년 임진왜란 때 사찰이 불에 타 소실된 것을 1600년에 혜징화상이 중건했다. 1679년에 실화로 화재가 발생하여 다시 소실되자 1680년에 대규모로 가람을 중건했다.

1839년(헌종 5)에는 임진왜란 때 승병을 일으켜 국난 극복에 앞장선 서산대사, 사명대사, 기허대사를 모신 표충사당(지금의 대법사 자리인 밀양시 무안면 중산리 영축산 백하암에 있던 사당)을 이곳으로 옮겨오면서 절의 이름을 '표충사'로 개명했다. 표충사는 1983년 사명대사 호국 성지로 성역화되었다.

표충사의 건물 배치는 대광전과 표충서원을 중심으로 두 개의 영역으로 구성되는데 대광전은 불교, 표충서원은 유교 영역이다. 유교 공간이 불교 사찰 경내에 공존하는 특이한 가람 구조이다.

왼쪽부터 표충서원, 사당 표충사, 유물관 　　　　　　　　　 사당 표충사

사찰 표충사 사천왕문(사진 중앙)

(표충사)

　사당 표충사 중앙에 사명대사의 영정이 있고 동쪽에는 그의 스승인 서산대사, 서쪽에는 임진왜란 때 금산싸움에서 전사한 기허대사의 영정을 모시고 있다.

　1744년 영조 임금의 어명으로 제향행사가 시작된 이래 밀양시청이 주최하고 종교계(불교·유교)가 주관하는 민관합동 제향으로 매년 음력 3월과 9월의 초정일(初丁日) 즉 첫 정(丁)자가 들어 있는 날에 불교와 유교 의식이 함께하는 호국선현 추모제를 올리고 있다.

유물관

삼층석탑

사찰 표충사 대광전

(표충서원)

'표충사(表忠寺)' 현판이 붙은 문루를 지나면 왼쪽에 유물관, 표충사(表忠祠), 표충서원
등 건물 3동이 보인다.

표충서원은 임진왜란 때 승병으로서 나라를 구하는 데 큰 공을 세운 서산대사·사명대
사·기허대사 3대사의 '충혼'을 기리기 위해 세운 사당이다. 선조 임금이 '표충서원'이라
고 사액했다.

원래는 사당이었던 것을 1839년 현재의 위치에 있던 영정사 안으로 옮겨 '표충서원'이
라 이름 지었으며, 사찰의 이름 또한 '표충사'로 고쳤다.

1871년 대원군의 서원철폐령으로 없어졌다가, 1883년 지역 유림의 요청으로 복원되었
으며 근년에 현재의 위치인 단장면 구천리 영정사 자리로 옮겨지었다.

1927년 절을 다시 지을 때 표충서원 건물도 함께 복원했다. 그러나 일부 승려들이 절
안에는 서원이 있을 수 없으며 부처님과 3대사의 영정이 함께 있는 것은 더욱 안 되는 일

이라며 반대했다. 결국 1971년에 표충서원을 절의 서쪽에 위치한 팔상전으로 옮겼다. 서원은 정면 3칸, 측면 2칸의 맞배지붕 목조와가이다.

매년 음력 3월과 9월 초정일에 행하는 제사도 승려가 아닌 관리가 주재하여 올리고 있는 것이 특징이다.[81]

표충서원은 1972년 2월 12일 경상남도 유형문화재 제52호로 지정되었다.

(표충사 호국박물관)

'유물관'이라는 현판이 붙어 있는 호국박물관에는 국보 제75호로 지정된 청동은입사향완(靑銅銀入絲香垸)을 비롯하여 200여 점의 사명대사 유품이 전시되어 있다.[82]

유물관에는 1604년(선조 38) 사명대사가 일본에 다녀오면서 선물로 받은 대형 목탁과 북을 포함하여 200여 점의 전시물이 있는데, 대부분 사명대사가 사용하던 유품들이다.

○ 사명대사 금란가사와 장삼

사명대사 임유정(任惟政, 1544~1610)이 입던 금란가사와 장삼이 각각 1착씩 이곳 유물관에 전시되어 있다.

'금란가사'는 스님들이 장삼 위에 왼쪽 어깨에서 오른쪽 겨드랑이 밑으로 걸쳐 입는 옷이다. 사명대사의 금란가사는 황금색의 중국 비단으로 만들었으며, 가로 270cm, 세로 80cm이다.

'장삼'은 스님들이 평상시에 입는 길이가 길고 소매를 넓게 만든 웃옷이다. 흰색의 무명으로 만든 장삼은 상의와 하의가 연결되어 있으며, 군데군데 훼손은 되었으나 원형을 보존하고 있다. 금란가사와 장삼은 1973년 7월 16일 중요민속자료 제29호로 지정되었다.

○ 양국 대장 사령깃발

양국 대장 사령(兩國大將司令) 깃발은 1604년 사명대사가 강화사로 일본에 갈 때 선조 임금이 하사한 길이 210cm의 깃발이다.

---

81) 주로 지방자치단체장인 밀양시장이 주재한다.
82) 월요일에 휴관하는 다른 박물관과는 달리 이곳 유물관은 매주 화요일에 휴관한다.

깃발에는 '사대선교행 이조판서 대광보국숭록대부(賜大禪敎行吏曹判書大匡輔國崇錄大夫)', '영의정 양국대장 사명당 현제군 사령(領議政兩國大將四溟堂絃諸軍司令)'이라고 적혀 있어 어느 사령기보다도 격이 높았음을 알 수 있다.

매년 3월과 9월의 정일(丁日)을 기하여 거행되고 있는 사명대사 향사 시에는 이 사령깃 발을 반드시 게양한다.

사령깃발은 1990년 1월 16일 경상남도 유형문화재 제270호로 지정되었다.

O 사명대사 일본 상륙 행렬도 팔곡병

1604년 사명대사가 강화사로 일본에 갈 때 사명대사 일행의 행렬을 그림으로 그린 8폭의 병풍이다.[83]

병풍에 등장하는 인원은 1,020명이라고 하는데, 그 중 20명은 사명대사를 포함한 조선 측 수행원이다. 당시 일본의 관행은 일반 사신을 영접할 때 보통 300명을 보내는데, 사명 대사에게는 1,000명을 보내어 수행토록 했다.[84]

사명대사 일본 상륙 행렬도 팔곡병은 1990년 1월 16일 경상남도 유형문화재 제274호로 지정되었다.

○ 경상남도 밀양시 단장면 표충로 1338

---

83) '강화사(講和使)'란 전쟁 당사국 간에 평화를 논의하기 위해서 정해진 회담 장소에 파견되는 국가대표를 말한다.

84) 수행원의 수가 많은 것은 사명대사의 위상이 높았음을 보여주는 동시에 자객의 습격 등 예상치 못한 불상사로부터 대사 일행을 보호하기 위한 조치로 해석되기도 한다.

7. 부산

부산 다대포성지

낙동강 하구에 위치해 있는 다대포는 왜구를 막기 위한 군사요충지였고, 그 중심에 있는 다대포성(多大浦城)은 경상좌수영에 속해 있던 다대포진영의 성곽을 가리킨다.[85]

다대포성이 축조된 연대는 정확히 알 수는 없으나 조선시대 초기에는 다대포진영이 장림포에 있었다고 전한다. 나중에 장림포에서 다대포로 진영이 옮겨지면서 본격적인 축성이 이루어졌을 것으로 여겨진다.

현재 흔적이 남아 있는 것은 임진왜란으로 파괴되었다가 다시 축조한 성의 일부이다. 이 성은 동·서·남·북에 성문이 있어 동문을 패인루(沛仁樓), 서문을 영상루(迎爽樓), 남문을 장관루(壯觀樓), 북문을 숙위루(肅威樓)라 했다. 왜란 이후 다대포 일대의 관방시설은 더욱 강화된 외적 침투 감시기능을 갖게 되었다.

---

85) 좌수영에는 무관 정3품의 경상좌도 수군절도사(약칭 좌수사)가 주재하고 그 영 밑에는 원래 1개의 첨사영 즉 부산포진과 10개의 만호영이 있었다. 즉 다대포·해운포·서평포(지금의 사하구 구평동)·두모포·개운포·서생포·감포·포윤포·마포·축산포·칠포가 있었다. 임진 왜란 이전에 다대포가 첨사영으로 승격되고 해운포·감포·마포 등이 폐지되었으므로 왜란 후에는 2개의 첨사영과 8개의 만호영이 있었다. 그 후 왜란의 교훈에서 부산지방의 방어가 특히 중요시되었으므로 두모포·개운포·포이포·감포·축산포·칠포를 부산으로 옮겨 좌수영 관하의 전 병력을 이곳에 집중했다. 그러한 조치를 취했지만 좌수영은 낙동강의 동쪽에서 울산까지의 모든 해상방위의 총책을 맡았다.

다대포 객사

다대포객사 현판 회원관

부산시 유아교육진흥원(사진 중앙에 다대포객사 터 표지석)

다대포 객사 터 표지석

성 안에는 객사인 회원관(懷遠館)이 있었는데 지금은 몰운대로 옮겨져 있다.

본래 다대포 객사가 있던 자리에는 전에는 다대초등학교가 있었고, 현재는 초등학교는 옮겨가고 부산시 유아교육진흥원이 자리하고 있다. 이곳 유아교육진흥원 마당에 서 있는 작은 비석 하나가 이곳이 다대포성의 중심지였고 객사가 있던 곳임을 알려준다.

유아교육진흥원을 중심으로 동헌(東軒)인 수호각, 군기소(軍器所)인 청상루, 금산소, 목소, 공방소, 도훈도소 등의 관아건물과 대동고, 유포고, 진창 등의 창고가 있었다.

○ 부산시 사하구 다대로 529번길 11

부산 동래 남문비

동래 남문비(東萊南門碑)는 임진왜란 당시 동래읍성 남문에서 일본군과 싸우다가 순절한 동래부사 송상현의 충절을 기리기 위해 1670년(현종 11)에 당시의 격전지인 남문 밖 농주산에 세운 비석이다.

현재 비석은 파손되고 비면에 새겨진 기록은 거의 떨어져 상부에 약간의 글만 남아 있으나 필사본으로 그 내용이 전해지고 있으며, 그 옆에 원래대로 복원한 '동래 남문비'가 있다

부산박물관

복원된 동래 남문비

머릿돌

　　1592년 4월 13일 일본군이 침공했고 다음날 있었던 부산진성 전투에서 부산진첨사 정
발(鄭撥) 장군은 분투 끝에 전사했다. 동래 남문비는 병사(兵使) 이각(李珏)의 도망, 동래부
사 송상현의 죽음, 비장 송봉수·김희수, 향리 송백, 동래교수 노개방, 유생 문덕겸·양
통한의 순절, 양산군수 조영규의 절의 등 일본군과의 처절한 전투상황과 동래부 군관민의
순국충절 및 비를 세우기까지의 경위를 밝혔다.

　　비석은 1670년에 처음 세웠으며 1688년에 부사 이덕성이 중창하고 1709년(숙종 35) 부
사 권이진이 충렬사에 별사(別祠)를 세울 때 별사 앞뜰로 옮겨 세웠으나, 1736년(영조 12)
별사를 없애면서 동래읍성 남문 안으로 옮겼다.

　　1976년 시가지 도로확장공사로 인해 지금의 부산박물관 야외전시장으로 다시 옮겨왔다.

비문에는 부산지방의 임진왜란 순절사적이 적혀 있는데, 1668년에 송시열이 짓고, 송길준이 썼으며, 이정영이 비의 제목을 썼다. 비석의 규모는 높이 225㎝, 폭 121㎝로 비의 머릿돌에는 두 마리의 용을 조각했다.

현재 비석 자체는 크게 훼손되어 알아 볼 수 있는 글자의 수가 얼마 되지 않는다. 비면에 새겨진 기록은 거의 떨어져 나가 윗부분에 약간의 글만 남기고 있다. 비석은 받침돌 위에 크게 훼손된 비 몸통을 세운 모습으로 있다. 그 위에 얹었던 머릿돌은 옆에 따로 놓여 있다.

동래 남문비는 1972년 6월 26일 부산광역시 기념물 제21호로 지정되었다.

○ 부산시 남구 유엔로 210 부산박물관

부산 동래읍성 인생문

동래읍성은 조선시대 동래부의 행정중심지를 둘러싸고 있던 성곽이다. 고려시대 말기 박위 장군이 왜구의 노략질을 막기 위해 동래읍성을 고쳐 쌓았다.[86] 일제강점기 때 성곽이 방치되고 또 시가지 계획 등에 의해 헐려 없어졌다가 2005년에 복원되었다.

동래읍성의 동쪽에 '인생문 고개'라는 이름의 고개가 있다. 인생문 고개는 동래구 칠산동에서 명장동으로 넘어가는 고개인데, 임진왜란 때 동래읍성 전투 상황을 그린 '동래부순절도'에 의하면 일본군이 이곳을 통해 동래읍성에 들이닥친 것으로 나타나 있다.

인생문은 동래읍성의 동북쪽에 있는 문으로 북장대와 동장대 사이에 있다. 인생문 앞에는 가로 105.5cm, 세로 31cm, 두께 7~10cm의 직사각형 화강암 판에 '인생문(人生門)'이라고 새긴 작은 비석이 있다.

---

86) 박위(朴葳 ?~1398)는 고려시대 말기·조선시대 초기의 장군으로 이성계를 따라 위화도 회군에 참여하여 최영 일파를 몰아냈다. 양광도 절도사로서 왜구를 정벌하는 데 공을 세웠다.

인생문

동래읍성 성벽의 일부인 인생문

부산박물관 야외전시장에 놓여 있는 인생문석

'인생문'의 유래와 관련해서는, 이곳에 성문이 있었는데 임진왜란 때 성안의 사람들이 이 성문을 통해 피신하여 살아났으며, 인생문 고개에서 피한 사람은 모두 살아났다는 이야기가 전해진다.

○ 부산시 동래구 칠산동 332-1번지

부산 동래읍성 터

동래읍성은 동장대(東將臺)가 있는 충렬사 뒷산에서 마안산을 거쳐 서장대(西將臺)가 있는 동래향교 뒷산까지의 구릉지와 현재 동래 시가지 중심지역인 평지를 일부 포함하는 지역에 축조되어 산성과 평지성의 장점을 두루 갖춘 성곽이다.

1387년(고려 우왕 13), 빈번히 출몰하는 왜구를 막기 위해 동래읍성을 크게 고쳐 쌓았다. 임진왜란 당시 이 읍성은 부산진성과 함께 일본군의 제1차 공격목표가 되었고, 동래부사 송상현을 비롯한 군관민이 혼연일체가 되어 처절한 전투를 벌이다가 순절한 왜란 초기의 격전지이다.

왜란 이후 부분적으로 보수되어 온 성을 1731년 동래부사 정언섭이 나라의 관문인 동래의 중요성을 감안하여 과거의 성곽보다 훨씬 규모가 크게 고쳐 쌓았는데, 이 성이 현재 흔적으로 남아 있는 동래읍성이다.

읍성에는 동문, 서문, 남문, 북문, 인생문 및 암문이 있고 각 문에는 문루가 있었는데, 동문에는 지희루(志喜樓), 서문에는 심성루(心成樓), 남문에는 무우루(無憂樓), 암문에는 은일루(隱一樓)가 있었다.

중요한 문루였던 남문에는 익성(翼城)을 두고, 문은 앞의 세병문(洗兵門)과 뒤의 주조문(朱鳥門)이 있는 이중 구조로 되어 있었다. 서문·동문·북문 등 다른 문에는 성문 보호를 위해 옹성을 부설했고, 장대, 망루 및 15개소의 보루를 갖추고 있었다. 현재 '동래읍성지'라고 쓰인 현판이 붙은 문이 북문이다.

읍성 성벽

서장대

북장대

일제강점기에 '시가지 계획'이라는 명목으로 서문에서 남문에 이르는 평지의 성벽은 철거되었으며, 남문에서 동문에 이르는 성벽도 민가가 점유하여 마안산을 중심으로 한 산지에만 성곽의 모습이 남아 있다.

동래읍성지는 1972년 6월 26일 부산광역시 기념물 제5호로 지정되었다.

(동래읍성 역사관)

옛 동래읍성은 1021년에 왜구의 노략질을 막기 위해 현재의 부산지방 병무청을 중심으로 수영구 망미동 일대에 걸쳐 쌓은 성곽이다. 고려시대 말기 왜구의 침입이 심해지자 동래읍성은 1387년 현재의 동래시장 일대로 옮겨졌다.

동구구에서는 지난 40~50년 동안 무허가 건물, 경작지 등으로 방치되어온 동래사적공원 내의 동래읍성 터 문화재 보호구역을 정비하고 그 자리에 '동래읍성 역사관'을 건립하여 동래읍성의 모형, 동영상, 각종 유물 등을 전시하고 2007년 3월 개관했다. 복천박물관으로 올라가는 길에 동래읍성 북문으로 가는 길로 들어서면 역사관이 보인다. 역사관의 주소는 부산시 동래구 복천동 1-2번지이다.

○ 부산시 동래구 명륜동, 복천동, 칠산동, 명장동, 안락동 일원

부산 박인로 가사비

박인로 가사비는 임진왜란이 평정되고 400여 년이 지난 시점에서 민족사와 국문학의
탄생을 알리는 증표로 삼고자 부산 토향회(釜山土鄕會)에서 2002년 4월 6일 민락동 무궁화
동산에 건립한 비석이다.

가사비 전면에는 1598년 정유재란 당시 일본군의 침입과 조선군 병사들의 활약·승전·
개선을 읊은 '태평사'의 내용 한부분이 적혀 있고, 후면에는 박인로 가사비 건립 취지문이
적혀 있다. 비석의 폭은 1.5m, 높이는 2.5m이다.

태평사는 박인로(朴仁老, 1561~1642)가 왜란 때 경상좌도 병사 성윤문 막하에 배속되
어 근무할 때 지은 작품이다. 당시 일본군은 야음을 틈타서 도망쳤는데 이를 지켜본 성윤

가사비 뒷면

가사비 앞면

문은 이곳에서 10일간 머물다가 본영으로 돌아가서 병사들의 노고가 심함을 보고 박인로로 하여금 이 노래를 짓게 하여 병사들을 위로했다.

박인로는 어려서부터 시재에 뛰어났으며 임진왜란 당시 의병장 정세아의 막하에서는 별시위가 되어 무공을 세운 인물이다.[87]

노계 박공 인로 가사비 건립 취지문

공의 자는 덕옹, 호는 노계, 무하옹이다. 본관은 밀양이고 고향은 경북 영천군 도천리이다. 공은 1561년에 나서 1642년까지 살다 가셨다.

1592년에 임진왜란이 일어나자 의병장 정세아를 따라 별시위가 되어 왜병을 물리쳤다. 이어 수군절도사 성윤문에게 발탁되어 좌수영에서 혁혁한 공적을 남겼다.

1598년 정유재란이 끝날 무렵에도 부산포 앞바다는 조용할 날이 없었다. 동지섣달이 되어서도 왜는 밤을 틈타서 노략질을 일삼고 매서운 한파는 수병들을 괴롭히고 있었다. 이때 노계는 수병의 위로와 성군의 안위를 물어 태평사를 지었다.

1605년 공은 다시 통주사統舟師의 명을 받고 좌수영에 부임했다. 정유재란이 끝나고 7년이 지났으나 왜병은 완전 철수를 하지 않고 우리 생민들을 도탄에 허덕이게 했다. 산하三夏의 따가운 여름날은 너무도 길어 수병들의 지친 모습이 허허로운 물결에 씻겨가고 있었다. 공은 그들을 위무하고 나라의 음덕을 다시 선상탄船上嘆으로 노래했다.

우리는 이 역사적 현장에 살고 있다. 그러나 그 생채기보다 더 아팠던 기억을 잊고 살아가고 있다. 이제 그 사라진 시간의 흔적을 돌에 새겨 만년의 역사에 살아 있는 증표로 삼고자 한다.

민족이여! 세세연연 이 비 앞에 서거든 옷깃을 여미며 다시는 이러한 역사를 만들지 않겠다고 엄숙히 맹세하라. 2002년 4월 6일

세운이: 토향회 글지은이: 김무조 글쓴이: 허경무

민락동 버스종점에서 170m 거리에 있는 진로비치 아파트에서 수영2호교 쪽으로 300m 거리의 진조말산 무궁화동산에 위치하고 있다.

○ 부산시 수영구 민락동 민락수변공원 무궁화동산

부산 반송 삼절사

반송동에 위치한 반송 삼절사(盤松三節祠)는 임진왜란 때 일본군에 맞서 싸우다 순절한 양씨 일문(梁氏一門)의 위패를 모신 사당이다. 경기도 광주군수로 성을 지키다가 순절한 양지, 동래읍성에서 순절한 양조한, 그리고 곽재우와 함께 화왕산성에서 의병활동을 하다가 순국한 양통한 등 3인을 모시고 있다.

3인 중 양지는 경기도 파주사람으로 적성현감(積城縣監)을 거쳐 경기도 광주군수로 부임하여 임진왜란 때 성을 지키다 순절하여 이조판서에 증직되었으며, 1839년 삼절사 건립 후 합사했다.

---

87) 별시위(別侍衛)는 1400년 태종의 좌우에서 호위하는 측근 시위병으로 설치되었다. 1457년(세조 3)에는 중앙군 병종이 되었고, 그 성격도 위병(衛兵)으로 바뀌었다.

사당 삼절사

양조한은 임진왜란 당시 유생으로 동래향교에 모셔진 성현들의 위패를 동래읍성 내에 봉안한 후 순절하여 호조정랑에 증직되었고, 양통한은 양조한의 아우로서 두 아들과 함께 창녕 화왕산성에서 의병활동 중 순절하여 호조좌랑에 증직되었다.

사당 삼절사는 1839년 동래부사 이명적에 의해 건립된 후 여러 차례에 걸쳐 보수했으며 당호인 세한당(歲寒堂)의 현판 글씨는 동래부사 정현덕이 썼다.

1989년 중건에 착수하여 1990년 6월에 지금의 모습으로 정화, 준공되었다. 이들 세 공신의 넋을 위로하고 그 숭고한 뜻을 기리기 위해 왜란 이후 매년 봄과 가을에 지방 유림, 후손, 지역민들이 전통적인 제례 의식에 따라 향사를 지내고 있다.

반송 삼절사는 1986년 5월 29일 부산광역시 문화재자료 제1호로 지정되었다.

○ 부산시 해운대구 신반송로 182번길 24(반송동)

부산 백산 점이대

　백산 점이대(白山覘夷臺)는 이 지역이 바다와 나라를 지킨 경상좌수영 수군의 전초기지였다는 것을 알리기 위해 1998년 '부산을 가꾸는 모임'에서 건립한 비석이다. 점이(覘夷)란 오랑캐를 엿보는 망대라는 뜻이다.

점이대에서 내려다 본 광안대교

점이대에서 내려다 본 시가지

백산 정상에 있는 점이대. 비석 뒷면에 이곳 점이대는 좌수영 수군들이 바다와 나라를 지킨
전초기지였다고 적혀 있다.

이곳 점이대는 임진왜란 이전에는 왜구의 동태를 살폈고, 임진왜란 때는 일본군의 동향을 감시하는 장소로서 중요한 사명을 수행했던 곳이다. 관측된 일본군의 동태는 경상좌수영에 보고되었고 그 내용은 봉화를 통해 인근의 조선군 진영으로 전달되었다.

점이대는 민락동 옥련선원 입구에서 좌측으로 난 길을 따라 올라가면 만날 수 있다. 백산 정상에 서면 광안리 해변과 광안대교가 보인다.

○ 부산시 수영구 광남로 257번길 58(민락동) 옥련서원 인근

부산 사명대사 동상/유정대사 충의비

임진왜란 후 부산지방에 머물며 일본의 재침에 대비하여 부산진성을 수축한 사명대사의 공적을 기리고 구국충의를 길이 전하기 위해 1981년 10월 7일에 3.6m 높이의 사명대사 동상을 건립했다.

동상은 1820년 부산진첨사 임형준에 의해 처음 부산진성에 세워졌는데 일제강점기에 정공단으로 옮겨졌다. 그러다가 1981년에 비각을 새롭게 단장한 후 지금의 위치인 초읍동 어린이대공원으로 옮겼다.

사명대사 동상

유정대사 충의비각

(충의비)

　유정대사 충의비는 부산진첨사 임형준이 임진왜란 당시 승병·의병을 일으켜 나라를 구한 사명대사의 활약상과 그 충의를 널리 알리기 위해 건립했다.

　비석 전면에는 '유정대사 충의비(惟政大師忠義碑)'라고 새겨져 있다.[88] 이수는 비신과 별개의 돌로 두껍게 제작되어 얹혀 있으며, 모양은 팔작지붕을 닮아 양끝이 위쪽으로 올라갔다. 비석을 보호하기 위해 비석을 둘러싼 비각이 세워져 있다.

　○ 부산시 부산진구 성지로 159 (부산어린이대공원 내)

---

88) '유정대사'는 '사명대사'의 다른 호칭이다.

부산 송공단(송상현)

송공단(宋公壇)은 1742년 동래부사 김석일이 임진왜란 당시 동래부사 송상현이 순절한 장소인 정원루(靖遠樓)의 옛터에 설치한 단으로 송상현을 비롯하여 왜란 때 순절한 여러 선열들을 모신 곳이다.

송공단이 건립되기 전에는 동래읍성 남문 밖의 조그마한 야산 농주산(지금의 동래경찰서 자리)에 임진왜란 때 순절한 선열들을 추모하는 농주산 전망 제단을 세워 동래부사 송상현, 양산부사 조영규, 동래교수 노개방을 비롯한 순절의사들을 모시고 있었다.

그러다가 1742년(영조 18)에 지금의 위치에 송공단을 옮겨 세웠다. 1760년에는 동래부사 홍명한이 유림의 여론에 따라 부산첨사 정발과 함께 싸우다 전사한 부사맹 이정헌을 모셨으며, 1766년에는 다대첨사 윤흥신, 유생 양조한을 추가로 모시고 제사를 지내게 되었다. 송공단 비석은 2005년 11월 제14대손 송해석이 썼다.

송공단은 네 개의 구역으로 나뉘어 있는데, 북단에는 송상현 동래부사·조영규 양산군수·노개방 동래교수를 모시고 있다. 동단에는 유생 문덕겸·비장 송봉수·김희수·겸인 신여로, 서단에는 노개방의 부인·송상현의 첩 금섬·정발의 첩 애향, 남단에는 향리 송백·부민 김상(金詳)·두 의녀 및 이름 없는 여러 사람들의 단이 마련되어 있다. 관노(官奴)인 철수(鐵壽)·매동(邁同) 효충비도 한쪽 편에 자리하고 있다.

그 뒤 동래읍성에서 순절한 분들은 송공단에, 부산진성에서 순절한 분들은 좌천동의 정공단에, 다대진성에서 순절한 분들은 다대동의 윤공단에 각각 모시게 되었다.

일제강점기부터는 동래읍성이 함락된 매년 음력 4월 15일에 동래기영회에서 제사를 올리고 있다.

(동래부사 송상현)

동래읍성 전투에서 순절한 동래부사 송상현은 1551년 1월 8일 출생했다. 1570년 20세의 나이에 진사가 되고, 26세에 문과에 급제하여 승문원 정자로 보임되었다. 1578년에 저작랑이 되고, 이듬해에 박사로 승진하여 승정원 주서 겸 춘추관 기사관이 되었다가 경성판관(鏡城判官)으로 임명되었다.

1583년에 사헌부 지평으로 돌아와 예조(禮曹), 호조(戶曹), 공조(工曹)의 정랑(正郎)이 되었다. 이듬해인 1584년 종계변무사의 질정관(質正官)으로 명나라에 다녀왔다.[89] 1586년에도 또 한 번 명나라를 다녀온 뒤 다음 해에는 사헌부 지평에서 은계도 찰방(銀溪道察訪)으로 좌천되었다.

1587년에 다시 들어와 지평이 되고, 이듬해에 백천군수(白川郡守)로 나갔다가 3년 만에 전직되어 돌아와 충훈부 경력(忠勳府經歷), 사헌부 집의(司憲府執義), 사간원 사간(司諫院司諫), 사재감·군자감정(司宰監·軍資監正)이 되었다.

송산현은 1591년에 동래부사로 부임했는데 때는 임진왜란 바로 전년이었다. 당시 조정에서는 당파가 동서로 분열되어 국론이 통일되지 않고 혼란 속에 있었다.

1586년경부터 이미 일본과의 관계가 심상치 않았는데 동래는 일본군이 침입하는 첫 상륙지가 되므로, 조정에서는 문과 무의 재주를 겸비한 송상현을 동래부사로 보냈다.

송공단

---

89) 질정관(質正官)은 조선시대에 제도나 음운 등 여러 가지 사안을 중국에 질문하여 확인해 오던 업무를 맡아 하던 임시벼슬로서 중국에 사신이 갈 때 동행했다.

관노 철수·매동 효충비

금섬 순란비

충렬공 송상현 순절비

(동래읍성 전투)

송상현은 동래부사로 부임해 올 때 조정의 국론이 분열되어 정세가 어수선하니 일본군이 반드시 내습해 올 것이라고 예측했다. 예상은 적중하여 그가 부임한 바로 다음 해인 1592년 4월 13일에 일본군이 침공해 왔다.

4월 14일 먼저 부산진성을 함락시킨 일본군은 그날 주력부대를 지금의 동래경찰서 자리인 농주산 취병장(聚兵場)에 집결시켰다.

경상좌병사 이각과 경상좌수사 박홍이 지원차 왔다가 일본군의 규모를 보고는 겁에 질려 전투가 시작되기도 전에 도주했다. 이각은 송상헌에게 노약한 군졸 30여 명을 내어 주고는 소산역에서 진을 치고 협공하겠다며 그곳으로 피해 갔다. 사실상 일본군의 위세에 겁을 먹고 도망한 셈이다.[90]

송상현은 울산군수 이언성 등과 함께 전투태세를 점검했다. 4월 15일 새벽 고니시 유키나가는 부산진성을 출발해 오전 10시경 동래읍성 부근에 도착한 후 본진을 3개로 나누어 1대는 황령산 기슭에, 2대는 동래읍성 서편의 대로변에, 3대는 취병장으로부터 남문을 향하도록 하여 읍성을 포위했다.

일본군은 조선 측이 전투에 대비하고 있는 것을 보고 전의(戰意)를 살펴보려고 목판(木板)에 글을 써서 남문 밖에 세우고 갔다. 송상현이 군관 송봉수를 시켜 가서 보게 하니 그 목판에는 '싸우고 싶거든 싸우고, 싸우고 싶지 않거든 우리에게 길을 내어달라'는 내용의 '전즉전의 부전즉가아도(戰則戰矣 不戰則假我道)'라고 쓰여 있었다.

송상현은 이에 대해 '싸워서 죽기는 쉬워도 길을 빌려 주기는 어렵다'는 뜻의 '전사이가도난(戰死易 假道難)'을 써서 던졌다. 그리고 죽음을 초월하여 다만 성과 운명을 같이할 결심을 더욱 굳혔다. 항복하지 않을 것을 안 일본군은 세 갈래로 나누어 성을 포위하고 조총과 화살을 난사하기 시작했다.

조선군은 두꺼운 통나무로 방어책을 만들었으나 조총을 막아내지는 못했고, 일본군은 허수아비를 장수처럼 변장시켜 장대 끝에 꽂아 조선군의 화살공격을 유도했다. 4월 15일, 일본군은 성곽이 낮고 수비가 허술한 동북쪽을 집중 공격하여 방어벽을 뚫고 들어와 동래읍성을 함락시켰다. 성민들은 일치단결하여 싸웠으나, 중과부적으로 결국 성은 함락되었다.

성내에 널려 있는 성민들의 시체를 밟고 밀려오는 일본군 앞에 송상현은 동요하지 않았다. 그는 일본군이 성을 넘어 들어와 성내를 유린하자 집에 연락하여 조복(朝服)을 가져오게 했다.

곧 일본군이 들이닥쳤는데 그 가운데 평조익(平調益)이란 자가 있었다. 그는 일찍이 통신사 평조신(平調信)을 따라 왕래할 때 송상현을 만난 일이 있고 또 후히 대접받은 일이 있었으므로 그 후의에 보답하고자 성 옆 빈터로 우선 피하라고 했다.[91] 그러나 송상현은

---

90) 소산역(蘇山驛)은 지금의 부산시 금정구 선두구동 738번지 하정마을에 있었다. 이곳은 한양 가는 길목에 있어서 선비가 머물러 휴식을 취하고 말도 갈아탈 수 있는 역 두 군데 중 하나이다. 다른 역인 휴산역은 연산동과 수영동 사이에 있다. 소산역의 존재를 입증하는 비석이 2007년 주영택 가마골향토역사연구원 원장에 의해 발견되었다.

91) 평조신(平調信)은 야나가와 시게노부(柳川調信)라고도 하며 승려 게이테쓰 겐소(景轍玄蘇)의 가신이다. 야나가와 시게노부는 승려 게이테쓰 겐소와 함께 도요토미 히데요시의 명을 받고 일본사절단으로 조선에 와 국정을 정탐했다.

한마디로 거절하고 일어나서 전패를 모신 객사를 향해서 북향하여 네 번 절했다. 그런 다음 부채에 '외로운 성은 달무리처럼 적에게 포위되었는데 다른 진영에서는 도와줄 기척도 없습니다. 임금과 신하의 의리는 무겁고 부모와 자식의 정은 가볍습니다'라는 비장한 시를 써서 아버지에게 보내고 42세를 일기로 성문 누각에 앉아 의연한 자세로 죽음을 맞이했다.

이 전투에서 일본군은 100명이 전사했고, 조선은 민간인 포함 3,000여 명이 전사하고, 500명이 포로로 잡혔다. 동래 지역의 전황과 송상현의 순국 사실이 알려지자 선조 임금은 그에게 이조판서의 직위를 내렸다.

숙종 임금은 1681년 송상현에게 숭정대부 의정부 좌찬성 겸 판의금부사 지경연 춘추관 성균관사 홍문관 대제학 오위도총부 도총관의 직위를 내렸다. 또 그에게 시호 '충렬(忠烈)'을 내렸다. 숙종 임금은 친히 그 가묘(家廟)와 묘소에 여러 번 제문을 내려 제사지내도록 했고, 묘소에는 신도비를 세우고, 동래에는 충렬비를 세워 주었다.

처음에는 동래의 송공사(宋公祠)에서 제향하다가 기일에는 송공단에서 제향하게 되었다. 그 후 송공사는 충렬사(忠烈祠)로 사액되어 지금의 안락동으로 옮겨 서원(書院)의 예에 따라 봄과 가을에 제향하게 되어 오늘에 이르고 있다.92)

송공단은 1972년 6월 26일 부산광역시 기념물 제11호로 지정되었다.

○ 부산시 동래구 동래시장길 27(복천동)

부산 수안역 동래읍성 임진왜란 역사관

부산도시철도 4호선 수안역 대합실에 '동래읍성 임진왜란 역사관'이 개관되어 운영되고 있다.93) 2005년 4월 수안역 공사구간에서 줄파기 작업을 하던 중 동래읍성의 한 구역으로 추정되는 석축을 발견하여 정밀 조사한 끝에 이곳이 임진왜란 때 동래읍성 격전지의 하나였음이 밝혀졌다.

---

92) 이밖에 송상현을 제사지내는 곳은 고부 정충사(古阜 旌忠祠)와 청주 신항서원(淸州 莘巷書院), 개성 숭절사(開城 崇節祠), 경성 화곡서원(鏡城 禾谷書院) 등이다.

93) 매주 월요일, 설날, 추석에 휴관한다.

수안역 구내 해자 발굴 위치

동래읍성 모형

유골은 남문 앞의 해자에서 대량으로 발굴되어 이곳이 격전지였음을 알려준다.

조선군 병사의 복장

해자에 묻혀 있는 유골과 무기류

동래읍성 해자에서는 임진왜란 때 조선군이 일본군의 침공에 맞서 싸울 때 사용한 여러 종류의 무기가 출토되었다. 활, 화살, 큰 칼 등이 가장 많이 출토되었는데 이를 통해 조선군이 주로 사용한 무기체계와 방어수단이 무엇이었는지를 알 수 있다. 이들 무기는 동래읍성이 함락된 후 일본군에 의해 해자 내부에 버려진 것으로 추정되고 있다. 해자에서 일본군의 무기는 창 1개만이 출토되었다. 이는 동래읍성 전투가 부산진성 전투와 마찬가지로 일본군에 의한 일방적인 전투였고, 조선군과 양민들이 일거에 도륙당한 처참하고도 참담한 전투였음을 알려준다.

○ 부산시 동래구 복천동 도시철도 4호선 수안역 구내

부산 옥련선원 임진왜란 천도비

옥련선원(玉蓮禪院)은 수영구 민락동의 백산(白山)에 있는 사찰이며, 삼국시대 원효대사가 '백산사'라고 사찰의 이름을 지은 곳이다.

그 후 해운선사가 '옥련암'으로 이름을 바꾸었으며, 1976년 주지 현진 스님이 보현전을 중창하면서 사찰의 명칭을 '옥련선원'으로 변경했다.

이곳 옥련선원에는 임진왜란 때 사망한 이름 없는 외로운 혼령들의 명복을 빌기 위해 세운 임진왜란 천도비가 있다.

임진왜란 때 부산은 일본군이 침공해 온 첫 길목이기에 그 피해가 컸다. 부산진성과 동래읍성을 함락시킨 일본군은 좌수영으로 몰려와 백성들을 마구 살상했다. 이에 겁을 먹은 수사(水使) 박홍(朴泓, 1534~1593)이 군영을 이탈하면서 군사들은 무장지졸이 되어 우왕 좌왕 갈피를 잡지 못할 때 박홍 휘하에 있던 향토의 의병들이 결사대를 조직했다.[94]

25의용군을 비롯하여 좌수영 성내의 주민과 성곽 주변의 백성들이 힘을 합쳐 죽을 각오로 일본군과 맞서다가 대부분 일본군의 총칼 아래 죽어갔다. 그러나 이들의 순국을 기억하고 기리는 후손이 없었다.

이에 '부산 토향회'에서는 그들의 충절을 기리고 원혼을 위로하기 위해 옥련선원 동쪽 담장 부근에 1999년 8월 25일에 '임진왜란 좌수영 무주망령 천도비(壬辰倭亂左水營無主亡靈薦度碑)'를 건립했다.

비석의 뒷부분은 기와집 모양이며, 밑에는 오석(가로 2.2m, 세로 1.5m)으로 비의 몸체를 삼았다. 비석의 총 높이는 2.9m이며, 몸체에 비문이 기록되어 있다.

옥련선원 입구

천도비

94) 박홍은 왜란 때 경상좌도 수군절도사로 있었는데 일본군이 침공해오자 판옥선 40척에 구멍을 내어 침몰시키고 식량창고에 불을 지른 뒤 도주했고, 동래읍성 전투에서는 송상현을 구하러 갔으나 일본군의 위세에 눌려 싸우지도 않고 다시 도주했다.

(전반부 생략)

1592년 4월 13일 밤이다. 하늘은 유난히 맑고 달은 밝았다. 이 평화로운 나라의 관문인 부산포에 왜의 침략이 시작되었다. 전후 7년 동안 이 금수강산은 아비규환의 전쟁터로 변했다. 14일 부산진성이 함락되었다. 첨사 정발도 함께 전사했다. 15일 동래성이 함락되고 다시 다대포성이 함락되었다. 부사 송상현 첨사 윤흥신이 모두 억울하게 죽음을 맞았다.

슬프다. 나라의 관문이 헐리고 근역 삼천리가 이리떼에 짓밟혀 그들의 소굴이 되었다. 백성들은 삶터를 잃고 임금은 몽진했다. 대신들은 갈피를 잡지 못하고, 신하들은 뿔뿔이 흩어져가니 나라는 불바다가 되었다. 오로지 남은 좌수영마저도 풍전의 등화가 되어 명멸하고 있었다. 그러나 장산의 봉수대는 불을 피워 좌수영에 정황을 보고했고 백산의 점이대는 바다의 정보를 좌수영으로 보내고 있었다.

○ 부산시 수영구 광남로 257번길 58 (민락동)

부산 윤공단(윤흥신)

윤공단(尹公壇)은 일본군과 싸우다가 순절한 다대첨사 윤흥신(尹興信)과, 함께 일본군에 맞서 싸우다 전사한 군관민의 충절을 추모하기 위해 설치한 제단이다.

1592년 4월 14일 부산진성을 함락시킨 일본군은 그 날 바로 동래읍성과 다대진성을 공격했다. 다대진성의 윤흥신은 이 날 성을 지켰으나 다음날인 15일에는 항전 끝에 전사했으며, 많은 희생을 내고 성은 함락되었다. 윤흥신, 윤흥제 그리고 군관민은 다대포 객관(현재의 부산시 유아교육진흥원 자리)에서 일본군에 맞서 싸우다 전사했다.

다대진첨사 윤흥신에 대해서는 오랫동안 그의 사적(事蹟)이 알려지지 않고 있었다. 그러다가 1761년 경상감사 조엄이 윤흥신의 사적을 기록한 문헌을 입수하고 송상현 공과 정발 공의 사당에 윤흥신 공이 빠져 있음을 안타까이 여겨 조정에 포상을 청함으로써 그의 사적이 널리 알려지게 되고 윤공단이 건립되었다. 1765년 당시 다대첨사로 있던 이해문이 제단을 쌓고, 음력 4월 14일을 제사일로 정하여 제사를 지냈다.

윤공단의 3기의 비석 중 중앙에 있는 비석은 앞면에 '첨사 윤공흥신 순절비(僉使尹公興信殉節碑)'라고 음각되어 있고 뒷면에는 한자 12행으로 된 전적이 기록되어 있다. 비석의 양쪽에는 '의사 윤흥제비(義士尹興悌碑)'와 '순란사민비(殉亂士民碑)'가 자그마하게 세워져 있다.

첨사 윤흥신 순절비 　　　　　　　　　　　　순절비로 향하는 계단

　　원래 이 제단은 윤흥신이 순절한 곳인 다대포 첨사영의 성내(城內)였던 지금의 부산시 유
아교육진흥원 자리에 있던 것을 1970년 12월 5일 현재의 자리인 다대동 1234번지로 옮겼다.

　　가파른 언덕 위에 있는 윤공단은 가깝게는 바로 앞에 다대포성과 다대포 객사가 있던
부산시 유아교육진흥원 건물, 멀리는 다대포항과 몰운대를 내려다보고 있다.

　　윤흥신의 사적은 오랫동안 묻혀서 드러나지 않다가 영조 임금 때인 1761년 동래부사를
지낸 조엄·강필리 등에 의해 발굴되고 알려졌으며, 그 후에 비로소 충렬사에 제사할 수
있게 되었다. 현재 제향은 다대동 주민을 중심으로 거행되고 있다.

　　윤공단은 1972년 6월 26일 부산광역시 기념물 제9호로 지정되었다.

　○ 부산시 사하구 윤공단로 112(다대동)

부산 윤흥신 석상

1981년 9월 10일 초량동에 다대진첨사 윤흥신의 석상이 건립되었다. 부산시에 의해 건립된 이 석상은 목숨을 바쳐 일본군과 싸운 윤흥신의 공적을 기리고 있다.

다대포진 첨절제사 윤흥신 장군 사적기

공은 장경왕후의 오빠 되시는 좌찬성 윤임(尹任)의 아들로 을사사화 때 아버지와 두 형이 죽음을 당하고 가족과 재산도 몰수되었다. 1570년(선조 3)과 1577년(선조 10) 두 차례에 걸쳐 관작을 복구하고 재산을 찾고 남은 아들을 등용하도록 하니 공은 그 형제 중에 한 사람이 되는 것이다. 그러나 공이 다대첨사가 되기까지 어떻게 지냈는지는 알 길이 없다. 을사사화만 없었더라면 공은 왕실의 외척으로 권세를 누릴 사람이었다.

윤공의 전망사적은 충렬사지에 대강 나타나 있다. 즉 임신 4월 14일에 적의 일부 병력이 침투해 와서 성을 포위하였으나 역전하여 이를 물리쳤다. 이튿날 적은 대부대를 거느리고 바다를 덮어 공격해 왔다. 부하들은 피신하기를 청하였다. 그러나 공은 이를 물리치고 성과 운명을 같이 하기로 결심하였다. 성문을 굳게 닫고 남은 부하들과 같이 물밀듯 닥치는 적 앞에서 지주(砥柱)처럼 우뚝하게 성을 지키다가 시진도절(矢盡刀折)하여 장렬한 전사를 하였다.

가문의 불행을 딛고 풍운아 급한 때를 당해 죽음의 땅으로 부임하여 충척(充斥)한 적 앞에서 외로운 성을 끝까지 지키다가 의연히 죽음을 택하니 그 슬픔 비록 크다 해도 그 절의 어둠 속에 한 가닥 빛을 남기니 거룩한 일이다. 비록 선무원종공신이 되었으나 변방의 일이라 그 사적이 오래 드러나지 않았다.

영조 대에 와서 원임 부제학(原任副提學) 조엄(趙儼)이 전망사적서(戰亡事蹟書)를 써서 충렬사에 합사할 것을 건의하고 동래부사 강필리는 사절기(死節記)를 적어 또한 합사를 강조하여 1772년(영조 48) 영조의 품의를 거쳐 합사하였다.

그 뒤로는 충렬사와 윤공단에서 해마다 제사를 모셨는데 근자에 부산시는 다시 선열유적을 정화하고 송공, 정공, 윤공의 동상과 석상을 세우게 되니 이에 공의 사적을 석상에 부쳐 추모의 뜻을 표하는 바이다.

일천구백팔십삼년 구월 십일

○ 부산시 동구 초량 3동 1143번지

부산 이순신 장군 전적비(녹산동)

　녹산동 노적봉은 이순신 장군이 볏섬과 짚으로 곡식을 쌓아 놓은 것처럼 위장하여 일본군을 속여 그들의 진군을 막은 장소이다. 이곳에 장군의 후손과 부산시 강서구청에서 장군의 전적을 기리는 뜻에서 전적기념비를 세웠다.

　녹산동 제2수문 옆에 있는 이순신 장군 전적비 비문의 내용은 다음과 같다.

이순신 장군 전적비

　용사지란(龍蛇之亂)에 바다를 건너 몰려온 왜(倭)의 대군(大軍)이 변경을 침범하여 온 나라를 유린하고 백성을 겁탈함에 바다의 싸움은 상황을 달리했다. 무비(武備)를 든든히 한 후 나라의 목을 지키는 소임을 다하므로 나라의 근심을 잊게 한 이충무공(李忠武公)의 공덕임을 후손 된 자 모를 이 있으려가.

　수많은 전공을 이룬 전적지 중 이곳 노적봉은 볏섬과 짚으로 곡식 노적처럼 위장하여 왜군을 속여 진군을 막은 곳이다. 장군의 호국애민의 정신과 고귀한 얼을 받들고 지역의 발전과 자주국방을 위한 우리의 각오를 다짐하면서 공의 행적이 어린 이곳에 징표를 세운다. 1992. 01. 24

녹산도 이순신 장군 전적비

○ 부산시 강서구 녹산동 제2수문 옆(녹산 배수펌프장 맞은 편 쌈지공원)

　임진왜란 때 부산진성과 동래읍성이 모두 함락되면서 불안감과 위기감은 극도에 달했다. 위기에 처했을 때 앞장서서 적과 싸워야 하는 수영성의 경상좌수사 박홍(朴泓)은 성을 버리고 도주했다. 그리고 수영성을 쉽게 점령한 일본군은 7년 동안이나 이곳에 주둔하며 약탈과 살육을 감행했다.

　이에 수영성의 수병(水兵)과 성내의 주민 25인은 성문 밖의 선서바위에 모여 일본군과 싸울 것을 피로 맹세한 후 바다와 육지에서 유격전을 전개했다.

　25의용단은 왜란 7년 동안 유격전으로 일본군에 항전한 25인의 의용을 기리기 위해 쌓은 제단이다. 이들 25인의 사적은 1609년(광해군 1) 지역 주민들의 청원에 의해 세상에 알려지게 되었다. 동래부사 이안눌은 청원을 받은 후 항쟁을 했던 25인을 수소문해 찾아내고 그들의 사적을 널리 수집하여 정방록에 실었으며, 그들의 집 문에는 '의용(義勇)'이라는 두 글자를 새긴 편액을 걸게 했다.

　그 후 순조 임금 때 동래부사 오한원은 25인 의용군의 후손들에게 역(役)의 의무를 면제시켜 주고 글을 지어 포상했다. 1853년에는 경상좌수사 장인식이 이들 25인의 사적을 기리는 비를 수영공원에 세워 '의용단(義勇壇)'이라 이름하고 재실 의용사(義勇祠)를 지어 봄과 가을에 제사를 지내 주었다.

　의용단에서는 매년 음력 3월과 9월의 하정일(下丁日)을 택하여 향토를 수호한 25인의 넋을 기리는 제향을 드리고 있다.

　1894년 군제개혁으로 좌수영이 폐지되자 수영면의 면장이 제사를 주관했으며, 일제강점기에 일본인 면장이 부임한 이후에는 수영기로회(水營耆老會)에서 제향을 봉행하여 오늘에 이르고 있다.

　　이곳은 조선시대 임진왜란 7년간 왜적의 침입으로 나라의 운명이 매우 위태로울 때 우리 고장 수영을 지키기 위하여 분연히 일어나 목숨을 바쳐 향토를 수호한 25의사의 충혼을 모신 곳입니다.
　　1853년(철종 4년) 경상좌수사 장인식에 의해 처음 이곳에 의용단비를 세운 후 해마다 봄·가을 2회 길일을 정해 제향을 모셔왔습니다.
　　1995년 수영구 개청과 더불어 수영구민들은 25의사의 행적에 비하여 의용단의 규모와 시설이 너무나 왜소한 점을 안타까이 여겨 수영 역사 찾기 일환으로 의사의 충절을 드높이는 정화사업을 벌이기로 뜻을 모았습니다.
　　새천년을 맞아 정화사업을 본격적으로 추진하여 25의사의 위패를 새로이 제작하고 이를 모시는 사당(義勇祠-의용사)과 내삼문(永懷門-영회문), 외삼문(存誠門-존성문), 관리사(典祠堂-전사당)를 건립하는 등 의사 사후 400여 년 만에 대대적인 정화사업을 전개하여 새롭게 단장하였습니다.
　　앞으로 이곳은 수영구민의 표상으로서 부산시민의 역사 도장으로서 의사들의 업적이 만대에 길이 남아 나라사랑 정신이 더욱 빛날 것입니다.

　　그 후 세월의 흐름과 더불어 의용사는 퇴락해져 갔다. 부산시는 1974년 12월 낡은 비석단 3개소를 정비했다. 비석단 근처에 따로 의용제인비(義勇諸人碑) 25기를 건립하고 외삼문 1동과 한식 담장을 새롭게 설치했다. 현재의 의용사는 지역 원로들이 뜻을 모아 재정비한 것이다.

　　그런데 기존의 의용사가 지형적인 저습지로 배수가 제대로 이루어지지 않아 수목 생육이 어렵고, 의용제인비가 노천에 설치되어 있어 제향에 어려움을 겪게 되자 지역 원로들이 나서 1999년 9월 기초 사업계획을 수립하게 되었다.

　　2000년 5월 10일 시작한 공사는 사당 1동, 내삼문, 외삼문, 관리사 1동, 담장 수리, 의용사 앞 주차장 설치 등의 공사를 마치고 2001년 3월에 준공했다.

　　수영사적공원 입구에 위치해 있는 25의용단은 1972년 6월 26일 부산광역시 기념물 제12호로 지정되었다.

정문

의용제인비

(비문)

비석에 새겨진 비문의 내용은 다음과 같다. 1853년 경상좌수사 장인식이 수영의 25의
용단을 세우며 붙인 시이다.

향토의 수호신 25의용
의용단을 쌓아 25인의 비석을 세웠으니 장산(長山)의 남쪽이고 영해(領海)의 앞이로다. '충렬지'를 본받아 '정방록(旌傍錄)'을 지었으니 동악(東岳) 이안눌(李安訥)을 사모하고 오한원(吳翰源) 부사에 감사하도다. 비로소 제기를 드려 굳센 혼백이 의지할 만하니 산이 높고 바다가 깊은 만큼 영원히 없어지지 않으리로다.

의용 25인 명단(가나다 순)
김달망(金達亡), 김덕봉(金德俸), 김옥계(金玉啓), 김종수(金從守), 김진옥(金進玉), 김팽량(金彭良), 김허농(金許弄), 박림(朴林), 박응복(朴應福), 박지수(朴枝壽), 신복(辛福), 심남(沈男), 이수(李樹), 이실정(李實貞), 이은춘(李銀春), 이희복(李希福), 정수원(鄭樹元), 정인강(鄭仁彊), 주난금(朱難今), 최끝량(崔-良), 최막내(崔莫乃), 최송업(崔松業), 최수만(崔守萬), 최한손(崔汗孫), 최한연(崔汗連)

○ 부산시 수영구 수영동 366번지(수영사적공원 입구)

부산 임진동래의총

임진동래의총(壬辰東萊義塚)은 임진왜란 당시 일본군의 침공에 맞서 송상현 장군과 함
께 동래읍성을 지키다가 순절한 군관민의 유해를 거두어 모신 무덤이다. 정언섭은 1730년
11월에 동래부사로 부임했다. 그가 임지에 당도했을 때 동래읍성은 왜란 종료 후 140여

년이 지나는 동안 훼손되고 허물어져 있었다. 이에 정언섭은 동래가 나라의 관문이라 하여 읍성 수축을 계획하고 조정에 건의했다.

1731년 정언섭이 조정의 허락을 받아 동래읍성을 수축할 때 임진왜란의 격전지였던 옛 남문 터에서 전사자의 유골이 발견되어 동래부 남쪽 삼성대(三星臺) 구릉지(현재의 내성중학교 부근)에 6기의 무덤을 만들어 안장했다.

묘역에는 담장이 설치되어 있으며, 담장 밖에는 제사를 지낼 수 있는 건물과 비석이 세워져 있다. 정언섭이 글을 쓴 이 비석의 앞면에는 '임진전망유해지총(壬辰戰亡遺骸之塚)'이라고 새겨져 있고, 뒷면에는 그 여섯 무덤의 내력이 기록되어 있다.

관청에서는 제향에 소요되는 비용을 마련하기 위한 논과 밭을 제공하고 그 관리를 향교에 맡겨 매년 추석에 유생으로 하여금 제사를 모시게 했으며, 순절일에는 관청에서 장사(壯士)를 보내어 제사를 모시게 했다.

일제강점기 말기 토지 개간으로 동래구 복천동 뒷산 영보단(永報壇, 현재의 복천박물관 경내) 부근으로 이장했다가 1974년에 금강공원 경내로 이장하여 하나의 무덤으로 만들어 묻었다. 그 후에 비서을 옮겨 세웠다.

현재 동래구와 동래문화원에서는 매년 이들이 순절한 날인 음력 4월 15일에 구민들의 정성을 모아 제향하고 있다.

임진동래의총은 1972년 6월 26일 부산광역시 기념물 제13호로 지정되었다.

임진동래의총 입구

충혼각

충혼각 현판

임진동래의총

임진동래의총 정화기념비

임진왜란 때 바다를 건너 몰려온 왜의 대군을 맞아 이곳 성민은 나라의 관문이요 향토인 동래성을 지키기 위하여 분연히 궐기하여 용감하게 싸웠다. 그러나 중과부적으로 모든 성민이 무참히 죽음을 당하였다. 이때 순사한 이름이 밝혀지지 않은 의사들의 유해를 거두어 모신 곳이 이 무덤이다.

1731년 동래부사 정언섭이 퇴락하였던 동래읍성을 고쳐 지을 때 임란 당시 격전지였던 남문의 좌우 터에서 부서진 창과 화살촉 그리고 적의 포탄과 함께 순사한 이의 많은 유골이 출토되었다. 그중 형골이 온전한 12구의 유해를 거두어 베와 종이로 싼 후 상자에 넣고 부의 남쪽 삼성대 서편 구릉지에 6총으로 모시고 임진전망유해지총이란 비석을 세웠다. 나라에서는 제전(祭田)을 마련하여 매년 추석에 유생으로 제사케 하였으며 순사일에는 관에서 장사를 보내어 제사를 지내게 하였다.

1788년 이○일이 부사로 부임했을 때 고을에서 샘을 파다가 유골이 나오므로 이 또한 거두어 6총의 곁에 묻으니 7총이 되었다.

불행하게도 일제 말 민족정신을 말살하기 위해 7총이 헐리게 되었으며 유해는 동래 복천동 뒷산 영보산 부근에 옮겨져 작고 초라하게 합본되었다.

1974년 옹색한 옛터에서 현재의 자리로 옮긴 후 수차례 손을 보았으나 이 같은 여건으로는 선열의 넋을 위로하고 기리기에 미흡하여 경역과 시설을 새롭게 하여 오늘의 모습으로 단장하였다.

비록 이름이 밝혀지지 않은 유골이라 하나 나라를 위하여 기꺼이 목숨을 던진 의로운 선조들의 무덤이니 옷깃을 여미며 그 뜻을 가슴에 새긴다.

○ 부산시 동래구 복천동 산 17-1번지(금강공원 내)

'정공단'은 1592년 임진왜란 당시 부산진성을 지키며 군민과 함께 일본군과 싸우다 성과 운명을 같이한 부산첨사 정발(鄭撥)과 그를 따라 순절한 군민들의 충절을 기리는 제단이다.

단의 중앙에는 '정공단(鄭公壇)'이라고 새긴 비를 세우고, 서쪽에는 정발의 막료였던 이

정공단

충장공 정발 장군비

열녀 애향비

전망제공비   충복 용월비

정헌(李庭憲), 동쪽에는 정발의 첩인 애향(愛香), 남쪽에는 군민들을 모셨으며, 남쪽 층계 밑에는 충직한 노복이었던 용월(龍月)의 단이 마련되어 있다.

1766년 부산첨사 이광국이 이들이 순절한 장소인 부산진성의 옛터에 이 제단을 만들었다.

(부산첨사 정발)

정발은 어릴 때부터 독서를 즐겼으며 약관의 나이에 사서(四書)와 오경(五經)을 통독하고 아울러 병법에도 통달하여 26세 때인 1579년 무과에 급제했다. 그는 선전관이 되었고 그 후에 해남현감으로 부임했으며, 3년의 재임기간 중 선정을 베풀자 백성들은 그의 어진 정사를 칭송했다.

그 뒤 거제현령을 지내고 돌아와 비변사의 낭료(郎僚)가 되었다. 그의 벼슬이 승진되어 위원군수(渭原郡守)로 제수되었다가 임기를 마친 후 훈련원 부정(副正)이 되고 다시 사복시로 옮겼다.[95]

이 무렵 일본이 침입해 올 기미가 보이자 조정에서는 그를 절충장군의 품계로 올려 부산진첨사로 삼았는데, 이 해가 바로 임진왜란이 발발한 1592년이다. 일본의 침공 기미가 보이는데 그 관문이 되는 부산진첨사가 된다는 것은 아무도 원치 않는 일이었다. 부산진첨사로 부임한 정발은 밤낮으로 그의 힘이 닿는 데까지 성을 지킬 준비를 했다.

이에 앞서 조방장(助防將) 이정헌이 동래로 왔다가 정발의 초청을 받고 함께 부산진성의 방비를 의논했다.

1592년 4월 13일 저녁 일본군 제1진이 부산 앞바다에 쇄도해 왔다. 정발은 함선을 타고 바다로 나가 상황을 보았는데 이미 적의 배는 바다를 덮었고, 그가 가진 전선 3척으로는 대적할 도리가 없었다. 물러 나와 성 밖에 있는 민가를 모두 불사르고 백성을 성안으로 불러들이고 사람을 보내서 구원을 청했다.

이튿날 새벽 일본군은 조선 측이 항복하지 않음을 알고 상륙하여 성을 공격하기 시작했다. 처절한 싸움이 시작되었다. 정발의 지휘 하에 최후의 한 사람까지 사수하다가 죽어갔으며, 곳곳에 쌓인 시체들이 산더미를 이루었다.

정발도 적의 총탄을 맞고 전사했다. 성 안의 사람들 가운데 살아남은 자는 거의 없었다. 성민이 모두 죽음으로 항전했기 때문에 일본군은 보복으로 부상당한 자들까지 모두 사살

---

95) 사복시는 조선시대 임금이 타는 말·수레·마구와 목축에 관한 일을 맡아 보던 관청이다.

했다. 때문에 부산진 전투는 세상에 잘 알려지지 않았다. 이 사실을 전한 자는 전화(戰禍)를 기적적으로 모면한 사람과 당시 공격에 참여한 일본인의 입을 통해서였다.

전쟁이 끝난 뒤 부산의 전황과 정발의 공적이 조정에 알려지자 조정에서는 정발에게 자헌대부 병조판서의 직위를 내렸다.

숙종 임금은 1681년 정발에게 숭정대부 의정부 좌찬성 겸 판의금부사 오위도총부 도총관을 증직하고, 충장(忠壯)이라는 시호를 내렸다.

또 정발의 순절지에는 정공단을 세워 기일에 향사하고, 동래 충렬사에서는 동래부사 송상현과 다대진첨사 윤흥신과 함께 봄과 가을에 제사를 올려 그의 넋을 추모하고 있다.[96]

함께 죽은 첩 애향과 종 용월은 정공단에 합사되어 있으며, 열녀 애향은 부산 충렬사 의열각에도 모셔져 있다.

(부산진성 전투)

부산진성 전투는 임진왜란 최초의 전투이다. 부산진성은 현재의 수정초등학교 뒤에 위치하고 있었는데 임진왜란 당시에는 바로 바닷가였다.

일본은 158,700명의 육군을 제1군부터 제9군까지 9개의 부대로 편성하고, 113,000명은 후속 병력으로 대기시켰다. 그 중 고니시 유키나가를 주장으로 하는 제1군은 18,700명, 가토 기요마사의 제2군은 22,800명, 구로다 나가마사의 제3군은 11,000명으로 편성했다.

1592년 4월 13일 오후 5시경 고니시 유키나가가 이끄는 제1군 18,700명이 700여 척의 전함에 분승하여 부산에 이르러 절영도 앞바다에 정박했다. 이때 부산진첨사 정발은 전선 3척을 거느리고 나갔다가 일본 함대의 규모와 위세를 보고 놀랐으며 바로 부산진성으로 돌아와 부사맹(副使猛) 이정헌과 1,000명 정도의 병력을 소집하여 전투에 대비했다.

4월 14일 아침 일본군은 우암동에서 일시에 상륙하고 3개 방면에서 조총을 앞세우고 성을 공격했다. 성안의 군사들과 백성들이 일심 단결하여 분투했으나 조총의 위력 앞에서 곧 무너지고 말았다.

정발은 휘하의 군사를 거느리고 성내를 순시하며 맞서 싸웠다. 그러나 전투 중 총탄에 맞아 전사했고, 군사들의 사기는 급격히 저하되어 결국 성은 함락되었다. 부산진성을 함락시킨 일본군은 그날 바로 동래읍성에 대한 공격을 시작했다.

---

96) 정발 장군의 묘는 경기도 연천군 마전(麻田)에 있다.

(정발 장군 추모 제전)

일제강점기에는 민족혼을 일깨운다 하여 조선총독부가 정공단의 제단을 폐쇄하고 유물과 비품을 모두 몰수했다. 광복 후에 이곳에 새로 단을 쌓고, 옛 비석을 되찾아 세운 후 제사를 지내고 있다.

매년 음력 4월 14일 정공단에서는 '정발 장군 추모제전'이 개최된다. 제관으로는 초헌관(동래구청장), 아헌관, 종헌관, 집례, 대축, 알자 등이 참어한나.

정공단은 1972년 6월 26일 부산광역시 기념물 제10호로 지정되었다.

○ 부산시 동구 좌천동 473번지

부산 정발 장군 동상

부산 동구 초량동 초량역 부근에 정발 장군 동상이 자리하고 있다. 일본의 조선 침공 시 첫 번째 공격 대상이 되었던 부산진성을 사수하다가 순국한 정발 장군의 충절을 기려 부산진성 옛 성터의 남쪽에 그가 지휘하던 모습으로 만들어 건립한 탑이다. 1977년 3월 25일 동상 제막식을 거행하고 장군에 대한 추모행사를 가졌다.

정발 장군은 나라의 남쪽 관문이던 부산첨사로서 부임하자마자 허술하던 부산진성을 수축하고 무기를 닦아 외침에 대비한 방비를 서둘렀으나 때는 이미 늦어 18,000명을 헤아리는 일본군의 공격을 당하여 오직 죽음으로써 성을 지키기로 결의하고 용맹스런 군사와 백성들과 더불어 활을 당기고 칼을 휘두르며 결사 항전했다.

충장공 정발 약전

　공의 이름은 발이요 자는 자고이다. 관향은 경주요 군수 명선의 아들로 일천오백오십삼 년 시월 스무닷샛날 출생하였다. 어려서부터 경서와 병서에 능통하였으며 성품이 과묵하고 풍모가 의연하여 무장의 기품을 갖추고 있었다. 스물다섯 살에 무관에 급제하여 관직에 올라 선전관을 지내고 해남현감으로 나갔다가 종성으로 가 북방의 병환을 평정하고 거제현 감이 되었다. 비변사의 낭관으로 병조의 무비사랑직을 겸하다가 다시 위원군수로 나갔다. 임기를 마친 후 훈련원의 부정이 되었으며 사복시의 정으로 옮겨 내승을 겸하였다.

　이때 왜에 대한 근심이 있는지라 조정에서는 이를 염려하여 공을 당상관의 절충장군으로 벼슬을 올려 부산진 수군첨 절제사로 임명하였다. 공은 부임하자 성을 수축하고 전구를 갖추며 군사를 조련하여 방비를 굳게 하였다. 일천오백구십 이 년 사월 열사흗날 왜적이 부산으로 내습하자 바다에 나가 항전하였으며 성에 들어와서는 수성준비를 가다듬는 한편 군민들을 진정시켰다. 열나흗날 적은 성을 포위하여 총을 발사함이 비와 같은데 공은 휘하를 격려하여 적을 수없이 죽여서 시체가 세 군데나 산더미 같이 쌓이게 되었다. 그러나 마침내는 화살이 다하여 부하 장수의 피하자는 권유도 일축하고 분전을 거듭하다 장렬히 순사하니 때에 공의 나이 마흔이었다.

　공의 충의에 감격한 모든 성민들은 최후까지 항전을 계속하여 성과 운명을 같이 하였다. 일천오백구십사 년에는 자헌 대부 병조판서로 추증되고 일천육백오십칠 년에는 환란 중에도 나라를 잊지 않음은 충이요 전쟁터에서 싸우다가 죽음은 장이라 하여 충장의 시호가 내려졌으며 일천육백팔십일 년에는 숭정대부 의정부 좌찬성에 판의금부사 오위도총부 도총 관을 겸하게 하는 높은 벼슬로 가증되었다.

　한편 난이 끝난 후 사우와 단묘에서는 그 충절을 기리는 제향이 끊이지 않고 지금까지 이어오고 있다.

충장공 정발 약전

정발 장군 동상

○ 부산시 동구 초량동 1148번지(초량역 부근)

부산 정운 공 순의비

정운(鄭運)은 1543년(중종 38) 훈련원 참군(參軍) 정응정의 아들로 태어났다. 전라남도 영암이 고향인 정운은 무과에 급제하여 거산도찰방, 웅천현감을 지냈으며, 제주 판관 재직 당시 제주목사와의 불화로 인해 파직되었다.

임진왜란이 일어나자 전라좌수사 이순신의 휘하에 있던 녹도만호(鹿島萬戶) 정운은 일본군이 호남지방에 이르기 전에 먼저 나아가 칠 것을 주장하고, 자신이 선두에 서서 공격하겠다고 청했다. 또한 옥포·사천·한산해전에서 공을 세웠으며, 일본군의 군영이 있던 부산포를 공격할 때에도 선두에 나섰다.

몰운대가 있는 이곳 다대포는 조선시대 국방의 요충지로서 임진왜란 때 격전이 벌어진 곳이다. 정운은 1592년 9월 1일 부산포해전에서 일본 전함 500여 척과 싸워서 100여 척을 격파하는 큰 승리를 거둘 때, 이순신의 우부장(右部將)으로 군사의 앞에서 분전하다가 적탄을 맞고 전사했다.

부산포해전은 경상우수사 원균과 전라좌수사 이순신의 연합함대가 부산포에서 일본 수군을 물리치고 제해권을 확보하게 된 해전이다. 당시의 부산포는 바다가 매립되기 전의 좌천동의 좌천천이 바다에 면한 자리에서 문현동 바닷가까지의 해역을 말하는데 이곳은 당시의 국토방위의 요충지였다.

부산포해전이 있은 9월 1일을 양력으로 하면 10월 5일이 된다. 부산시는 10월 5일을 '부산시민의 날'로 정하여 그날의 부산포해전의 승리를 기념하고 있다.

정운공 순의비(鄭運公殉義碑)는 부산시 사하구 다대동 몰운대 바닷가 끝부분에 위치하고 있다. 순의비는 해안을 지키는 군부대 안에 위치해 있기 때문에 평상시에는 일반인의 접근이 통제된다.

제사는 매년 음력 9월 1일 오전 11시에 봉행되며, 이날 오전 9시부터 제사에 참석 혹은 참관하는 시민에게 순의비 가는 길이 개방된다.

추모제전 광경

순의비

몰운대 안내도

　1798년에 정운의 8대손 정혁이 다대포첨사로 부임하여 그 임지 내의 명소인 몰운대를 택해 정운 공의 공덕을 추모하는 순의비를 세웠다. 이조판서 민종현이 비문을 짓고 훈련대장 서유대가 글씨를 썼다.

　비면에는 '충신 정운공 순의비(忠臣鄭運公殉義碑)' 8자가 적혀 있고, 비석의 뒷면에는 18행으로 정운의 순절사적을 소상하게 기록하고 있다. 직사각형의 비는 윗변을 둥글게 다듬은 간략한 형태이다.

　그동안 비석만 서 있었는데 1974년에 부산시가 비각을 세워 비석을 보호하고 있으며, 비석의 규모는 높이 172㎝, 넓이 69㎝, 두께 22㎝이다.

　정운공 순의비는 1972년 6월 26일 부산광역시 기념물 제20호로 지정되었다.

(몰운대)

　몰운대는 낙동강 하구(河口)의 가장 남쪽에서 바다와 맞닿는 곳에 자리 잡고 있다. 16세기까지는 섬으로서의 몰운대가 있었으나, 그 후 낙동강에서 내려오는 흙과 모래가 쌓여 다대포와 연결되어 육지가 되었다.

　낙동강 하구에 구름이 끼는 날에는 안개와 구름에 잠겨서 앞이 잘 보이지 않는다고 하여 '몰운대'라는 이름이 생겨나게 되었다.

　○ 부산시 사하구 다대동 산 144번지 몰운대

부산 천만리 장군 기념비

　1592년 임진왜란이 일어나자 조선 조정은 명나라에 지원병 파견을 요청했다. 천만리(千萬里) 장군은 황제의 명을 받아 총수사 이여송과 더불어 조병영양사 겸 총독장으로서 두 아들 천상(千祥)·천희(千禧)를 데리고 철기군 2만 명을 인솔하여 조선에 왔으며, 평양, 곽산, 동래 등지에서 명나라군이 승리를 거두는 데 기여했다.

　정유재란 때는 울산 등지에서 일본군을 격퇴하는 데 공을 세웠다. 왜란이 평정되자 1600년 8월 만세덕(萬世德) 장군과 조승훈(祖承訓) 장군은 부하를 이끌고 명나라로 돌아갔으나 천만리 장군은 장수들의 만류를 뿌리치고 두 아들과 함께 조선에 남아 우리나라 천씨(千氏)의 시원을 이루게 되었다.[97]

충장공 천만리 장군 유적비

　임진왜란의 공신이신 천만리 장군은 원래 중국 영양 사람으로 자는 원지 호는 사암이시다.

　1592년 임란이 일어나자 명나라 원병의 영양사로서 이여송과 더불어 조선에 출정하여 평양 곽산 등지에서 전공을 세우시고 정유재란 때는 마귀 장군과 함께 나와 울산 동래 등 남방싸움에 참전하시었다. 명군이 돌아갈 때 장군께서는 그대로 조선에 머물게 되매 나라에서 충장공이란 시호를 내리시고 화산군에 봉책하여 그 공을 길이 빛나게 하였다.

　이 유적비는 한때 왜인들에 의해 매물되었던 것을 1947년 후손들이 되찾아 세운 바이니 다시는 이러한 일이 없길 우리는 맹세해야 되리라 생각한다.

　　　　1975년 3월 20일 요산 김정한 짓고 창남 고동주 쓰다. 김해 김차수 새김

　조선 조정에서는 그의 전공을 치하하여 자헌대부의 벼슬을 내리고 화산군(花山君)에 봉

---

97) 만세덕은 휘하 부대를 이끌고 1598년 6월에 조선에 왔다.

했다. 숙종 임금 때는 왜란 평정의 은혜를 잊지 못하여 명나라 황제를 추모하기 위한 대보단(大報壇)을 궁중에 설치하고, 천만리 장군도 함께 향사하도록 했다. 순종 임금 때는 천만리에게 '충장(忠壯)'이라는 시호를 내렸다.

한때 그의 공적을 기리기 위해 유적비를 부산진 지성(자성대)에 세우고 매년 관민합동으로 제사를 지냈으나, 일제강점기 때 유적비는 철거되고 제사도 금지되었다.

광복 후 1947년 천 장군의 후손이 중심이 되어 유적비를 되찾았다. 명나라 장수 천만리가 위기에 처한 조선을 돕기 위해 임진왜란에 참가한 것을 기념하여 그의 후손들이 부산진 지성 정상에 있는 누각 진남대 바로 옆에 천 장군 기념비(千將軍記念碑)를 건립했으며, 매년 10월 9일에 제사를 모시고 있다.

○ 부산시 동구 범일동 자성대공원

부산 충렬사

충렬사는 임진왜란 때 부산지역에서 일본군과 싸우다 순절한 호국선열의 영령을 모신 사당으로 선열의 숭고한 뜻을 기리기 위한 산 교육장이자 호국충절의 요람지이다.

지금의 충렬사는 1605년(선조 38) 동래부사 윤훤에 의해 동래읍성 남문 안에 충렬공 송상현을 모신 사당 송공사(宋公祠)가 세워지고, 매년 제사를 지낸 것을 시작으로 한다.

1624년 선위사(宣慰使) 이민구의 청으로 '충렬사(忠烈祠)'라는 사액이 내려졌으며 부산진성 전투 때 순절한 충장공 정발을 모시게 되었다.

그 후 1652년 동래부사 윤문거가 송공사가 좁고, 성문이 가까이 있어 시끄러워 위치가 적당하지 않다는 점과 송상현 공의 학행과 충절은 후학의 사표가 되므로 그 학행과 충절을 선비들에게 가르칠 필요가 있다는 점을 들어 현재의 안락동 충렬사 자리로 이전하면서 사당을 창건한 후 강당과 동재·서재를 지어 '안락서원'이라 하고 사우와 서원으로서의 기능을 갖추었다.

1709년(숙종 35)에는 충렬공 송상현과 충장공 정발이 순절할 때 함께 전사한 양산군수 조영규, 동래교수 노개방, 유생 문덕겸·양조한, 비장 송봉수와 군관 김희수, 겸인 신여로, 향리 송백, 부민 김상 등의 위패를 모신 별사(別祠)를 옛 송공사 터(지금의 송공단)에 건립했다.

1736년 별사에 모셨던 분들을 지금의 충렬사에 모셨으며, 1772년에는 다대진첨사 윤흥신을 추가로 모셨고, 송상현의 첩 금섬, 정발의 첩 애향을 위해 충렬사 동문 밖에 사당을 세웠다.

1976년부터 1978년까지 충렬사 정화공사를 실시하여 현재의 규모로 보수, 정화한 후 임진왜란 때 부산지방에서 순절하거나 공을 세운 모든 선열의 위패를 충렬사로 옮겨 직책 또는 직위가 부여된 순서에 따라 신위를 모셨다. 충렬사에는 93신위(본전 89신위, 의열 각 4위)를 모시고 있다.

충렬사는 1972년 6월 26일 부산광역시 유형문화재 제7호로 지정되었다.

본전(89신위)		
신위 구분	위치	선열 명단
수위(首位) 3신위		○ 동래부사 송상현 ○ 부산진첨사 정발 ○ 다대진첨사 윤흥신
배위(配位) 16신위	서편	○ 부산진 무명용사 ○ 다대진 무명용사 ○ 녹도만호 정운 ○ 동래교수 노개방 ○ 병조참판 윤흥제 ○ 호조정랑 양조한 ○ 군자감 판관 송봉수 ○ 예빈시주부 송백
	동편	○ 동래부 전투 무명용사 ○ 부산포해전 무명용사 ○ 양산군수 조영규 ○ 부사맹 이정헌 ○ 호조좌랑 문덕겸 ○ 중부참봉 신여로 ○ 군자감 판관 김희수 ○ 중부참봉 김상
종위(從位) 70신위	서편	○ 별전공신 24인 ○ 동래부 충복 철수 ○ 동래부 충복 매동 ○ 합사 선열 13위(1991. 09. 10)
	동편	○ 수영25의용인 ○ 부산진 충복 용월 ○ 합사 선열 3위(1996. 09. 10) ○ 합사 선열 1위 (2003. 04. 24) ○ 합사 선열 1위(2007. 06. 19)
의열각(4신위)		
		○ 2의녀(무명) ○ 2열녀(금섬 · 애향)

○ 본전(本殿): 부산지역에서 일본군과 싸우다 순국한 선열을 모신 사당이다. 이 지역에서 전사한 선열 23인, 동래읍성 · 부산진성 · 다대진성 및 부산포해전에서 전사한 무명용사 위패 4위, 의병 62인의 위패를 모시고 있다.

현재 수위에 동래부사 송상현 · 부산진첨사 정발 · 다대진첨사 윤흥신의 3신위, 배위에 16신위 · 종위에 70신위 등 모두 89신위가 봉안되어 있다.

충렬사 전경

송상현 명언비: 戰死易假道難

소줄당

의열각

의열각 4인의 위패

정화기념비

○ 의열각(義烈閣): 일본군에 항거하다가 순국한 의녀들을 모신 사당이다. 동래읍성 전투에서 일본군에게 기왓장을 던지면서 싸운 이름 없는 두 의녀와 당시 동래부사 송상현 공과 부산첨사 정발 장군을 따라 순절한 금섬(金蟾)·애향(愛香) 두 열녀 등 모두 4인의 위

패를 모시고 있다.

○ 소줄당(昭崒堂): 소줄당은 일본군과 싸우다가 순국한 선열의 호국·애족정신을 후세의 사표로 삼기 위해 1652년에 교육도장으로 건립한 강당이다.

'소줄당'이라는 당호는 한유(韓愈)의 이제송(夷齊頌)에 나오는 '소호일월 부족위명, 줄호태산 부족위고(昭乎日月 不足爲明, 崒乎泰山 不足爲高)'의 머리글자를 딴 것으로 임진왜란때 희생된 선열의 충절은 일월보다도 밝고 태산보다도 높다는 것을 나타낸 말이다.

○ 기념관: 임진왜란 당시의 전황을 살필 수 있는 기록화와 선열의 유품, 문서, 책자 등 102점을 소장, 전시하고 있다.

위패

○ 송상현 명언비: 일본군이 동래읍성을 에워싸고 "싸우고 싶거든 싸우고, 싸우고 싶지 않거든 길을 내어달라"라고 했을 때 송상현은 "싸워서 죽기는 쉬워도 길을 내어주기는 어렵다"라고 답하여 결전의지를 분명히 했다.

○ 임란 동래 24공신 공적비: 왜란 당시 동래지역 출신으로 의병을 일으켜 일본군과 싸우다가 순절한 선무원종공신 녹권에 등재된 공신 가운데 일본군을 토벌하는 데 큰 공이 있는 24별전공신의 공적비이며, 1988년 5월 14일 제막되었다.[98]

본전에 모셔진 89신위 가운데 별전공신 24인은 다음과 같다.

별전공신 24인 (가나다 순)
강개련(姜介連), 김근우(金根祐), 김기(金琦), 김달(金達), 김대의(金大義), 김복(金福), 김일개(金一介), 김일덕(金一德), 김정서(金廷瑞), 김흘(金屹), 문세휘(文世輝), 박인수(朴仁壽), 송계남(宋繼男), 송남생(宋南生), 송의남(宋義男), 송창문(宋昌文), 오춘수(吳春壽), 오홍(吳鴻), 이언홍(李彦弘), 이응필(李應弼), 이복(李福), 정순(鄭順), 정승헌(鄭承憲), 황보 상(皇甫祥)

(충렬사 제향)

충렬사 제향은 1605년 당시의 동래부사 윤훤이 동래읍성 남문 밖의 농주산에 송상현의 위패를 모신 송공사(宋公祠)를 지어 제사를 지낸 것에서 비롯되었다.

매년 음력 2월과 8월 중정일에 제사를 지내는데 제향을 10여 일 앞두고 역대 안락서원 원장으로 구성된 원회(院會)를 개최하여 제관을 선출한다. 제향 당시의 안락서원 원장이 초헌관이 되며, 제향의 절차는 '주례(周禮)'와 '예기(禮記)' 등의 예법에 따라 만든 홀기(笏記)에 의해 진행된다.[99]

제관은 8명(헌관 1, 분헌관 2, 축관 1, 집례 1, 집사 3)이며, 제향은 개제 선언, 제관 재배, 참례자 배례, 수위전 분향, 배・종위전 분향, 수위전 헌작, 배・종위전 헌작, 독축, 대통령 헌화 분향(시장대행), 추모사, 참례자 분향, 제관 재배, 참례자 배례, 폐제 선언, 분축의 순서로 행해진다.

재단법인 충렬사 안락서원에서 매년 5월 25일 제향을 주관하고 있다. 충렬사 제향은 1979년 2월 2일 부산광역시 무형문화재 제5호로 지정되었다.

○ 부산시 동래구 충렬대로 345

---

98) 별전공신(別典功臣)이란 동래지방 출신으로 왜란 중에 의병을 모집하여 일본군을 토벌한 용사들을 가리키며, 일명 '24공신'이라고도 한다.
99) '홀기'는 의식의 순서를 기록한 것을 말한다.

8. 사천

사천 대방진 굴항

사천 대방진 굴항(大芳鎭掘港)은 고려시대 말기에 동해·남해 연안을 빈번히 침범하던 왜구의 노략질을 막기 위해 만든 군항시설의 하나이다. 이곳은 왜구 침공 시 이를 물리치기 위해 설치한 구라량영(仇羅梁營) 소속으로서 수군만호(水軍萬戶)가 주둔하고 있었으며 임진왜란 때는 이순신이 수군 기지로 이용한 곳이다.

현재의 굴항은 구라량이 폐쇄된 후 소규모의 선진(船鎭)으로 남아 있던 것을 조선시대 말기 순조 임금(재위: 1801~1834) 때 진주 병마절도사가 진주목(晉州牧) 관하의 창선도와 적량첨사 간의 원활한 군사통신을 도모하기 위해 진주목 관하 73개 면에서 수천 명의 인부를 동원하여 둑을 쌓아 1820년경에 완공한 것이다. 굴항 축조 후에는 300여 명의 수군 상비군과 전함 2척을 상주시켜 함선의 정박지로 삼고 왜구·일본군의 침공에 대비했다.

대방진 굴항

현재의 굴항은 군항으로 사용하기에는 그 규모가 작아 보인다.

이곳은 고려시대 말기 이래 왜구의 침입이 잦았던 사천평야를 지키기 위해 조선 수군이 주둔했던 곳이다. 굴항은 1983년 12월 20일 경상남도 문화재자료 제93호로 지정되었다.

○ 경상남도 사천시 대방동 251번지

사천 사천해전 승첩기념비

사천 앞바다는 임진왜란 때 일본군의 서해 침공 전진기지가 되어 일본군이 창궐했던 곳이며, 조선 수군의 용전으로 적을 물리쳐 크게 이긴 곳이다. 사천해전은 1592년 5월 29일 이순신 장군이 최초로 거북선을 실전에 투입하여 사천 앞바다에서 일본 수군과 벌인 전투이다. 이 전투에서 이순신 장군이 이끄는 조선 수군이 승리함으로써 일본군의 수륙병진계획(水陸並進計劃)을 무산시켰다.

이날 이순신·원균 연합함대는 사천 앞바다에서 일본 척후선 1척을 추격하여 불태웠다. 그리고 선창에 12척의 전함을 정박시키고 뒷산에 진을 치고 있던 일본군을 조선 수군의 주력선인 판옥선이 활동하기 편한 해역으로 유인했으며, 밀물이 되어 물이 차오르자 조선 수군함대는 갑자기 뱃머리를 돌려 거북선을 최전방 돌격선으로 삼고 공격을 개시했다.

이순신은 먼저 거북선을 진격시켜 천자총통, 지자총통, 현자총통, 황자총통을 발사하여 일본 전함에 포격을 가했다. 일본 전함들이 사천포구 쪽으로 도피하려 하자 밀물을 따라 포구에 닿은 판옥선도 포격을 가하자 일본군은 전함을 버리고 육지로 올라가 산 위로 도주했는데 이 과정에서 수많은 사상자가 발생했다. 일본 전함 중 10척은 불에 탔으며, 나머지 2척은 패잔병들을 유인하는 데 이용한 후 사천만 입구의 모자랑포에서 격침시켰다.

전적문

　여기는 임진왜란 때 왜군이 서해를 침공하는 전진기지가 되어 왜적이 날뛰었던 곳이며 우리 수군의 용전으로 적을 물리쳐 크게 이긴 곳이다.

　1592년 4월 13일 왜병 20만 대군이 부산에 상륙하여 파죽지세로 북상하는 한편 적 수군은 거제도 등지로 침공하였다. 우리 수군의 1차 출전은 5월 7일 옥포 합포에서, 5월 8일은 적진포에서 적선 42척을 격파하였으나 부산포에 있는 적 수군은 계속하여 거제 고성 등지를 분탕질하였으며 사천 선창에는 적의 큰 배 12척이 열박하고 4백여 명의 적병이 산 주위에 장사진을 피는 등 그 세력이 날로 더하고 있을 무렵 전라도 좌수사 이순신은 적의 세력이 증강되기 전에 처부숴야 한다고 판단하여 5월 29일 여수 본영을 떠나서 2차 출정의 길에 오르게 되었다.

　이순신 장군은 크고 작은 배 23척을 거느리고 경상도 우수사 원균의 배 3척과 합세하여 곧바로 사천 앞바다로 나아가 적선 1척을 처부수고 일시에 공격할 방책으로 거짓 퇴각하는 것과 같이 적을 유인하니 적군은 산 주위에서 나와 배를 지키고 일부 병졸은 언덕 아래에 진을 치고 포와 조총을 쏘아 대었다. 우리 수군은 밀물 시기를 기다려 거북선을 앞세워 적선에 돌진을 하면서 각종 무기를 일제히 발사하니 포 소리는 천지를 진동하고 치열한 화력전이 전개되었다.

　이순신 장군은 최선두에서 지휘하던 중 적의 철환을 맞아 왼쪽 어깨를 부상당하였으나 조금도 개의치 않고 여전히 활을 당겨 적을 쏘았다. 적병은 크게 패하여 흩어져 도주하고 적선은 모조리 불태워버려 통쾌하게 전승을 거두었다. 이 싸움은 이순신 장군의 묘책과 용전으로 적을 격퇴하여 적의 수륙병진계획을 막을 수 있게 되었으며 특히 거북선을 처음으로 실전에 이용하여 적의 간담을 서늘하게 하였다는 사실은 전사에 길이 빛날 것이다. 1978년 12월 일

이충무공 사천해전 승첩기념비

○ 경상남도 사천시 용현면 선진리 402번지(선진리왜성 내)

사천 세종대왕 태실지

　세종대왕 태실지는 세종대왕의 태(胎)를 봉안하는 태실이 있던 곳이다. 예로부터 태는 태아에게 생명을 준 것이라 하여 함부로 버리지 않고 소중하게 보관했다. 특히 조선 왕실은 국운과 관련이 있다하여 태를 더욱 소중히 다루었으며 전문담당기관인 태실도감(胎室都監)을 설치했다.

　태실도감에서는 태를 사람의 신체 가운데 근원이라고 보는 도교사상과 풍수지리설에 기초하여 왕자나 공주가 태어나면 태를 봉안할 명당을 물색한 다음 안태사(安胎使)를 보내어 태를 묻도록 했다.

　세종대왕의 태는 세종이 왕위에 오른 1418년에 이곳에 봉안되었다. 그러나 이 태무덤은 1597년 정유재란 당시 일본군에 의해 도굴되고 파손되었다. 조선 조정은 1601년(선조 34)에 대대적인 수리를 했으며, 1733년(영조 9)에 다시 태실 비석을 세우고 태실을 정비했다.

　일제강점기 세종대왕의 태실이 길지에 있다는 것을 알게 된 일본은 1929년에 조선 왕조의 정기를 끊기 위해 전국에 산재한 왕실의 모든 태실을 경기도 양주로 옮기고, 태실이 있던 땅을 모두 민간에 매도했다. 이곳에 있던 세종대왕의 태실도 이때 양주로 옮겨갔다.

그렇기 때문에 영조 임금 때 세운 비석과 주변에 흩어져 있는 석조물을 통해 이곳이 세종대왕의 태실 터였다는 것을 알 수 있다. 현재 태실비와 태실 석재 일부만이 이곳에 모아져 보호, 관리되고 있다.

태실지 비석

○ 경상남도 사천시 곤명면 은사리

사천 이순신 백의종군로(곤양읍성)

1597년 왜란이 소강상태에 접어들자 조정의 서인들은 동인 유성룡의 후원을 받는 이순신을 제거하기로 했다.[100] 이 무렵 고니시 유키나가는 전라병사 김응서에게 이중간첩 요시라를 보내 일본에 잠시 가 있는 가토 기요마사가 몇 월 며칠에 바다를 건너 다시 조선

---

100) 이상각, 앞의 책, 299쪽.

땅으로 오니 바다에서 기다렸다가 그를 제거하면 양국 간의 평화가 유지될 것이라는 취지의 정보를 흘렸다. 이는 곧 조정으로 보고되었고 선조 임금은 이순신에게 가토를 잡으라는 명령을 내렸다. 하지만 이것이 일본군의 계략인 것을 안 이순신은 움직이지 않았다. 조선 조정과 일본군이 이순신을 협공한 셈이다.

가토 기요마사는 고니시가 알려준 날짜보다 전에 조선에 도착해 있었지만 이순신은 어명을 거역했다하여 체포되어 서울로 압송되고 투옥되었다. 사형에 처해질 이순신 구원에 아무도 나서지 못하고 있을 때 정탁이 나서서 이순신을 구명했다. 이순신은 1597년 4월 1일 옥문을 나섰으며, 경상도 합천 초계에 있는 권율 도원수 휘하에서 백의종군하라는 명을 받았다.

백의종군하던 이순신은 하동군 옥종면 이희만의 집에서 하룻밤을 묵고 1597년 7월 21일 곤양군에 이르렀다. 이날 오후에는 노량에 이르러 조선 수군의 칠천량해전 패전 상황을 보고 받고 거제로 가 배 위에서 하룻밤을 보냈다. 7월 22일 남해현감 박대남을 병문안하고 오후에 다시 곤양에 와서 하룻밤을 보냈다.[101]

곤양읍성 터 표지석

이순신 백의종군 행로지 표지석

(응취루)

곤양면사무소 입구에 사천문화원에서 세운 '이충무공 백의종군 행로지 비'가 세워져 있다. 이 행로지 비는 이순신이 관직이 삭탈된 상태로 권율 도원수 아래에서 백의종군하던 중 원균이 일본 수군에게 대패했다는 소식을 듣고 부하 9명을 데리고 곤양을 거쳐 현

_____

101) 다음날인 23일 이순신은 십오리원(곤명면 봉계리)에 말을 잠시 쉬게 하고 하동 이희만 집으로 가서 묵게 된다.

지에서 상황을 파악하고 다시 돌아가던 중 곤양에서의 일을 기념하기 위해 세운 것이다.

이순신이 7월 22일 유숙한 곤양읍성 관아는 성내리에 있는 곤양면사무소 정문 앞에 있는 비자나무가 있었던 곳이다. 지금 있는 비자나무는 수령이 300년이 되었는데, 본래 이 나무가 서 있는 자리는 옛 곤양군 시절(1419~1914)인 당시 읍성 안에 관아 건물이 즐비해 있던 그 가운데 하나인 형방 터였다.

이곳에 있는 누각 응취루는 옛 곤양읍성의 관아로서 지금의 곤양초등학교 안에 있었으나 1963년에 철거되었다가 2011년에 복원되었다. 다만 원래의 터인 초등학교 부지 안에 건립이 어려워 그곳에서 조금 떨어진 곤양면 성내리 일명 '성뜰'에 복원되었다.

○ 경상남도 사천시 곤양면 성내공원길 11

사천 이총

사천 선진리 왜성 부근에 있는 조명군총 옆에는 이총(耳塚)이 자리하고 있다. 조명연합군이 선진리 왜성을 공격하던 중 일본군이 발사한 불덩어리 공격에 화약을 싣고 있던 명나라군의 공성무기(攻城武器)가 진영 한 복판에서 폭발하면서 대혼란이 야기되고 이 기회를 틈탄 일본군의 역습을 받은 조명연합군은 참패했다.

일본군은 전사한 조선과 명나라 군인들의 코와 귀를 잘라 소금에 절여 일본군 승전의 증거로 도요토미 히데요시에게 보냈고, 도요토미 히데요시는 이를 교토(京都) 도요쿠니 신사(豊國神社) 앞에 묻은 후 '미미즈카(耳塚)', 즉 '이총(귀무덤)'이라고 했다.

1992년 4월 사천문화원과 삼중 스님이 합심, 노력하여 이역만리에서 떠도는 원혼들을 달래기 위해 도요쿠니 신사 앞 이총의 흙 일부를 항아리에 담아 고국으로 돌아와 땅에 묻은 후에 제사를 지낸 후 조명군총 옆에 안치했다.

그리고 2007년에 사천시의 후원으로 현재의 위치로 이전, 안치하고 비석을 세웠다.

이총

○ 경상남도 사천시 용현면 선진리 402번지 조명군총 옆

사천 조명군총

조명군총(朝明軍塚)은 1597년 정유재란 당시 선진리 왜성에 주둔하고 있던 일본군을 몰아내기 위해 결전을 벌이다가 희생된 조선과 명나라 연합군 병사들의 무덤이다.

정유재란을 일으켜 북진하려던 일본군은 조명연합군의 저항을 받자 경상남도 남해안 지방으로 퇴각하여 남해안 곳곳에 왜성을 쌓고 머물고 있었다. 사천지방에는 시마즈 요시히로(島津義弘)의 군사가 주둔하고 있었는데, 명나라 장군 동일원과 경상도 우병마사 정기룡이 진주를 거쳐 이곳에 당도하면서 일본군을 축출하고자 했다.

그러던 중 1598년 10월 1일 연합군 진영에서 뜻하지 않은 사태가 발생했다. 성문을 공격하던 명나라군의 공성무기 안에 들어 있던 화약통이 폭발하여 진중에 혼란이 발생하였는데 이 기회를 놓치지 않은 일본군의 역습을 받아 수천 명의 희생자를 낸 것이다.

일본군은 그들의 승리를 도요토미 히데요시에게 보고하면서 그 증거로 죽인 군사들의 귀와 코를 소금에 절여 상자에 넣어 함께 보냈다. 남은 사체는 큰 무덤을 만들어 매장했다. 본래 선진리 왜성 앞에 묻었던 것인데 사체가 부식되면서 심한 악취를 풍기게 되자 지금의 위치로 옮겼다.

무덤의 형태는 사방 36㎡의 사각형이다. 조명군총은 400년 넘는 기간 원형을 그대로 유지한 채 보존되어 왔으며, 지금은 '조명연합군 전몰위령비(朝明聯合軍戰歿慰靈碑)'가 무덤 앞에 세워져 있다.

(조명군총 유래)

1592년 4월 조선을 침략한 일본은 전쟁이 장기화되자 강화교섭에 나섰으나 교섭은 3년 이나 끌다가 결렬되었다. 이에 일본군은 1597년 1월에 재침하여 북진하려다가 육지에서 는 9월 6일 충청북도 괴산 근방 소사전투에서, 해상에서는 9월 16일 남해 노량해전에서 대패하면서 북진계획과 서진계획이 무산되었다.

이에 일본군은 서둘러 경상도 남해안 지방으로 퇴각하여 동쪽으로는 울산에서부터 서 쪽으로는 전라도 순천에 이르기까지 연해에 왜성을 쌓거나 기존의 성을 수축한 후에 주 둔했다. 이때 사천지방에는 그해 10월부터 12월까지 3개월에 걸쳐 일본군 장수 모리 요시 나리가 선진리에 상륙하여 왜성을 축조했다.

1598년에는 일본군 장수 시마즈 요시히로 부자(父子)가 선진리에 진을 쳤는데 명나라 동정군의 동일원(董一元) 제독과 경상우병사 정기룡이 약 3만여 병력으로 9월 19일부터 진주에서 남강을 건너 망진왜성, 영춘왜성, 곤양왜성을 차례로 빼앗고 사천읍에 있던 일 본군을 무찌른 후 10월 1일에는 선진리 왜성을 공격하면서 치열한 격전이 벌어졌다. 이때 연합군 진중에서 발생한 폭발사고로 인해 일본군의 기습공격을 받게 되었고, 조명연합군 은 수많은 희생자를 냈다.[102]

일본군은 이 전투에서 38,717명의 목을 베었다고 했으며, 시마즈 요시히로는 성문 밖에 땅을 파서 사체를 묻고 큰 무덤을 만들어 장례를 집행하게 했다. 또한 코와 귀를 베어 큰 나무통 10개에 넣고 소금에 절인 후 전공 증거물로 도요토미 히데요시에게 보냈다.

· 선조실록(宣祖實錄)에 의하면 당시 전사한 명나라군의 수는 7,000~8,000명에 이른다고 기록되어 있어 시마즈 가문의 기록 38,718명과는 큰 차이를 보인다.

---

102) 명나라 군대는 화포가 장착된 철갑 공성무기를 이용하여 성의 정문을 공격했다. 이 장치로 정문을 부수고, 수천 명의 명나라 군사들이 성문 주변에서 전투를 벌이고 성벽을 기어올랐다. 이 장면을 바라보던 시마즈 요시히로는 공격을 명령했고, 일본군은 총을 쏘아대며 맞 섰다. 일본군은 망치와 화포가 결합된 명나라군의 기묘한 무기를 파괴하는 데 주력했다. 일본군은 불덩이를 공성무기를 향해 발사했고 공성 장치 내의 화약통에 불이 붙어 폭발음을 내며 터졌고 곧 옆에 있던 다른 공성무기로 불길이 옮겨가면서 연쇄 폭발했다. 폭발과 함 께 병사들이 사상하면서 진영 내에 큰 소란이 벌어져 허둥지둥 대고 있었다. 일본군은 명나라군 진영의 혼란을 틈타 성 밖으로 나와 반 격을 시작했고, 수많은 명나라 군사들이 전사했다. 부근의 언덕에서 전열을 정비한 명나라 군사들이 일본군에 재차 반격하자 일본군 부 대는 중앙의 전열로부터 고립되었다. 이 때문에 일본군은 수적으로 3분의 1에 해당하는 병력만으로 명나라 군대와 대치하게 되었다. 그 러나 근처 고성지역에 위치한 왜성에서 지원군이 도착함으로써 전세는 균형을 이루게 되었고 증원된 일본군의 공세에 밀려 다시 수천의 명나라 군사들이 목숨을 잃었다. 스티븐 턴불, 『사무라이』, 188쪽. 턴불의 저술은 시마즈 가문에서 데리고 간 종군사가에 의해 기록된 내용을 인용한 것이다.

잘려져 소금에 절여진 코와 귀의 수에 관해서는 이론이 있다. 이번 전투를 전후한 시기에 붙잡히거나 살해된 조선 백성의 귀와 코를 잘라 포함시켰을 것을 감안하고, 또 한 사람의 사체에서 코와 귀를 잘랐을 경우가 있다고 가정하면 이번 전투에서 실제로 전사한 조명연합군의 수는 10,000명 내외일 것으로 추정된다.

조명군총 입구

조명연합군 전몰장병 신위

조명연합군 전몰장병 신위

조명군총

조명군총은 1985년 1월 14일 경상남도 기념물 제80호로 지정되었다.
○ 경상남도 사천시 용현면 선진리 402번지

사천 조명연합군 전몰 위령비

사천문화원을 중심으로 한 사천사회단체협의회가 주관하여 사천시민은 물론 출향인사들의 정성어린 성금으로 조명군총 앞에 광장 조성공사를 했으며, 1983년 11월 4일에 조명연합군 전몰위령비를 건립하고 영령을 추모했다.

사천문화원의 주관으로 해마다 음력 10월 1일 그들의 영령을 기리기 위해 조명군총 앞에서 위령제를 지내왔으나 근년에는 매년 양력 10월 1일에 위령제를 지내고 있다.[103]

103) 전몰위령제 사진을 제공해 주신 사천시청 곽동진 씨와 문화관광해설사 조영규 씨에게 감사드린다.

조명연합군 전몰 위령비   전몰 위령비 뒷면

전몰 위령제

제관들

제향

조명연합군 전몰 위령비의 규모는 높이 2.12m, 폭 73cm, 두께 42cm이다. 비석의 앞면에
는 '조명연합군전몰위령비(朝明聯合軍戰歿慰靈碑)', 옆면에는 서기 일구팔삼년 십일월 사일
세움(癸亥十月初一日 전몰 385주기)이라고 새겨져 있다.

(비문)

새삼 덧없어라. 시간이란 무시종(無始終)의 바람결이여 그 수레바퀴에 실려가버린 누누(累累)한 청사(靑史)의 책장 밖에서 민들레 꽃 솜털인 듯 떠돌이 구름다운 무주원혼(無主怨魂)들이 구천 어디메 오갈 곳 없음인들 무릇 얼마리오.

저기 당병쏘와 사남(泗南) 화전(花田)의 병둔(兵屯)자리 및 왯골 왯등 따위로 이름 남았고 이 일대 서진신성(船津新城) 터는 1597년 정유 재침 후 12월 22일에 준공시킨 왜장(倭將) 도진의홍(島津義弘)이 십여 달이나 차지했던 자취로서 어언 근 400년의 춘풍추우 동안 이곳 선진리의 속칭 댕강무데기 아래 무언의 흙이 된 원군(援軍) 명병(明兵)과 호국 전몰의 사연들을 되살펴 보련다.

앞서 임계양란(壬癸兩亂)으로 이 땅 남북강산 위 조야민생(朝野民生)을 짓밟았던 적괴(敵魁) 풍신수길(豊臣秀吉)의 무엄한 도이(島夷)들이 강화 3년 교섭의 결렬에 이어 정유년에 재침 북진하려다가 조명연합군에 꺾여 선진신성(船津新城) 안에 농성하였기 익 98년(翌九八年) 무술(戊戌) 9월 스무날부터 명 중로군(明中路軍) 동일원(董一元)과 우리 정기룡군(鄭起龍軍)이 사납게 쳐 몰아 망진(望晉), 영춘(永春), 곤양채(昆陽寨)를 차례로 빼앗고 사천읍성의 적(敵)도 크게 무찔렀다.

마침내 10월 첫날엔 선진왜성(船津倭城)을 다그쳤으나 배수진의 적계(敵計)에 역습당하여 분사한 아군 일만(一萬) 내외의 수급이 여기 당병(唐兵) 무덤에 적의 손으로 장사됐다. 경상우병사 정기룡군(鄭起龍軍) 이천이백과 제독(提督) 동일원군을 합쳐 3만 6천설도 있지만 모국기(茅國器) 선봉 7천5백과 좌우익(左右翼) 각 4천이면 1만 5천5백의 실전 주력(實戰主力)과 적수(敵數) 약 8천의 대결인데 아군 진중(我軍陣中)의 병고(兵庫)에서 발생한 화난(火難)에다 동 제독(董提督)의 전략이 경적(輕敵)의 허(虛)를 범한 후평(後評)마저 있었다.

기승한 흉적(兇敵)은 동짓달 열여드렛날 병선(兵船) 5백 척으로 사천선창(泗川船滄)을 떠나더니 강주해(康州海)를 거쳐 노량나루에 이르매 서둘러 여수서 달려온 삼도 수군통제사 이순신의 연합군과 해전사상에 불후할 노량대해전을 치렀다. 이튿날 미명의 관음포에서 이 통제사가 순국한 격전 끝에 패잔선(敗殘船) 겨우 50여 척을 이끌고 혼비한 적(敵) 도진(島津)이 도망치자 묘도(猫島) 서편으로 패적장(敗敵將) 소서행장(小西行長) 또한 탈주함으로써 악몽 7년의 임란(壬亂) 싸움이 선진포를 마지막으로 설욕의 막을 내린 셈이다.

일본의 고도 경도(京都)에 왜구들이 전공 공물(戰功貢物)로서 묻혀 있던 이총(耳塚)에서 금년 9월 한일유지(韓日有志)들이 위령(慰靈)의 향사(享祀)를 가졌거니와 왕정(王政) 한때의 내우(內憂)가 천추(千秋)의 외환을 자초한 공죄(功罪)야 여부 간에 강토의 북반천지(北半天地)는 아직 잠겨있는 채 우리들 민주공화 조국을 세운지라 이제 향민(鄕民)의 미충(微衷)을 모아 먼먼 이국땅에 불귀의 한객(恨客)으로 남은 명대맹방민(明代盟邦民)의 굳은 전우애를 기리며 심가 조명 연합군령들의 명복을 비는도다.

어즈버 성웅 충무공의 전상독전(戰傷督戰)과 두 척의 거북철선까지 신출귀몰턴 성난 선진 앞바다는 그분들을 진혼하여 길이 고요하라.

이 비에 있어 파성 설창수는 글 지었고, 은초 정명수는 글씨 쓰다.

○ 경상남도 사천시 용현면 선진리 402번지

9. 산청

산청 이순신 백의종군로(박호원의 집)

(박호원의 집)

배의종군을 위해 합천으로 내려오던 이순신 일행은 1597년 6월 1일 하동읍성을 출발하여 점심나절에 청수역(지금의 하동군 옥종면 정수리)에서 휴식을 취한 다음, 덕천강을 끼고 난 길을 따라 산청군 단성면 창촌리 금만마을에서 산길을 들러 단성면 길리 마을을 거쳐 지금의 단성면 남사마을에 있는 박호원의 농노(농사짓는 종) 집에 투숙하게 되었다.[104] 잠자리가 불편한 가운데 하룻밤을 보내고 다음날 일찍 길을 떠나 단계천변에서 아침식사를 했다.[105]

---

104) 대사헌·호조참판 등을 지낸 박호원의 외가가 남사마을에 있었다. 박호원의 모친 장수 황씨가 지병으로 이곳에서 작고하자 부득이 이 마을에서 장사를 하게 되었고, 그가 관직에 있으면서 모친의 묘소를 보살필 수가 없어 전답을 마련하고 농막을 지어서 종으로 하여금 지키게 했다. 이순신이 묵었던 농사짓는 종의 집은 사라지고 지금은 박호원의 집만 남아 있다.

105) 단계천변에는 충무공 추모공원이 작은 규모로 조성되어 있으며, 이순신 백의종군 추모탑과 이순신 장군 동상이 있다.

박호원의 집

박호원의 집 앞에 있는 백의종군로 표지석

　박호원의 집 입구엔 그의 재실인 '이사재'를 알리는 안내판과 '충무공 이순신 백의종군

행로지'라고 새겨진 안내석이 나란히 서 있다.106)

---

106) 박호원(朴好元, 1527~?)은 조선시대 전기에 토포사(討捕使)의 종사관으로 임꺽정의 난 진압에 공을 세우고 대사헌·호조참판 등을 지냈다.

이사재

산청 박호원의 집에서 하동 방향으로 고개를 넘어가면 하동과 진주의 경계에 인접한 산청 금만마을에 닿는다. 금만마을에서 지방도를 따라 덕천강을 끼고 걷다 보면 길가에 '이순신 백의종군 행로지 비'가 보인다. 이 비석의 뒤로 나 있는 좁은 길을 따라 올라가면 곧 손경례 고택에 닿는다.

○ 경상남도 산청군 단성면 남사마을

산청 이순신 백의종군 추모탑

산청 남사마을 박호원의 농노 집에서 하룻밤을 보낸 이순신 일행은 1597년 6월 2일 아침 일찍 출발하여 신등면 단계리 시냇가(단계천변)에 도착했다.

이순신은 마을 백성들에게 폐를 끼치지 않기 위해 단계마을을 지나지 않고 마을 옆을 흐르는 단계천 시냇가를 선택했다고 전해진다. 이곳에서 아침 식사를 하고 휴식을 취한 이순신 일행은 시내를 건너 삼가로 향했다.

추모탑 앞에 있는 백의종군 행로지 표지석

충무공 백의종군 추모탑

　단계천변 쉼터에 있는 충무공 추모공원에는 이순신의 백의종군과 그의 애국충절의 마음을 길이 전하기 위한 추모탑과 이순신 장군 동상이 건립되어 있다.

충무공 이순신은 임진왜란을 맞아 멸사봉공의 정신으로 해전에서 연전연승함으로써 위기에 처한 조국과 겨레를 구한 민족의 성웅이다.

그러나 일본 측의 간사한 이순신 제거 계략과 조선 내부의 당파싸움에 따른 모함을 받아 삼도 수군통제사 직에서 해임되어 28일간의 옥고를 치른 후 백의종군하게 되었다. 공이 백의종군한 기간은 1597년 4월 3일부터 8월 3일까지였다.

그중 5월 26일부터 행로의 대부분은 우리 경남지역의 여러 곳에 머물렀으나 이런 사실이 잘 알려져 있지 않았다. 이 기간 중 공은 오로지 왜군을 물리칠 전술과 조선 수군의 재건 방향을 구상하는데 몰두하였다.

공은 조국과 민족에는 충성과 봉사를 부모님과 자녀에게는 정의와 창조정신을 그리고 군인들에게는 필승의 신념과 탁월한 전략을 구현한 위대한 인물로 우리의 정신적 사표로 추앙받고 있다.

이에 경상남도와 교육청은 공의 충효사상을 기리기 위해 백의종군 순례과성을 개발하여 자라나는 청소년의 산 교육장으로 활용하고자 이곳에 추모탑을 건립하여 충무공의 거룩한 정신을 길이 전하고자 한다. 1997년

○ 경상남도 산청군 신등면 단계리

산청 진양 강씨 정려각

진양 강씨 정려각(晉陽姜氏旌閭閣)은 선무랑(宣務郎) 권택(權澤)의 처 진양 강씨의 절의(節義)를 숭상하기 위해 건립한 정려이다.

진양 강씨는 1597년 정유재란 때 일본군이 몸을 범하려 하자 절의를 지키고 자결했다. 이러한 사실이 관찰사를 통해 조정에 알려지자 선조 임금은 1601년 정려를 내렸다.

배양촌(培養村) 앞에 세워졌던 정려각은 1688년에 강씨 묘소 아래로 옮겨졌다가 1778년에 중건했으며, 1927년에 다시 중건하고 단청을 올렸다.

진양 강씨 정려비

정려각 주위에는 시멘트로 쌓은 담장이 있으며, 담장 상부에는 한식기와를 덮었다.

정려각의 규모는 정면 1칸, 측면 1칸의 단칸 규모이다. 정려각의 내부 중앙부에는 1927년에 문장을 짓고 1934년에 세운 정려비가 있다.

진양 강씨 정려각은 2008년 2월 5일 경상남도 문화재자료 제443호로 지정되었다.

○ 경상남도 산청군 단성면 입석리 719-2번지

산청 남양 홍씨 재실(용산서당)

(용산서당)

용산서당은 오촌 홍성해(洪成海), 둔암 홍대해(洪大海), 우봉 홍기범(洪箕範) 등 남양 홍씨 가문의 3현이 은거하며 학문을 연마하던 곳에 세운 서당이다. 이중 홍성해는 임진왜란과 정유재란 때 의병을 모아 마을을 사수한 공로가 있다. 본래는 용산재라는 재실이었지만 뒤에 서당의 기능이 추가되었다.

용산서당은 정면 4칸, 측면 2칸 규모이며 지붕은 팔작지붕이다. 건물의 배치는 서당과 사당을 일축선상에 배치하고 담장을 두른 형식으로 사당에는 내부 담장을 두고 내삼문을 설치했다. 초기 건립 연대는 1800년대로 추정되고 있다.

용산서당 입구 표지석과 남양 홍씨 가문 3현 비석   용산서당

사당 삼현사

오촌 홍성해 비석

(홍굴과 홍호연)

산청군 오부면 중촌리 마을 뒤에 우산(牛山)이라고 불리는 작은 산이 있다. 이곳 암벽 사이에 작은 동굴이 있는데 임진왜란 당시 홍씨 가문 사람들이 일본군을 피해 피신했던 굴이라 하여 홍굴(洪窟)이라고 부른다.

1593년 제2차 진주성 전투 때 진주성을 함락하고 7만여 군관민을 도륙한 일본군은 산청 등 각지로 전개하면서 양민 학살과 납치를 강행했다. 산청에서도 일본군이 각 마을을 다니며 양민을 도륙하자 홍씨 일가는 급한 대로 마을 뒷산으로 피신했다. 홍호연의 형은 막냇동생을 업고 부모님을 부축하여 산으로 올라가면서 두 동생들에게는 힘껏 따라오라고 했다. 굴에 먼저 도착한 홍호연의 큰 형이 뒤를 돌아보니 동생들은 길을 잃었는지 보이지 않았다. 다시 산에서 내려와 동생을 찾았으나 보이지 않았고 다만 바위에 홍호연의 필체로 '하늘은 구름에 덮이고 바다는 넓으니 죽어서 작별하고 살아서 헤어지네'라는 내용의 글이 적혀 있었다.[107]

당시 10세였던 셋째 아들 호연은 큰 붓을 들고 있었는데 그는 뒤처져 큰 형을 놓치고 말았다. 호연은 길을 잘못 들어 다른 집안사람들이 숨어 있던 암굴로 들어갔는데 그 동굴에는 개들이 있었다. 낯선 소년이 굴에 들어오자 개들이 짖어댔고 추격하던 일본군이 개소리를 듣고 암굴을 수색하면서 그 안에 숨어 있던 사람들을 도륙했다.[108] 그 과정에서

---

107) KBS 역사스페셜 제17회 〈소년포로 400년만의 귀향〉
108) KBS 역사스페셜, 앞의 프로그램.

일본군은 손에 큰 붓을 들고 있던 호연만은 죽이지 않고 포로로 잡았다. 붓을 들고 있던 그는 죽음을 면하고 일본 병사들의 손에 끌려갔으며 장수 나베시마 나오시게를 따라 일본으로 가게 되었다.[109)

도요토미 히데요시는 일본을 통일하는 과정에서, 또 조선을 침공하면서 예상 외로 인적·물적 자원의 소모가 컸기에 조선에서 기술자와 노예, 종으로 부릴 사람들을 포로로 잡아오라고 장수들에게 명령을 내린 바 있다.

다른 장수들처럼 나베시마도 도요토미 히데요시의 명을 수행하여 바느질 하는 여인, 서예학자, 도공, 생산노예 등을 포로로 잡았다. 또한 재능이 있어 보이는 소년·소녀들을 포로로 잡아 일본에 데려간 것은 이들이 나이가 어려 도주할 염려가 없고, 종복으로 삼기에 적합하기 때문이었다.[110)

나베시마는 홍호연을 자기 아들의 글동무로 삼을 생각이었으며, 무사 나카노 진에몬(中野神右衛門)에게 호연을 지도하도록 했다. 홍호연은 또 여러 학자들로부터 학문을 배웠으며 교토로 유학하면서 학문과 서예로 널리 알려지게 되었다.

1657년 3월 24일 나베시마 나오시게의 아들이자 홍호연의 주군인 나베시마 가쓰시게가 사망했다. 홍호연은 나베시마 사망 부고를 받은 지 보름만인 4월 8일 할복자살했다.[111) 일본식 성씨로 바꾸지 않고 홍(洪-일본발음 코)씨를 고집한 그는 주군에 대한 충성심을 보임과 동시에 후손들이 전과 같은 봉록과 지위를 보장받으며 일본에 정착할 수 있도록 하기 위해 할복한 것으로 추정되고 있다.

홍호연은 자결하면서 글을 써 가족에게 유언으로 남겼다. 그는 병풍 글씨 이외에 '인(忍)'이라는 글자를 남겼는데 그 글자의 밑에 "인(忍)은 마음의 보배이며, 불인(不忍)은 몸의 재앙이다"라는 주를 달아 후손들에게 매사에 참고 인내하면서 살 것을 당부했다.[112)

일본 사가시에 위치한 사찰 아미타사 경내의 공동묘지에는 홍호연과 그의 후손들이 묻혀 있다. 일본에 포로로 잡혀간 조선인들은 대부분 성을 일본식으로 바꾸었으나 홍호연은

109) 나베시마 나오시게(鍋島直茂, 1538~1618)는 사가현 사가성의 성주였으며, 임진왜란 때 12,000명의 군사를 이끌고 아들 나베시마 가쓰시게(鍋島勝茂, ~1657)와 함께 가토 기요마사의 지휘를 받으며 함경도로 진격했다. 정문부가 지휘하는 조선 의병에게 밀려 퇴각했으며 부산으로 내려가 낙동강변에 왜성을 축성했다. 정유재란 때는 우군으로 황석산성 전투에 참가했고 다시 북진하다가 조명연합군에 밀려 남쪽으로 후퇴했다. 조선에서 수많은 포로들, 특히 도공(陶工)들을 다수 잡아 일본으로 끌고 가 아리타 야키, 이마리 야키 등 세계적인 도자기를 만들었다.

110) 일본 사가현 타쿠시에는 홍호연처럼 어린 나이에 잡혀갔다가 재능이 너무 뛰어나 일본인 양부모에게 살해당한 조선인 소년 '고라이곤켄'의 비석이 있다. 너무 영특하여 더 성장하면 일본에 해가 될 것이라 하여 나베시마 나오시게가 살해를 지시했다고 한다. KBS 역사스페셜, 앞의 프로그램.

111) 국립진주박물관, 『국립진주박물관 임진왜란』(서울: 통천문화사, 1998), 143쪽.

112) 국립진주박물관, 앞의 책, 144쪽.

홍씨 성을 고집했고, 그 후손들 또한 지금까지 홍씨로 살고 있다.

일본 홍씨 일가는 2010년 11월 29일 임진왜란 417년 만에 조국을 찾아와 산청군 오부면 중촌리에 소재하는 남양 홍씨 가문의 선영에 참배하고 친족들과 상봉했다. 이들의 상봉은 일본 홍씨 일가가 홍호연 관련 유품과 유물을 나고야성 박물관에 기증하고, 나고야성 박물관과 진주박물관이 조선인 포로 관련 전시회를 개최하는 과정에서 홍호연의 뿌리를 찾게 되면서 이루어졌다.

○ 경상남도 산청군 오부면 가마길 10-4(중촌리)

10. 양산

양산 삼조의열단

양산 시내 북서쪽 양산천변에 춘추공원(春秋公園)이 자리하고 있다. 춘추공원은 시민들이 즐겨 찾는 휴식공간이면서 양산 출신 호국 영령들을 모신 유서 깊은 공원이다. 이곳에 있는 삼조의열단(三朝義烈壇)은 인질로 잡혀간 두 왕자를 구하고 자신은 일본에서 죽은 신라의 박제상(朴堤上), 고려시대에 왜구와 싸운 김원현(金元鉉), 임진왜란 당시 관군을 이끌고 동래읍성에 들어가 동래부사 송상현과 함께 싸우다 전사한 양산군수 조영규 등 충렬 의사를 모신 곳이다.

양산 주민들은 이들 선현을 기리기 위해 춘추공원에 삼조 즉 신라·고려·조선의 충렬인 세 분의 비석을 세우고 삼조의열단을 설립하여 춘추로 그분들의 높은 충성심을 숭앙하는 제향을 받들고 있다.

1949년 5월 양산읍내에 모셔져 있던 삼조의열비를 이곳 춘추공원으로 옮겨 세우는 한편, 입구에 장충단(將忠檀), 오른쪽에 삼조의열(三朝義烈), 왼쪽은 만년춘추(萬年春秋)라고 적힌 돌기둥을 세웠다.

삼조의열단 향사는 양산향교에서 주관하여 매년 음력 4월 15일에 거행한다.

(박제상)

신라는 백제를 견제하기 위해 402년(실성왕 1) 왜국에 내물왕의 아들 미사흔(味斯欣)을,

412년에는 고구려에 미사흔의 형 복호(卜好)를 볼모로 보냈다. 내물왕의 큰아들인 눌지왕이 왕위에 오르자 볼모로 잡혀 있는 동생들을 구출하려 했다. 왕은 신하들의 천거를 받아 당시 명망이 높던 박제상을 보냈다.

그는 418년(눌지왕 2)에 고구려에 들어가 볼모로 잡혀 있던 복호를 데려오고, 다시 일본으로 건너가 볼모로 있던 미사흔을 계교로 탈출시키고 자신은 스스로 잡히는 몸이 되었다. 왜왕은 박제상을 신하로 삼으려 했으나 그는 거부했고 결국 불에 타 숨졌다. 눌지왕은 박제상의 딸을 둘째 며느리로 삼고 박제상에게는 대아찬의 벼슬을 내렸다.[113]

(김원현)

고려시대 충렬왕 때 왜구가 자주 침입하여 백성을 괴롭히므로 조정에서는 방어사를 두어 이를 막았으나 충렬왕 말년에 왜구가 함선 수백 척에 분승하여 낙동강을 통해 침입하므로 양산 방어사 김원현이 나가 격퇴했다. 나라에서는 왜구를 격멸하고 많은 포로와 선박을 포획하는 공을 세운 김원현의 전공을 포상하고 전공비를 세웠다.

삼조의열단 비석

왼쪽부터 박제상, 김원현, 조영규(작은 비석은 제외)

---

113) 울산시 울주군 두동면 만화리 산 30-2번지와 범서면 척과리 산 152번지에도 박제상 유적이 있다. 양산에는 사당 효충사를 세워 박제상과 그 부인의 충절을 기리는 제사를 지냈다. 효충사는 양산시 상북면 소토리 1173-2번지에 소재하고 있으며, 1988년 12월 23일 경상남도 기념물 제90호로 지정되었다.

양주방어사 김원현 비석

오른쪽부터 구한말 항일운동지사 우산 윤선생 비석과 임진왜란 의병장 안근의 비석이 자리 하고
있다.

(조영규)

조영규(趙英圭)는 조선시대 중기 무과를 거쳐 용천부사를 역임하고 양산군수로 재임 중
이던 1592년 임진왜란이 일어나 일본군이 부산 동래읍성을 공격할 때 동래부사 송상현을
찾아가 생사를 같이하기로 기약하고 일본군을 맞아 끝까지 싸우다 성이 함락당하자 송상
현과 함께 순절했다.

1669년 송준길의 상계로 그의 충절이 알려져 호조참판의 직위가 내려졌다.114) 충렬 정
신을 받들고 이를 널리 후세에 전하기 위해 해마다 제사를 올리고 있다.

○ 경상남도 양산시 충렬로 27(교동 춘추공원)

양산 소계서원

소계서원(蘇溪書院)은 조선시대의 유학자인 안몽득과 그의 아들 안우, 안주, 안택 3형제와 임진왜란 공신 안근, 안수, 안시명, 안이명, 안신명 등을 추모하기 위해 1783년에 광주 안씨(廣州安氏) 문중에서 건립한 서원이다.[115] 건물은 정면 4칸, 측면 2칸의 팔작지붕으로 근년에 재건했다.

상북면 소토리 소토초등학교 뒤쪽에 소계서원이있고, 서원 옆에는 의병활동을 알리는 기념비가 있다.

안근(安瑾)은 임진왜란 때 아들들과 집안의 노비를 모아 군량과 병기를 정비한 후 이웃 사람들과 함께 의병모집에 나서 수백 명을 모았다. 낙동강 하구를 거슬러 오르는 일본군을 구포와 금정산에서 맞아 그중 수십 명을 베었다. 그는 아들 안시명·안이명 등과 양산에서 일본군과 전투를 벌이다가 양산이 함락되자 경주, 울산, 서생포, 대구 등지로 이동하여 싸웠고, 정유재란 때에도 전과를 올렸다.

그는 그 후 무과에 급제하여 훈련원 주부(主簿)로 있었고 선무원종공신 3등에 서훈되었다. 안근의 묘비는 단갈이며 양산 춘추공원 삼조의열단에 그의 추모비가 세워져 있다.[116]

안수(安琇)는 동래출신 김정서와 함께 동래읍성 전투 때 전사했다. 안시명(安諟命)은 훈련원 주부를 지냈다. 그는 부친 안근과 동생 안이명 등과 양산에서 의병을 일으켜 경주, 울산, 서생포, 대구에서 전과를 거두었다.[117] 왜란 종료 후 안근·안시명은 선무원종공신 3등, 안이명은 선무원종공신 1등에 서훈되었다.

---

114) 조영규 위패는 동래의 안락서원, 충렬사, 장성의 모암서원에도 모셔져 있으며, 정려는 전라남도 장성군 북이면 백암리 266-1번지에 위치해 있다.

115) 안근과 안이명의 묘소는 양산시 상북면 대석리 산 87번지에 있다.

116) '단갈(短碣)'은 무덤 앞에 세우는 작고 둥근 빗돌을 말한다.

117) 안시명의 묘소는 양산시 상북면 소석리 산 42-2번지에 있다.

안근의 아들이자 안시명의 동생인 안이명(安以命)은 임진왜란 때는 양산에서 싸웠고, 정유재란 때에는 이순신 장군 휘하에서 당포만호로 있었으며, 그 후 훈련원정에 승진되고 다시 가리포첨사에 올랐다. 그의 용맹함에 사람들은 그를 백호장군이라 불렀다.

○ 경상남도 양산시 상북면 소토리 667번지

양산 소노서원

소노서원은 1835년(현종 2)에 건립한 서원으로 임진왜란 때 공이 많은 충신 정호인·정호의 형제의 우국충정의 얼을 길이 새기고자 동래 정씨 문중에서 건립한 서원이다. 서원 뒤로는 정씨 문중 선조들을 기리는 사당 상의사(尙義祠)가 자리하고 있다.

소산공 정호인(鄭好仁)은 임진왜란이 일어나자 문묘의 위패를 교동(校洞)으로 옮겨 안치했으며, 의병을 일으켜 싸우다가 포로로 일본에 끌려갔다가 9년 만에 귀국했다. 나중에

좌랑(佐郎)이 되었다. 소토리 마을 입구에 정호인 기적비가 있다.

노산공 정호의(鄭好義)는 형 정호인 등과 함께 의병을 일으켰으며 1592년 6월 5일 경주성으로 가 싸웠다. 나흘 후인 6월 9일 여러 의병장과 문천회맹록(蚊川會盟錄)을 작성하고 경주성 방어전투에서 전과를 올렸다.

1597년 고향인 양산으로 돌아와 지역방어에 힘쓰다 1597년 7월 21일 곽재우의 의병군에 가담하여 화왕산성을 지키는 등 경상도 일대에서 많은 전투를 치렀다.

왜란 후에는 후학교육에 힘쓰다가 생을 마쳤다. 1832년에 현재의 소노서원에 위패를 오셨다.

○ 경상남도 양산시 상북면 소토리 313-2번지

11. 의령

의령 곽재우 장군 생가

곽재우 장군 생가 터에는 근년 조선시대 초기 건축양식으로 안채 등 7동의 건물과 부대시설을 갖춘 생가가 복원되어 있다.

건물로는 안채, 사랑채, 별당, 대곡간채, 곡간채, 대문간채와 중문간채, 화장실, 우물, 그리고 장독대 등이 있다.

생가 마당에서 바라본 천연기념물 세간리 은행나무

사랑채

안채　　　　　　　　　　　　　　별당

생가 부근에 임진왜란 당시 큰 북을 매달아 의병을 불러 모아 훈련시켰던 느티나무 현고수가 자라고 있다.

○ 경상남도 의령군 유곡면 세간2동길 33

의령 보덕각

임진왜란 당시 의병 전투지의 하나인 의령 성산리 기강(岐江) 언덕 위에는 비각이 하나 세워져 있다. 이 비각은 낙동강 수로를 따라 이동하는 일본군 선단을 궤멸시킨 곽재우 장군의 전승을 기념하는 보덕각(報德閣)이다.

기강은 남강과 낙동강이 합류하는 지역으로서 남강의 건너편에는 함안군 대산면이, 낙동강 건너편에는 창녕군 남지읍이 위치하고 있다. 기강은 의병장 곽재우와 깊은 인연이 있는 곳이다.

보덕각   불망비

　　곽재우는 일본군이 침공해오자 재산을 털어 의병을 모았으며, 스스로 의병대장이 되어 의령지방을 시작으로 창녕, 합천, 성주 등지에서 일본군을 물리쳤다.

　　곽재우는 정암진 도하작전을 전개하려는 일본군을 맞아 싸워 대승을 거둠으로써 경상우도를 방어했고, 기강을 중심으로 군수물자와 병력을 운반하는 일본 수송선단을 기습하여 적의 통로를 차단함으로써 호남지역으로 진격하려는 일본군을 저지했다.

　　1739년 그의 전공과 애국애족의 뜻을 추모하기 위해 그날의 대첩지였던 이곳에 불망비를 건립했다. 비석에는 '유명조선국 홍의장군 충익공 곽선생 보덕 불망비(有明朝鮮國紅衣將軍忠翼公郭先生報德不忘碑)'라고 새겨져 있다.

　　보덕각은 1983년 7월 20일 경상남도 문화재자료 제66호로 지정되었다.

어허! 여기는 홍의 곽재우 장군의 유허지이다. 장군의 출생이 여기요 창의 기병한 것도 여기니 고을사람들이 돌을 세우고 장군의 뜻을 길이 잊지 않으니 마땅한 일이다.

선조 임진란에 장군은 선비로서 칼을 집고 소리 높여 외치니 많은 의사들이 모이고 창과 칼은 해를 가리어 적의 흉한 뜻을 꺾었다. 장군은 충천하는 기력이 있었으니 공훈은 천하에 뻗히고 백성들이 우러러 봄은 당연한 일이다. 비단 한 고을의 덕이 아니요 사사로운 일도 아니다. 십칠장의 창의는 이 누리에 나라를 보전케 한 것이다. 이 고을의 백성은 밥이면 밥 죽이면 죽 다 장군의 딕이다.

이제 임진 네 돌을 맞아서 조호진이 이 고을을 맡아 선비들에게 말하되 장군이 계신 터에 작은 돌 하나 없고 그 위적이 드러나지 않음은 우리들의 수치스러운 일이다. 하늘이 인걸을 보내시니 그 성은 곽이요 남쪽 오랑캐 창궐하니 장군은 오막살이집에서 충성이 용솟음치고 뭇 장수 골라 빼니 그 수가 십칠이라. 고기 구워 술 먹고 큰 잔치를 마친 후 웃으며 지휘하니 적의 피 정암강을 붉혔도다.

임금이 이르시기를 장군의 공적은 보고를 못 받아 빛을 못 내었다고 하셨네. 의령고을 굽어보니 장군이 나라를 위해 싸운 곳인데 세월이 감에 그 흔적 자취도 없네. 이 비석이여 그 공적 길이 빛나게 하라. 서기 1773년 영조 49년 세움
경상남도 의령군 지정면 소재

○ 경상남도 의령군 지정면 성산리 182번지 기강언덕

의령 불양암 탑바위

의령을 흐르는 강줄기 남강 변의 깎아지른 벼랑 위에 1946년에 창건한 불양암(佛陽庵)은 비구스님들의 참선의 장이다. 이곳에 탑 모양을 한 층층바위 하나가 불양암과 유유히 흐르는 남강을 바라보고 있다.

커다란 암벽 바위 기반 위로 둥근 사람 머리 모양을 한 작은 바위가 층을 이루고 있는데, 사람들은 이 바위를 '탑바위'라고 부른다.

탑바위 밑을 흐르는 남강

불양암 뒤편 절벽의 탑바위　　　　　　　　　　　탑바위

　　탑바위 아래로는 남강이 굽이쳐 흐르고 강 건너편에는 드넓은 들판이 전개되는데 이곳
은 임진왜란 당시 곽재우 장군이 전승을 거둔 곳이다.
　　의령 땅에는 의병의 전승지가 도처에 있지만 특히 이곳 탑바위는 곽재우가 의병군의
거점으로 삼았던 유곡면 세간리와 가까운 거리에 있고, 탑바위와 그 주변 이곳저곳에 복
병을 숨겨두었다가 일본군을 공격하여 물리친 곳이다.
　　○ 경상남도 의령군 정곡면 죽전리 산 76번지

쌍절각은 앞에서 본 보덕각의 바로 옆에 위치해 있다. 보덕각은 곽재우 장군을 기리고, 쌍절각은 손인갑 장군 부자(父子)를 기리기 위해 세운 비각이다. 당초 광해군 원년인 1609년에 지금의 봉수면 신현리에 세워진 쌍절각을 1943년 5월에 손인갑 장군의 후손들이 이곳으로 옮겨온 것이다.

손인갑(孫仁甲, ?~1592)은 조선시대 후기의 무신이자 의병장이다. 선조 임금 때 무과에 급제하여 북보만호(北堡萬戶)를 지내고 1589년 비변사의 이산해·정언신 등의 천거로 가덕진 첨절제사가 되었다.

쌍절각

손인갑 추모비석   쌍절각

손약해 추모비석   보덕각과 쌍절각 앞을 흐르는 남강

　　1592년 왜란이 일어나자 합천에서 김면・박성・정인홍・곽준의 추대로 의병장이 된
손인갑은 정인홍의 의병군에 합류하여 중위장(中衛將)이 되어 통솔력을 발휘했다.
　　합천군수 전현룡(田見龍)이 도주하자 그를 대신해 한때 합천가장(陜川假將)을 맡기도 했
다. 1592년 6월 초순에 벌어진 무계전투 때 정인홍 장군의 선봉장이 되어 일본군 100여

명을 사살하는 전과를 거두었다. 이때 그는 300여 명의 병력을 동원하여 적진을 포위한 다음 50여 명의 정예병을 이끌고 일본군 진지를 기습했다.

손인갑 의병부대는 그해 6월 말경 일본군이 약탈한 보물을 싣고 낙동강 하류로 내려온 다는 첩보를 입수했다. 손인갑은 군사를 2개 조로 나누어 한 조는 강 언덕 숲 속에 매복시 키고 다른 한 조는 강 아래쪽에 배치했다. 일본 전함이 사정거리 내에 들어오자 의병들은 일제히 화살을 쏘아 뱃머리에 있던 일본군 장수를 포함하여 다수의 일본군을 사살했다. 일본군은 조총 사격으로 반격하면서 필사적으로 공격을 피해 갔다. 이때 배 한 척이 얕은 강바닥에 부딪혔다가 물길을 잡아나가는 것을 본 손인갑이 말을 타고 추격하다가 물가의 묽은 모래와 진흙속에 빠져 말과 함께 최후를 마쳤다.[118] 조정에서는 그의 충절을 기려 병조판서 직위를 내렸다.

○ 경상남도 의령군 지정면 성산리 182번지 기강언덕

의령 정암진 홍의장군 전적기념비/정암루

의령읍 정암리에 있는 정암진(鼎巖津)은 의령과 함안 사이를 흐르는 남강의 도선장(渡船場) 명칭이며, 임진왜란 때 의병이 일본군과 전투를 벌여 큰 승리를 거둔 전승지이기도 하다.

의령읍내에서 남해고속도로 방향으로 가다 보면 백야 오거리가 나온다. 백야마을을 거 쳐 정암마을에 들어서면 정암철교와 어우러진 정암루가 나온다. 정암철교 입구 오른쪽에 홍의장군 전적기념비가 있고, 정암루에 올라 남강을 바라보면 정암철교 아래 강물 속에 솥 모양을 한 바위가 하나 있는데 이 바위가 바로 '솥바위'이다. '정암(鼎岩)'이라고도 부른다.

---

118) 이이화, 앞의 책, 201쪽.

솥바위와 정암철교

정암루

(정암루)

　　정암루는 의령의 관문인 정암철교 바로 옆 언덕에 위치한 누각이다. 정암루는 조선시대의 정자 취원루가 있었던 자리에 있는데 취원루는 소실되어 없어졌고 1935년 이 고장 유림괴 유지들이 그 자리에 정암루를 건립했다. 성암부 바로 아래가 정암나루가 있던 자리인데, 1592년 임진왜란 때 곽재우가 이끄는 의병들이 이곳에 매복하여 있다가 일본군 장수 안코쿠지 에케이(安国寺恵瓊)가 이끄는 일본군을 격퇴시켰다.

(정암진 전투)

정암진 전투는 1592년 5월 24일 의병이 일본군과 싸워 최초로 승리한 전투이며, 이 승리로 일본군의 전라도 진격을 막았으며, 흩어져 활동하고 있던 의병부대가 곽재우의 의병을 중심으로 규합되는 계기가 되었다.

일본군은 고바야카와 다카카게(小早川隆景)가 전라도 침공작전을 지휘했으며, 고바야카와의 부하 안코쿠지 에케이는 2,000명의 군사를 이끌고 전라도로 통하는 길목인 경상남도 의령으로 진군했다.

정암루에서 바라본 정암철교

곽재우는 이때 남강 북안의 정암진에 군사들을 매복시켰다. 5월 24일 안코쿠지의 병력은 정암진 맞은편에 도착해 지역 백성을 동원해 도하 지점을 설정하고 정찰대를 보내 통과할 지점에 나무 푯말을 꽂아 표시를 하는 한편 뗏목을 만들어 도하 준비를 했다.

이를 알게 된 곽재우는 한밤중에 의병을 동원하여 나무 푯말을 늪지대로 옮겨 꽂아두고 정암진 요소요소와 숲에 군사를 매복시켰다. 날이 밝자 안코쿠지의 선봉대가 남강 도하를 시작하려 했으나 늪지대로 잘못 들어가 의병군의 공격을 받고 거의 전멸했다. 이어 안코쿠지의 주력부대가 남강을 건널 때 매복해 있던 의병군이 기습공격을 가하여 물리쳤다. 이번 전투에서 패한 일본군 부대는 전라도 진격을 포기했고, 전라도 지역은 보전될 수 있었다.

승리를 거둔 곽재우 의병부대는 경상우도 초유사 김성일의 도움으로 의령현과 삼가현을 곽재우의 지휘 아래에 편입시켜 병력이 1,000명이나 되었고 전 목사 오운과 박사제 병력 3,000명까지 합세해 총 4,000명의 병력으로 증원되었다.

정암루에서 바라본 홍의장군 곽재우 상

정암철교에서 바라본 정암루

홍의장군 곽재우 상

○ 경상남도 의령군 의령읍 남강로 686

의령 충익사

의령읍 남산 밑에 위치한 충익사는 임진왜란 때 의병을 일으켜 나라를 지킨 의병장 곽
재우 장군과 그 휘하 장병들의 위패를 모신 사당이다. 충익사의 규모는 면적 23,600㎡이
며, 건물 9동으로 이루어져 있다.

곽재우(郭再祐)는 1552년 8월 28일 의령군 유곡면 세간리에서 감사 곽월(郭越)의 아들로
출생했으며, 문무(文武)에 뛰어났다. 그는 1592년 4월 13일 부산에 상륙한 일본군이 별다
른 저항없이 서울로 진격해가자 나라를 지키는 일을 관군에게만 맡길 수 없다며 분연히
일어나 의병을 일으켜 일본군의 침공을 막아내는 데 크게 기여했다.

장군은 붉은 옷에 백마를 타고 휘하에 17명의 장수와 수천 명의 의병을 거느리고 정암
진, 기강, 현풍, 창녕, 화왕산성, 진주성 등의 전투에서 뛰어난 전략과 전술로 일본군을 크
게 무찌름으로써 일본군의 전라도 지방 진격을 저지했다. 붉은 옷을 입은 장수라 하여
'홍의장군'이라고도 부른다.

곽재우는 남명 조식의 문하에서 수학했으며, 왜란 중인 1593년에는 성주목사, 1597년에

는 경상우도 방어사를 맡았다. 왜란 후인 1605년에는 한성부 우윤, 1610년에는 함경도 관찰사로 임명되어 일시 재직했다. 그 외에 여러 관직이 주어졌으나 부임하지 않았다. 사후에 병조판서의 직위가 내려졌다. 보다 상세한 곽재우 약력은 다음의 표와 같다.

연대	약력
1585	과거에 급제했으나 글의 내용이 임금의 시정을 비판하는 내용이어서 선조 임금이 곽재우를 파방시킴
1592	- 가산을 털어 의병 모집 시작(4월 22일) - 기강을 거슬러 올라오는 일본전함 격파(05. 04, 05. 06) - 정암을 건너려는 일본군을 늪으로 유인하여 대파(5월 말) - 현풍·창녕·연산성 등 탈환(6월말) - 선조 임금이 형조정랑의 벼슬을 내렸으나 받지 않음
1593. 12	성주목사 겸 조방장에 임명됨
1595	봄에 진주목사로 부임. 가을에 사직함
1597	창녕 화왕산성에서 일본군과 대치하여 물리침(07. 07)
1599. 10	경상좌도 병마절도사 부임
1600	관직 사퇴의 상소를 올린 것 때문에 탄핵을 받아 영암에 유배됨
1602	창녕군 창암 강변에 망우정을 짓고 휴양함
1604	선산부사, 안동부사에 임명되었으나 사양함
1605	찰사, 한성부 우윤에 임명됨
1608~1610	경상좌도 병마절도사, 삼도통제사, 한성부 좌윤, 함경도 관찰사로 임명되어 일시 재직했거나 부임치 않음
1617	예장을 하지 말라는 유언을 남기고 66세를 일기로 일생을 마침
1677	숙종 임금이 '예연서원'의 사액을 내림
1709	숙종 임금이 '충익공'이라는 시호를 내리고 병조판서의 직위를 내림

출처: 충익사 관리사무소, 『충익사』(안내책자), 24쪽.

(의병탑)

충익사는 1972년 4월 22일 의병기념사업회가 구성되고, 주민들이 성금을 거두어 의병탑을 건립하면서 모습을 갖추기 시작했다.

의병탑은 곽재우 장군과 17인 장령의 위훈을 기리고 그들의 영혼을 추모하기 위해 건립한 탑이다. 탑의 높이는 27m이며, 가운데 둥근 18개의 백색 고리는 곽재우 장군과 17장령을 상징하며, 백색 고리 양옆의 팔자형 기둥은 의병이 든 횃불을 상징한다.

(사당)

사당 충익사에는 20위의 의병장 신위가 봉안되어 있다. 이중 2위는 무명 의병 제위 신위이다. 나머지 18신위 중 앞에서 소개가 된 곽재우를 제외한 17장령의 명단과 약력은 다음과 같다.

윤탁(尹鐸) 1554~1593	직책: 영장(領將)

삼가 구평에서 거주했으며, 훈련원의 봉사로 재직했다. 1592년 삼가에서 스스로 의병을 모집하여 거느리고 와서 곽재우 휘하에서 활동했다. 삼가대장(三嘉代將)을 맡았다. 1593년 6월 진주성이 함락될 때 전사했다. 사후에 선무원종공신에 오르고 병조참판의 직위를 받았다. 삼가의 귀연서원에서 제향하고 있다.

박사제(朴思齊) 1549~?	직책: 도총(都摠)

삼가에서 살았다. 임진왜란 발발 전에 성균관의 학유(學諭)였다. 곽재우 장군이 경상도의 김사 김수(金睟)로부터 반격을 받아 심히 위험한 지경에 이르렀을 때 그를 구원하자는 격문을 만들어 적극적인 구명활동을 했다. 일본군이 함안지방을 노략질하고 낙동강을 건너 의령지방으로 침입하려 할 때 곽재우 휘하 의병부대의 도총이라는 중책을 맡아 삼가지방을 지켰다. 사후에 이조참의 직위를 받았다.

오운(吳澐) 1540~1617	직책: 수병장(收兵將)

영주 출신으로 퇴계 이황과 남명 조식 밑에서 수학했으며, 1566년 충주목사, 사성을 거쳐 광주목사(光州牧使)를 역임했다. 임진왜란 때 그는 주로 의병 모집을 담당했는데, 백령(白嶺) 등지에서 모집한 의병의 수가 2,000명에 달했다. 경주부윤과 공조참의 등을 역임했으며, 1594년(선조 27)에는 명나라 장수 진린의 접반사로 활동했다.

이운장(李雲長) 1541~1592	직책: 수병장

의령에서 거주했으며 무과에 급제하여 1568년에 좌부장(左副將)이 되었다. 임진왜란 때 전 목사 오운과 함께 곽재우 의병부대의 수병장이라는 중책을 맡았다. 이 의병부대가 정암진, 즉 솥 바위 나루를 수비하고 있을 때 일본군이 침입하자 전투를 벌이던 중 전사했다. 사후에 병조참의의 직위를 받았다.

배맹신(裵孟伸) 1560~?	직책: 선봉장(先鋒將)

의령 출신. 33세 때 임진왜란이 발발하자 전 훈련원 판관 심대승(心大承)과 함께 곽재우 의병부대의 선봉장을 맡아 활약했다. 사후에 병조참의의 직위를 받았다.

심대승(心大承) 1556~1606	직책: 선봉장

의령 출신으로 훈련원 판관과 군자감정 등을 역임했다. 임진왜란 때 곽재우 의병부대의 선봉장으로서 정진과 장현 등지에서 전공을 세웠다. 사후에 좌승지의 직위를 받았다.

정연(鄭演) ?~?	직책: 독후장(督後將)

삼가현에 거주하던 중 의령에서 곽재우가 의병을 일으켰다는 소문을 듣고 참여해 의병부대의 독후장의 직책을 맡았다. 벼슬은 첨중추에 이르렀다.

권란(權鸞) ?~?	직책: 돌격장(突擊將)

의령 출신으로 곽재우 의병부대의 돌격장이라는 직책을 맡아 선두에서 의병활동을 했다. 벼슬은 군위현감이었으며, 사후에 선무원종공신 2등과 좌참찬의 직위를 받았다.

정질(鄭晊) ?~?	직책: 조군(調軍)

초계 출신이며 삼가현 육동에서 살았다. 곽재우 의병부대의 군량을 조달하는 직책을 맡았다. 지역 지리에 밝았던 것으로 추측되고 있다.

허언심(許彦深) 1542~1603	직책: 전군(典軍)

의령현 가례에서 살았으며 곽재우의 매형이다. 의병부대에 자신의 많은 곡식과 가동(家僮)을 내놓았다. 의병부대의 군향(軍餉)을 관장했으며 동지중추부사를 역임했다.

노순(盧錞) 1551~1595	직책: 전향(典餉)
초계에서 살았으며 남명 조식의 문인이다. 곽재우 의병부대의 군궤(軍饋)를 관장했다. 1593년(선조 26)에 영변부사에 부임했다.	

강언룡(姜彦龍) 1545~1613	직책: 치병(治兵)
의령 출신으로 임진왜란 이전에는 유곡찰방을 역임했으나 왜란 발발 후에는 의병부대의 병계 즉 병기와 기계 등을 담당했다. 사후에 좌승지의 직위를 받았다.	

허자대(許子大) 1555~?	직책: 군기(軍器)
삼가 출신으로 곽재우 의병부대에서 군기 제조를 책임지고 있었다.	

심기일(沈紀一) 1545~1610	직책: 기찰(譏察)
의령 출신. 곽재우 의병부대는 함안지방에서 의령으로 침입해오는 일본군을 방어하기 위해 정암진을 지키고 있었는데 이때 그가 책임을 지고 있었다. 특히 그는 정호(鼎湖)의 배를 지키고 있으면서 왕래하는 것을 기찰하는 직책을 맡았다. 사후에 병조참판의 직위를 받았다.	

안기종(安起宗) 1556~1633	직책: 복병(伏兵)
의령 출신. 그는 낙동강 연변인 유곡에서 매복해 있다가 전공을 세웠다. 그때부터 곽재우 의병부대의 복병은 그의 직책이 되었다. 사후에 이조참의의 직위를 받았다.	

조사남(曺士南) 1560~1592	직책: 군관(軍官)
의령 출신. 벼슬은 주부(主簿)를 역임했으며, 곽재우 의병부대의 군관을 지냈다. 그는 기강전투에서 일본군과 싸우다가 전사했다. 사후에 선무원종공신에 오르고 좌승지의 직위를 받았다.	

주몽룡(朱夢龍) 1561~1633	직책: 군관(軍官)
진주 출신으로 21세 때 무과에 급제하여 선전관이 되었다. 곽재우 의병부대의 군관을 맡아 전공을 세웠으며 그 공로로 김산군수(金山郡守)를 역임했다. 사후에 형조판서의 직위를 받았으며, 진주 평천서원에서 제향하고 있다.	

충익사에서는 매년 음력 4월 22일 추모 제향을 드리고 있다.[119] 곽재우 장군의 탄신일인 음력 8월 28일에는 다례를 올린다.

---

119) 4월 22일은 곽재우가 마을 앞 느티나무에 북을 매달아 치면서 의병 모집을 시작한 날이다.

의병탑

충익사 안내도

곽재우 장군 유적정화기념비

충의각

사당 입구

(유적정화기념비)

의령지역 의병의 공적을 후손들에게 알리기 위해 1976년 9월 14일 국가차원의 유적지 정화사업이 결정되고, 1977년 10월 5일에 정화사업이 시작되었다. 그로부터 1년 여 만인 1978년 12월 22일 충익사 정화사업이 완료되고 이날 정화기념비 제막식이 거행되었다.

충익공 망우선생 신도비

원래의 신도비문은 한문으로 된 것이어서 알기 어려울뿐더러 너무 길어서 지루한 까닭에 국문으로 번역하고 줄여서 새로이 비를 세운다.

공의 이름은 재우요 시호는 충익이며 본관은 현풍이다. 1552년 의령 세간리에서 아버지 황해도 관찰사 곽월(郭越)과 어머니 진주 강씨 사이에 셋째 아들로 태어났다. 공은 천품이 남달리 뛰어나 열네 살에 춘추를 공부하여 그 뜻을 통달하였고 서른넷에 응시 을과에 뽑혔다가 임금의 꺼리는 바가 있어 합격자 모두가 취소된 바 있더니 아버지가 돌아가신 후에는 의령 기강 기슭에 터를 잡아 농촌생활을 즐기며 조용히 살고자 하였다.

1592년 임진왜란이 일어나 영남의 여러 고을과 수륙의 관군이 모두 무너지자 이를 크게 분하게 여긴 공은 가산을 털어서 장사를 모집하여 의병을 일으켜 스스로 천강 홍의장군이라 칭하였다. 처음 공이 거느린 병사는 겨우 수백 명이었으나 충의로서 사졸을 격려하고 군율을 엄히 하여 여러 차례 적을 격파하니 의지할 곳 없는 백성들이 그 밑에 모였다.

때에 초계의 병기를 거두고 의령 신반창(新反倉)의 곡식을 운반하여 군사를 먹이니 군세가 떨치게 되어 지산에 진을 치고 낙동강 유역 수십 리에 병사를 배치하여 적을 막아 강 서쪽으로 건너지 못하게 하였다. 적장 안국사가 호남으로 간다면서 정진을 건너려 할 때 혹은 진수령으로 적을 유도하여 그 선봉을 무찌르고 혹은 섬 여인의 용사에게 자기와 마찬가지로 홍의를 입고 백마를 타게 하여 여러 곳에 출몰시켜 적으로 하여금 정신을 차리지 못하는 가운데 산골짜기로 빠져들게 하여 크게 이를 무찔렀다. 이로 말미암아 적은 마침내 정진을 건너지 못하였으니 이때 공이 적은 병력으로 많은 적을 격멸하지 못했던들 경상우도의 여러 고을은 거의 함락되었을 것이다. 이 무렵 순찰사 김수가 달아나기만 하므로 민심이 흩어지는 것을 분히 여긴 공은 먼저 그 죄를 헤아려 그를 쳐야겠다는 격문을 띄운 것이 화근이 되어 도리어 역적으로 몰리기도 하였으나 초유사 김성일의 주선으로 겨우 누명을 벗고 유곡찰방으로 임명되었다. 뒤이어 형조정랑에 제수되었으나 모두 전투 중이라는 이유로 부임하지 않고 의령·현풍·삼가 등지의 방어에 힘쓰니 이 지방 백성들은 공의 보호 하에 평상시와 같이 농사를 지을 수 있었다.

공은 성주목사가 되어 악견산성을 수축하고 진주목사로 옮겼다가 벼슬을 버리고 현풍으로 돌아왔으나 다시 방어사로 임명되어 현풍의 석문산성을 신축하고 있던 중 정유재란이 일어났다. 석문산성이 완공되지 않았으므로 창녕 화왕산성으로 진을 옮겨 굳게 지키니 적의 대군이 몰려왔다가 도저히 칠 수 없음을 깨닫고 물러났다. 이때 호남, 영남의 여러 고을이 적에게 함락되는 바 되었는데 만약 공이 화왕산성을 견수하지 못했던들 낙동강 오른편의 여러 고을이 온전하지 못했을 것이다.

공은 화왕산성에서 계모의 상을 당하여 군진을 떠나 울진 지방에 유거하며 패랭이를 손수 만들어 팔아 생계를 유지하면서 예를 다하니 지방민들은 공이 거처하던 곳을 방어점이라 부르며 그 덕을 칭송하였다. 상을 마치자 경상좌병사로 부임하여 도산성(島山城)의 중수를 주장하였으나 조정에서 듣지 아니하므로 벼슬을 떠나면서 당쟁의 폐단을 국론 하였다. 이 때문에 홍여순의 탄핵을 받아 영암으로 귀양갔다.

일 년 뒤 풀려나자 비슬산으로 들어가 신성의 도를 닦으면서 세상을 피하다가 내려와 영산 창암에 정자를 짓고 망우당이라 이름 하였다. 다시 찰리사로 임명되어 남변의 여러 성지를 순심하고 인동 천생성(天生城)에 석성을 증축하였다. 뒤이어 선산부사, 안동부사, 동지중추부사, 한성우윤, 경상좌병사, 통제사, 함경도 관찰사 등 여러 벼슬에 제수되었으나 대개 부임하지 아니하고 부득이 도임하였을 경우에도 곧 사임하면서 그때마다 중흥의 방책을 논하는 상소 임해군(臨海君)의 모역죄를 논하는 상소 역관들의 죄를 논하는 상소 등을 올렸는데 그 모두가 직언・직간으로서 다른 신하들이 도저히 말할 수 없는 훌륭한 것이었다. 특히 광해군이 장자 영창대군을 죽이려 할 즈음 다른 사람은 감히 말하지 못하는 판에 공은 상소하여 여덟 살짜리 아이가 단연코 역모를 꾀할 턱이 없으며 이를 죽이려는 것은 군신들이 임금을 불의에 빠뜨리는 것이라고 극간하였다가 큰 화를 입을 뻔하였다.

1617년 예순여섯 살로 세상을 버리니 현풍 구지산에 간소하게 장사지냈는데 이는 유언에 따른 것이다. 공의 부인은 고산 김씨로서 남명 조식의 외손녀이며 이남이녀를 낳았다.

공은 평생 신과 의를 지켜 대란을 당해서는 의병장으로 일어나 의로, 기략으로서 적을 무찔러 비록 물과 뭍의 곳은 다르나 이충무공과 버금가는 전공을 세웠고 난 후에는 공명을 버리고 물러나 당쟁의 틈바구니에서도 화를 입지 아니하고 이름을 후세에 남기었다.

1980년 7월 일 김영하 글을 짓고 송석히 글을 쓰다

(충의각)

유적정화기념비 옆에 있는 목조건물은 곽재우 장군과 17장령의 증직명과 관향 등이 적힌 명판을 보관한 충의각이다. 조선시대 후기에 건립했으며, 1978년 지금의 자리로 옮겨 세웠다. 극락세계를 염원하는 상여 모양을 본뜬 건물이다.

사당 충의사

중앙의 단에는 의병장 곽재우 신위, 그 좌우에는 무명 의병 제위
신위가 봉안되어 있다.

충익사 전경

정암진 전투 그림

기강전투 그림

홍의장군 곽재우

(기념관)

기념관에는 전적도 5폭과 보물 제671호로 지정된 장검 등 곽재우 장군과 의병들의 유물, 친필 유묵, 유적지 사진 등이 전시되어 있다.

(의병의 날 기념축제)

의병제전 및 군민의 날은 임진왜란 때 의병을 일으켜 나라를 구한 의병들을 추모하고 그 정신을 받들기 위해 의령인의 화합과 자긍심을 모으는 군민의 날 행사와 함께 매년 4월 22일 의병 창의일에 개최하는 의령군민의 문화예술행사이다. 전야제는 4월 21일 세간리 현고수 느티나무에서 성화를 채화하는 것으로 시작한다.

2011년 6월 1일이 '의병의 날' 국가기념일로 제정, 시행됨에 따라 기존의 '의병제전'이 갖는 의미를 계승하여 행사를 치르고 있다.

○ 경상남도 의령군 의령읍 충익로 1

의령 칠정려

칠정려(七旌閭)는 조선시대의 강우, 강서, 강수남, 강기룡, 김해 허씨, 강재중 등 진양 강씨 가문 7인의 충효열(忠孝烈)과 삼강(三綱)을 기리기 위해 세운 정려각이다. 의령고등학교 동편 담장 옆 도로변에 자리하고 있는 칠정려의 연혁은 다음과 같다.

제1려(모암공 정려)는 1495년에 감찰공 강효정(姜孝貞)의 손자로 태어나 효성을 다한 강우(姜瑀)를 추모하기 위해 1744년에 건립했다.

제2려(매곡공 정려)는 1510년 강우의 아우 강서(姜瑞)의 효성을 기리기 위해 1544년에 왕명으로 건립했다.

제3려(충렬공 정려)는 1552년에 태어난 강수남(姜壽男) 장군이 병조정랑으로 임진왜란 때 삭녕 싸움에서 순절한 충절을 기리기 위해 1592년 왕명으로 건립했다. 강수남은 강서의 아들이다.

제4려(창의공 정려)는 임진왜란 때 진주성에서 김천일·황진·최경회와 너불어 1593년에 순절한 강기룡(姜起龍) 장군의 충절을 기리기 위해 1861년(철종 12)에 왕명으로 건립했다.

칠정려(뒤의 큰 건물은 의령고등학교)

쌍효각

일문충효

진양 강씨 충효문

칠정려

　　제5려(열부 허씨 정려)는 강시주(姜時周)의 처 김해 허씨(金海許氏)의 열절(烈節)을 기리기 위해 1882년에 건립했다.

　　제6려 및 제7려(쌍효 정려)는 수재공 강재중(姜在中)과 그의 처 함안 조씨(咸安趙氏)의 효성을 기리기 위해 1869년(고종 6)에 왕명으로 건립했다. 강재중은 강우의 9세손이다.

칠정려는 1977년 12월 28일 경상남도 기념물 제35호로 지정되었다.

○ 경상남도 의령군 의령읍 동동리 1134-3번지(의령고등학교 앞)

의령 함휘각

송암(松巖) 이로(李魯, 1544~1598)는 1564년에 진사시험, 1590년에 문과에 합격한 후 현감, 사간원 등을 역임했다.

이로의 나이 49세 때 임진왜란이 일어났다. 그는 서울에 있었는데, 일본군이 침공했다는 소식을 듣고 조종도(趙宗道)와 함께 고향으로 돌아가 의병을 일으킬 것을 약속하고 남쪽으로 내려왔다.

서울에서 고향으로 내려오던 중인 1592년 5월 4일 경상남도 함양에서 초유사 김성일을 만났다. 이때부터 이로는 김성일을 따라 행동을 같이 하게 되는데 5월 10일에는 산청에 도착하여 소모관의 직책을 맡아 삼가·단성 등지로 가서 의병을 모집한 후 진주로 향했다.[120]

진주에서 김성일과 함께 일본군을 막을 방책을 마련하고, 또 인근 의령·합천 지역을 돌며 의병들을 격려하는 등 일본군의 침입에 대비했다.

이 무렵 관찰사 김수가 곽재우를 무고하자 이로는 김성일과 함께 상소를 올려 곽재우를 변호했다. 이로는 그해 7월에 일본군이 진주 일대에 진입하자 김성일과 함께 군사들을 독려했다. 이어 김성일의 추천으로 성균관 전적에 제수되었으며, 8월에 김성일이 좌도관찰사로 옮겨가자 이로는 초계에서 송별하고 다음날 지리산으로 들어갔다. 그러다가 9월에 김성일이 우도관찰사로 다시 오자 지리산에서 나와 산청에서 오장(吳長)과 함께 김성일을 맞이했다.

---

120) 소모관(召募官)은 조선시대에 의병을 모집하기 위해 임시로 파견한 벼슬이다.

함휘각

　　1592년 10월 창원, 부산, 김해에 주둔한 일본군이 진주로 진격해오자 이로는 김성일을
따라 의령으로 가서 일본군을 무찔렀다. 이때 진주에서는 판관이었던 김시민이 목사로 승
진하여 진주성을 사수했다(제1차 진주성 전투).

　　이로가 50세가 되던 1593년 4월 초유사 김성일이 진주공관에서 사망했다. 이때 이로는
위독한 김성일 곁에서 주야로 간호하며 보살피고 있었다. 이로는 김성일의 시신을 염한
뒤 임시로 지리산에 매장, 안치했다가 7개월 후에 고향으로 모셔가 안장했다. 이로는 그
해 가을 형조좌랑에 제수되고 이어 창원가수(昌原假守)가 되었으며, 51세 때는 비안현감에
제수되었다.

　　이로는 53세 때 관직을 버리고 낙향했으나 체찰사 이원익(李元翼)이 그를 종사관으로
임명했다.[121) 이로의 나이 54세 때 그는 사간원 정언(正言)에 제수되고, 3월에 용사일기(龍

蛇日記)를 완성했다.[122] 이곳 함휘각에는 그가 전쟁일기인 용사일기를 간행하기 위해 제작한 책판이 보관되어 있다. 용사일기는 이로가 임진왜란 당시 김성일의 휘하에서 의병을 모집하는 일을 맡으며 자신이 보고 들은 것을 매일 기록한 글이다. 특히 1592년 4월 전쟁 발발 시부터 15개월간의 전쟁 상황을 자세하고 사실적으로 기록했다. 김성일을 중심으로 한 것이지만 당시 의병활동, 관군 상황, 의병과 백성들과의 관계에 대해서도 기술했다.

그가 1598년 사망한 후 조정에서는 이조판서의 지위를 내렸다. 용사일기는 그의 사망 후 오랜 기간 세상에 알려지지 않고 있다가 1763년(영조 39)에 후손인 이당혁에 의해 간행됨으로써 알려지게 되었다. 세월이 흐르면서 문집 총 88매 중 절반인 44매는 파손되거나 소멸되고 나머지 44매가 보관되고 있다. 현재의 함휘각 건물은 이로의 후손들에 의해 1970년에 건립되었다.

○ 경상남도 의령군 정곡면 정곡8길 8-4

---

121) 체찰사(體察使)는 조선 시대에 지방에 군란(軍亂)이 있을 때 임금을 대신하여 그곳에 가서 일반 군무를 맡아보던 임시 벼슬로 보통 재상이 겸임하였다.

122) 〈경남일보〉 1997년 7월 11일자. 용사일기는 임진왜란 때 김성일의 막하에서 소모관으로서 많은 공을 세운 송암 이로가 쓴 전쟁일기이다.

12. 진주

진주 김시민 장군 전공비

1592년 10월 제1차 진주성 전투에서 큰 공을 세운 김시민의 전공을 기록해 놓은 김시민 장군 전공비(金時敏將軍戰功碑)는 현재 진주성 내의 계사순의단(옛날에 충민사가 있었던 자리) 옆에 비각을 마련하여 보존하고 있다.

비는 받침대 위로 비의 몸통을 세운 간결한 구조로 되어 있으며, 비의 규모는 높이 277cm, 비의 폭 99cm이다. 1619년 7월에 비를 세웠으며, 성여신이 비문을 짓고, 한몽인이 글씨를 썼다.

김시민은 1554년 8월 27일 지금의 천안시 병천면 가전리 잣밭마을에서 출생했다. 1578년에 무과에 급제하여 군기시에 입시했고, 1591년 진주판관이 되었으며, 이듬해 임진왜란을 맞았다. 이 무렵 진주목사 이경이 병사하자 김성일은 김시민으로 하여금 진주목사직을 대행토록 명했다.

김시민은 의병장 김면의 요청에 따라 거창으로 가 사랑암 부근에서 일본군을 크게 무찔렀고 이 공로로 1592년 7월 26일 진주목사에 임명되었다.

목사 김시민은 성안의 백성들을 위로하며 민심을 안정시키고 성을 수축했으며 임진왜란이 한창이던 그해 8월에 정식으로 진주목사에 취임하여 병기를 정비하는 등 진주성을 지키는 방책을 강구했다.

또 9월에는 경상남도 진해로 출정하여 적을 물리치는 등 전공을 세워 경상우도 병마절도사에 임명되었다.

10월 6일 일본군은 경상우도의 요충지인 진주성에 대한 공격을 시작했다. 이에 성 안에 있던 부녀자와 노약자까지 모두 나서 일본군과 대치하게 되었는데 적군은 2만여 명이었으나 김시민의 군사는 3,800여 명에 불과했다.

악전고투 끝에 일본군을 물리친 10월 9일 전투지역을 순시하던 김시민은 죽은체하고 사체 속에 숨어 있던 일본군의 저격을 받고 이마에 총탄을 맞고 쓰러졌다. 상처가 심각했지만 김시민은 이 사실을 함구하고 치료를 받으면서 국사를 근심하다가 39세의 나이에 운명했다.[123]

김시민은 영남에서 호남으로 진출함에 있어 중요한 길목이 된 이곳을 지킴으로써 일본군의 호남진출을 막아내어, 불리했던 당시의 상황을 뒤집고 다시 전열을 가다듬는 계기를 마련하기도 했다.

그는 1604년에 선무공신 2등에 추록되었으며, 1702년에는 영의정의 직위와 '충무공'의 시호가 내려졌다.[124]

김시민 장군 전공비는 1972년 2월 12일 경상남도 유형문화재 제1호로 지정되어있다.

김시민 장군 전공비각

○ 경상남도 진주시 본성동 499-1번지 진주성 경내

---

123) 김시민 장군의 사망일시는 임진잡록에는 10월 18일로 되어 있고, 족보에는 12월 26일로 되어 있다. (사)충무공김시민장군기념사업회 홈페이지(http://www.kimsimin.or.kr/(검색일 2011. 06. 10)

124) 김시민 장군 추모행사는 과거에는 진주, 괴산, 천안 등지에서 행해졌으나 1886년경에 대원군의 서원철폐령에 의해 각지의 사당이 훼철된 후 현재는 진주와 괴산에서만 행해지고 있다.

진주 김준민 신도비

　김준민 신도비 및 신도비각은 김준민(金俊民) 장군의 충의를 기리기 위해 세운 신도비와 이 비를 모셔두고 있는 신도비각을 말한다.

　김준민은 1583년 함경북도 병마절도사 이제신과 함께 군관으로 출전하여 여진 정벌에 공을 세웠다.

　그는 임진왜란이 일어나자 거제현령, 합천 의병장으로 있으면서 1592년 7월에는 무계, 9월에는 성주, 10월에는 제1차 진주성 전투에서 일본군을 무찔렀으며, 1593년 6월 제2차 진주성 전투에서 창의사 김천일, 충청병마사 황진, 경상우병사 최경회 등과 함께 분전했다. 그는 동문(東門)을 사수하다가 전사했다.

　왜란이 끝난 후 김준민은 선무원종공신에 책봉되었고, 형조판서의 직위가 내려졌으며 진주 충민사(忠愍祠)에 제향되었다.

　신도비는 임진왜란 당시 의병대장으로 크게 전공을 세우고 전사한 김준민 장군의 공적과 충의정신을 기록한 것으로 1918년에 세웠고, 비각을 지어 비를 보호하고 있다.

비각 내부 벽에 그려진 진주성 성곽

'충의각(忠義閣)'이라는 현판이 붙어 있는 이 비각은 정면 3칸·측면 2칸의 팔작와가이며, 비각 안의 벽에는 벽화가 그려져 있다. 신도비는 김준민의 충의를 기려서 1910년(순종 4)에 통정대부 곽종석이 비문을 지었다.

귀부는 거북의 머리 부분만이 제대로 표현되어 있으며 입안에 여의주를 물고 있는 형상이다. 비석의 크기는 비신 높이 225cm, 폭 83cm, 두께 28cm이며 귀부는 머리 부분 높이 36cm, 머리에서 꼬리까지 151cm, 좌우 폭 112cm이다.

김준민 신도비 및 신도비각은 2001년 12월 20일 경상남도 문화재자료 제306호로 지정되었다.

○ 경상남도 진주시 이반성면 발산리 629번지

진주 쌍충사적비

임진왜란 당시 나라를 위해 싸우다 전사한 성주목사 제말 장군과 그의 조카 제홍록의 충의를 기리기 위해 세운 비석이 쌍충사적비(雙忠事蹟碑)이다.

제말(?~1593)은 왜란이 일어나자 의병을 모아 경상남도 웅천·김해·의령 등지에서 일본군과 싸워 공을 세웠으며, 경상북도 성주싸움 때 전사했다.

제말은 1567년 경상남도 고성에서 출생했다. 제말은 일찍이 무과에 급제하여 총부수문장을 지낸 무장(武將)으로 임진왜란이 일어나자 가산을 털어 조카 제홍록을 비롯한 동지 67명과 함께 의병을 모집하고 김해와 정암진 등지에서 일본군을 무찌르는 전공을 세웠다. 의령 정암진 전투 후에 조정에서 파견한 김성일과 함께 각처에 흩어져 싸우는 의병을 연결, 조직하는 일을 맡아 했다.

그의 공로가 곽재우 장군의 공로와 함께 조정에 알려져 제말은 1593년에 성주목사(星州牧使)에 임명되었다. 그는 그해 4월 말 군사를 이끌고 성주까지 진출하여 일본군이 점령하고 있는 성을 탈환하기 위해 앞장서서 싸웠다. 그는 성주성 탈환전투에서 소수의 군사들과 식량도 부족하고, 원군도 없는 고립무원의 상태에서 싸우다가 일본군의 조총에 맞아 전사했다.

임진왜란 이후 제말 장군의 공적이 제대로 밝혀지지 않았으나, 200년이 지난 1792년에 여러 기록을 다시 조사하는 과정에서 정조 임금이 하교하기를 "제말은 곽재우와 같은 때

쌍충각

에 일본군을 무찌르고 순국했는데 곽재우는 이미 포상이 되었으나 제말은 그렇지 못하다. 그의 고성과 성주에서 싸운 공이 이충무공의 노량 싸움에 뒤지겠는가. 이에 정승의 벼슬과 시호를 내린다" 하고 병조판서의 직위와 충장공(忠壯公)의 시호를 내려 쌍충사적(雙忠史蹟)에 기록하게 했다.

정조 임금은 이들의 충의를 기리기 위해 이조판서 서유린에게 명하여 비문을 짓게 하고 비각을 '쌍충각'이라 이름 지어 진주성 촉석루 옆과 성주성에 각각 세우게 했다.

이렇게 성주와 진주성에 쌍충각(雙忠閣)을 세웠지만, 1812년 순조 임금은 장군의 충의에 비해 포상이 미약함을 애석히 여겨 제말에게 충의공(忠毅公)의 시호를 다시 내렸다.[125]

제홍록은 숙부인 제말과 함께 전공을 세웠으며, 이순신 휘하에 있다가 정유재란 때 전사했다.

쌍충사적비의 형태는 거북받침돌 위에 비 몸통을 올리고 머릿돌을 얹은 모습이다. 거북받침은 등 부분에 아무런 조각이 없으며, 튀어나온 눈을 강조했다. 머릿돌에는 서로 엉킨 두 마리의 용이 머리를 맞대고 여의주를 물고 있는 모습이 조각되어 있다. 그 밑면은 국화무늬를 장식하여 마무리했다.

125) 고성 운곡서원과 성주 충절사에서 목사 이사룡과 함께 제말·제홍록을 제향하고 있다. 제말 장군의 묘는 경상남도 창원시 마산합포구 진동면 다구리 산 66-2번지에 위치하고 있다.

비석에는 임진왜란 당시 의병을 모집하여 싸우다 전사한 제말 장군과 그의 조카 제홍록의 공을 새겼다.

쌍충사적비는 일제강점기 일본 관헌들에 의해 비각이 헐리고 비석이 방치되어 있던 것을 1961년에 현재의 위치로 옮기고 비각을 새로 지은 것이다. 1972년 2월 12일 경상남도 유형문화재 제3호로 지정되었다.

○ 경상남도 진주시 본성동 500-1번지 진주성 경내 촉석루 옆

진주 의곡사

진주 비봉산 자락에 있는 의곡사는 전통사찰 제69호로 지정된 오래된 사찰이다. 665년 (신라 문무왕 5) 혜통조사가 창건했고, 808년에 원측선사, 1193년(고려 명종 24)에 월명선사가 각각 중건했다.

임진왜란 때 사찰에서 승병을 양성하고 있었는데 1593년 6월 진주성이 함락되자 승병, 의병, 관민들이 이곳으로 와 일본군에 맞서 끝까지 싸웠다. 당시 '근정사'라는 사찰 명칭으로 불리고 있었으나 이 일이 있은 후 '의로운 골짜기에 있는 사찰'이라는 의미로 의곡사(義谷寺)라고 개칭하였다. 임진왜란 때 불에 타 폐허가 되었다.

의곡사

 나중에 병사 남이흥이 1618년(광해군)을 전후하여 주지 성간선사를 도와 의곡사를 중건했다. 1898년에 석종선사가 다시 중건하여 오늘에 이른다. 대웅전은 1970년에 정면 5칸, 측면 3칸 규모의 팔작지붕으로 중건했다.

　○ 경상남도 진주시 의곡길 72(상봉동)

진주 의기사

 사당 의기사(義妓祠)는 1593년 6월 제2차 진주성 전투가 끝난 후 일본군 장수를 껴안고 남강(南江)에 투신한 의기 논개의 영정과 신위를 모신 사당이다.

 논개는 전라도 장수 출신이다. 어릴 때 아버지를 여의고 힘들게 살았다. 장수현감 최경회가 그 집안의 사정을 알고 논개 모녀를 관아에 데려와 심부름을 시키면서 돌봐주었다. 첫 아내를 잃은 최경회는 장성한 논개를 내실로 삼았다. 논개는 출전한 최경회를 따라 진주까지 오게 되었다.[126]

 논개는 진주성이 함락되자 성민과 나라의 원한을 갚기 위해 일본군 장수 게야무라 로쿠스케를 촉석루 아래 강변에 있는 바위(나중에 '의암'으로 명명됨)로 유인한 후 그를 끌어안고 남강에 몸을 던졌다.

 1629년 진주의 선비들은 논개가 순국한 바위에 '의암(義巖)'이라는 글자를 새겼고, 1722년에는 의암의 바로 위쪽에 '의암 사적비'를 세웠다.

---

126) 이이화, 앞의 책, 292~293쪽.

의랑 논개의 비

의기사 입구

의기 논개 영정

논개(論介)　　　　　- 변영로, 1922년 -
거룩한 분노는 종교보다도 깊고
불붙는 정열은 사랑보다도 강하다.
아 강낭콩꽃보다도 더 푸른 그 물결 위에
양귀비꽃보다도 더 붉은 그 마음 흘러라.
아리땁던 그 아미 높게 흔들리우며
그 석류 속 같은 입술 죽음을 입 맞추었네.
아 강낭콩꽃보다도 더 푸른 그 물결 위에
양귀비꽃보다도 더 붉은 그 마음 흘러라.
흐르는 강물은 길이길이 푸르리니
그대의 꽃다운 혼 어이 아니 붉으랴.
아 강낭콩꽃보다도 더 푸른 그 물결 위에
양귀비꽃보다도 더 붉은 그 마음 흘러라.

　논개의 의로운 충절을 기리기 위해 1740년(영조 16)에 경상우병사 남덕하가 임금의 윤허를 받아 사당 '의기사'를 창건했다. 그 후 세 차례에 걸쳐 사당을 중건했으며, 지금의 건물은 1956년 '의기창렬회(義妓彰烈會)'가 진주시민의 성금을 모아 재건한 것이다. 건물 구조는 정면 3칸, 측면 2칸, 맞배지붕의 기와집이다.

　'의기'는 '의로운 기생'이라는 뜻인데 논개가 기생이 아니라는데 합의가 이루어진다면 아마도 '의로운 여인'의 뜻을 갖는 '의녀사(義女祠)'로 호칭과 현판을 바꾸어 달아야 할 것이다.

　의기사는 1983년 7월 20일 경상남도 문화재자료 제7호로 지정되었다.

○ 경상남도 진주시 본성동 진주성 경내

진주 의암

　진주성 촉석루 아래 남강변 강가 수면 위로 솟아올라 있는 바위가 있다. 바위는 가로 3.65m, 세로 3.3m의 윗면이 평평한 모양을 하고 있으며, 서쪽 면에 '의암(義嚴)'이라는 글자가 새겨져 있다.

　1593년 6월 29일, 제2차 진주성 전투에서 진주성이 일본군에 의해 함락되었다. 논개(論介)는 성을 점령한 일본군이 승리의 기쁨에 들떠 있을 때 일본군 장수를 이곳으로 유인한 후 끌어안고 남강에 투신했다. 이러한 논개의 순국정신을 현창하기 위해 영남사람들은 이 바위를 '의암'이라고 불렀다.

사각형 모양의 바위가 의암이다.

촉석루 부근 진주교 교각 상판 밑의 금색반지. 논개가 끼었던 반지를 형상화했다.

의암사적비에서 본 의암(오른쪽 상단)

이암에서 촉석루로 올라기는 계단

1629년 진주의 선비 정대륭은 바위의 서쪽 벽면에 '의암(義巖)'이라는 글자를 새겼고, 남쪽에는 한 몽삼이 역시 '의암'이라는 글자를 새겼다.

옆의 암벽에는 '한 줄기 긴 강이 띠를 두르고, 의열은 천 년의 세월을 흐르리라(일대장강一帶長江 천추의열千秋義烈)'는 내용의 글이 새겨져 있다.

논개는 경상우도 병마절도사 최경회의 후처였는데, 최경회가 제2차 진주성 전투에 임할 때 성안에서 전투 뒷수발을 들었다. 진주성이 함락되고 최경회가 남강에 투신하자, 논개는 일본 장수들이 촉석루에서 잔치를 벌이고 있을 때 일본군 장수 게야무라 로쿠스케를 유인해 끌어안고 함께 남강에 투신했다.

1739년 논개를 추모하는 사당 '의기사'가 세워지고, 논개는 '의기'로 추모받게 되었다. 의암 바로 위쪽으로는 의암사적비가 서 있다.

논개가 순절한 바위 의암은 2001년 9월 27일 경상남도 기념물 제235호로 지정되었다.
○ 경상남도 진주시 본성동 진주성 경내 촉석루 밑

진주 의암 사적비

의암 사적비(義巖事蹟碑)는 1593년 6월 29일, 제2차 진주성 전투에서 진주성이 일본군에게 함락되고, 조선의 7만 군관민이 순절하자 일본군 장수를 끌어안고 순국한 논개의 사적을 기록한 비석이다.

사적비에는 다음과 같은 시가 새겨져 있다.

논개에 대한 추모 사업이 공식적으로 시작된 것은 1721년이다. 유학자 정식(鄭拭, 1683 ~1746)은 그해 우병사 최진한으로 하여금 논개에 대한 포상문제를 조정에 알려 조치해 줄 것을 요청했다. 그러면서 그는 논개의 순국사실에 관한 자료 수집과 가족을 찾기 위해 노력했고, 한편으로는 전 별장(前別將) 윤적보를 앞세워 장문(狀文)을 제출하기도 했다.

촉석루 밑의 의암사적비각

의암사적비각과 촉석루

이에 비변사에서는 최진한의 보고에 의거하여 경종 임금에게 논개의 애국 충절에 관해 상주하게 되었고, 임금은 예조로 하여금 국가에서 특전을 줄 수 있도록 사실관계를 파악하라는 지시를 내렸다. 하지만 이때는 논개가 순국한 지 오랜 기간이 지났기 때문에 근거가 될 만한 문헌이나 가족을 찾기 어려웠다.

최진한은 뒷날 좌병사로 전임된 후에도 우병사 재임 때에 매듭짓지 못한 논개 포상문제를 직접 혹은 간접으로 계속 청하여 논개가 의기로 호칭되도록 노력했다. 그의 노력이 결실을 맺어 이듬해인 1722년(경종 2)부터 '관기 논개'를 '의기 논개'로 바꾸어 호칭하게 되었다.

논개에 대한 평가가 '의기'로 바뀌자 진주 사람들은 정식이 지은 비문으로 '의암 사적비'를 1722년에 세웠다. 비문은 유몽인이 지은 '어우야담'에 의해 전해진 기록을 바탕으로 했다.[127]

1740년 경상도 우병사 남덕하는 의기정포(義妓旌褒)를 계청하여 사당 의기사를 창건했고, '의암 사적비'에는 비각을 건립하여 '의기논개지문(義妓論介之門)'이라는 현판을 게시했다.

의암 사적비는 가로 60cm, 세로 145cm, 두께 15cm의 규모이며, 2000년 1월 31일 경상남도 유형문화재 제353호로 지정되었다. 의암 사적비 바로 아래에는 의암이 있다.

○ 경상남도 진주시 본성동 진주성 촉석루 밑

진주 이순신 백의종군로(손경례의 집)

백의종군 중인 이순신은 하동군 옥종면 청룡리의 이홍훈의 집을 출발하여 1597년 7월 27일 문암리 강정을 거쳐 진주시 수곡면 원계리에 있는 손경례(孫景禮)의 집에 도착했다.

하동 문암마을과 진주 원계마을을 연결하는 문암교는 덕천강을 가로지른다. 이순신이 백의종군할 때 두 차례나 쉬어갔던 강정(문암정)은 문암교 서단의 도로변에 위치한 정자이다.

이순신은 7월 29일 손경례의 집 맞은 편 들판으로 나가 권율 도원수가 보낸 군사를 점검하고 말을 달리는 등 군사훈련을 실시했다.

---

127) 어우야담(於于野談)은 조선시대 광해군 때 어우당(於于堂) 유몽인(柳夢寅, 1559~1623))이 1622년경에 지은 한국 최초의 야담집(野談集)이다.

삼도 수군통제사 재수임 사적지 비석

장서실

손경례의 집 들어가는 길가 백의종군 표지석

백의종군하던 이순신은 이곳에서 기거한 지 8일째 되던 날인 8월 3일 아침 선전관 양호(梁護)가 가져온 삼도 수군통제사 재임명 교서를 받았다. 선조 임금이 내린 교서와 유지를 받은 이순신이 다시 조선 수군을 지휘하여 일본 수군을 격파하고 전쟁을 새로운 국면으로 전환시키는 계기가 되었다는 점에서 이 집은 중요한 역사의 현장이다.

한옥에 슬레이트 지붕을 얹은 허름한 가옥의 처마 아래에는 빛바랜 이순신 장군의 영정이 걸려 있다. 마당에는 1965년에 세운 '삼도 수군통제사 재수임 기념비'가 서 있다.

○ 경상남도 진주시 수곡면 덕천로 504번길 15

진주 이충무공 진배미 유지

1597년 7월 이순신은 진주시 수곡면 원계리에 있는 손경례의 집에서 묵으면서 손경례의 집 건너편에 있는 진배미에서 군사훈련을 실시했다.

이곳에서 멀지 않은 곳에 자리한 정개산성은 정유재란 발발 후 전라도 방면으로 침공하려는 일본군을 저지하기 위해 대비하던 곳이다. 이순신은 손경례의 집으로 오기 전 정개산성에 있던 조방장 김언공과 종사관 황여일을 만났으며, 그들로부터 군사와 군량, 말먹이 등을 지원받았다.

난중일기 정유년(1597) 7월 29일 기사에는 '냇가로 나가 군사를 점검하고 말을 달렸는데, 원수가 보낸 군대는 모두 말도 없고 활에 화살도 없으니 소용없었다. 탄식할 일이다'라고 적고 있다. 이 기사의 냇가가 바로 진배미인데 이순신은 권율 도원수로부터 지원받은 관군들의 훈련 상태와 소지한 무기를 점검한 후 그 허술함을 한탄하기도 했다. 이곳은 지금은 제방을 쌓아 들판이 되었지만 당시에는 냇가의 풀밭이었다.

당시 군사를 점검하고 훈련했던 장소를 지금은 진배미 유지(遺址)라고 부른다. 진배미 유지는 1974년 12월 28일 경상남도 기념물 제16호로 지정되었으며, 1975년 12월 이순신 장군의 호국정신과 거룩한 얼을 되살리기 위해 '이충무공 군사훈련 유적비'를 진배미 한 모퉁이에 건립했다. 비의 규모는 높이 약 4m, 너비 1.1m이며, 기단부는 가로 8m, 세로 8m이다.

진배미 유지

이충무공 군사훈련 유적비

충무공 유적비 건립사실기 뒷면

　여기는 옛날 충무공 이순신 장군이 군사를 훈련하던 거룩한 유적지로서 바라보면 공의 장엄한 모습이 눈에 보이고 귀를 기울이면 공의 호령소리가 들리는 잊을 수 없는 곳이다. 일찍 충무공이 옥에 갇혔다 나오는 동안 우리 해군이 패전하여 나라가 크게 위태로워져 공이 다시 일어났을 때 이곳에 이르러 머무른 일이 있었으니 그때의 경위를 살펴보건대 때는 임진란이 일어난 지 6년째 되던 서기 1597년 정유 2월 26일에 공이 한산도에서 서울로 체포되어 올라가 3월 초 4일에 투옥되어 27일간 고초를 겪다가 오직 지성과 충의밖에 없는 무죄한 충무공이므로 마침내 4월 초 1일에 백의종군의 특명을 받고 석방되어 경상남도 초계에 있는 권율 도원수의 진으로 내려가던 도중에 여수 피난 곳에서 아들의 소식을 듣고 아산으로 올라오던 어머님이 해상에서 별세하므로 공은 바닷가로 달려가 통곡하고 다시 길을 떠나 원수진에 이르니 6월 19일이었다.

　그동안에 원균이 통제사가 되어 충무공을 대신했으나 대장의 책임을 다하지 못하고 그 위에 그릇된 일을 많이 행한 나머지 마침내 우리 해군 전부가 7월 16일에 패전하므로 초계의 권 도원수 진중에서 원수와 충무공은 패전 후의 전략을 토의한 끝에 충무공이 현지를 답사한 다음 방책을 정하기로 하고 송대립, 유황, 윤선각, 방응원, 현응진, 임영립, 이원룡, 이희남, 홍우공 등 아홉 부하들과 함께 말을 달려 삼가 단성을 지나 정개산성 밑 강정(江亭)에서 쉬고 굴동 이희만의 집에서 유숙하고 곤양을 거쳐 노량에 이르러 백성들로부터 패전의 참상을 자세히 듣고 다시 굴동으로 올라와 이희만의 조카 이홍훈의 집에서 머물렀으니 지금 청룡리 317번지가 그 유적지다.

　사흘 뒤인 7월 27일에 정개산성 건너편 손경례의 집으로 옮겨 거기서 5일 동안이나 머물었는데 그는 본시 신라 헌덕왕 때의 효자 손순의 후손으로서 호는 묵계였으며 이 마을의 옛 이름은 가서동(架棲洞)이요 지금껏 4백 년이 가깝도록 자손대대로 지켜내려 오는 원계리 318번지 집이 그 유적지인데 공은 그 집에서 장수들과 전략을 토의도 했고 특히 8월 초3일 이른 아침에 서울로부터 선전관 양호가 가지고 내려온 삼도 수군통제사의 재임명 교서와 유서를 받은 곳이라 그 집터야말로 역사적인 기념지가 아닐 수 없다.

　이 무렵 충무공 난중일기 7월 29일 기사에 냇가로 나가 군사를 검열하고 말을 달렸는데 원수가 보낸 군사들은 모두 말도 없고 활도 없어 한심스러웠다는 구절이 있거니와 일찍 몇만 명 군대를 거느리고 산이 울리게 호령하던 충무공이 이때 여기를 지나가며 그같이 빈약한 군사들을 앞에다 세우고 훈련하던 그날 얼마나 그 마음 쓰리고 아팠으랴.

　그러나 다만 여기 고맙고 다행한 일 한 가지는 지난날 충무공이 나라를 구하기 위해 다시 일어났을 적에 비록 적은 군사들일망정 훈련하던 그곳이 지금껏 전해 내려온 그것이니 지금 손경례 후손 소유인 진양군 수곡면 원계리 735번지 879평의 논이 그때의 훈련장이라 이들 자손만대에 길이 전하기 위하여 이곳 유지들이 기념비를 세움에 미쳐 나는 문헌에 의거하여 그날의 사적을 대강 적고 여기가 충무공이 통제사 재임명 교서를 받은 유서 깊은 곳임과 아울러 군사들을 훈련하던 곳임을 증언하고 이에 노래를 바친다.

　여기가 어디매요 다시 일어선 우리 님이 군사를 거느리고 말달리던 곳이기에 귀하고
　거룩한 터다. 자손만대에 전하리라.
　여기가 어디매요 우리 님 장엄한 모습 덕천강 언덕머리 지금도 들리는 호령소리
　끼치신 발자국 앞에 옷깃 여미옵니다.

　　　　1975년 12월　일　노상 이은상 짓고 진양 하용문 쓰고 대한민국 문화공보부 세우다.

○ 경상남도 진주시 수곡면 원계리 717-18번지

진주 진주성

　진주성(晉州城)은 삼국시대에는 거열성, 통일신라시대에는 만흥산성, 고려시대에는 촉석성, 조선시대 이래로는 진주성 또는 진양성(晉陽城)으로도 불렸다. 현재 성내에는 국립진주박물관·진주성 임진대첩 계사 순의단·의기사·창렬사·호국사 등의 시설과 유적이 있다.

　고려시대 말기인 1377년 빈번한 왜구의 침범에 대비하여 진주성을 토성으로 쌓았는데, 2년 뒤인 1379년(고려 우왕 5)에 진주목사 김중광이 돌로 쌓는 도중 왜구의 침입이 있었

고, 왜구가 퇴각한 후에야 성곽 축조를 마무리했다.

1591년 7월 경상도관찰사 김수가 일본의 침공에 대비하여 진주성을 수축하고 취약한 동쪽 부분을 확장하여 쌓았으나 그 지역은 지반이 약하여 결과적으로 임진왜란 중에 방어에 지장을 초래했다.[128] 1593년 진주성을 함락시킨 일본군은 성을 무너뜨려 평지를 만듦으로써 진주성의 흔적을 지웠다.

진주성 안내도

진주성 수축 관련 명문이 적힌 성벽돌

진주성 수축 관련 명문이 적힌 성벽돌

임진왜란 당시 남아 있던 성벽 돌은 이곳 안내판 뒤에서 볼 수 있다.

계사순의단

128) 국립진주박물관, 『다시 찾은 우리문화재 선무공신 김시민교서』(2006), 34쪽.

계사순의단

촉석루 현판

진주성 수축 당시의 성벽 돌 명문 안내문

공북문 서편 성곽(진주성 안내판 뒤편)에는 진주성의 축성과 관련된 명문이 새겨진 돌이 두 개 있다. 이 명문은 1680년 진주성을 수축할 때 축성작업의 일부를 맡았던 사람들을 표시한 것이다. 명문에는 '강희 19년 산음(산청) 마병의 중초인 사천 곤양 하동 단성 함양 등 여섯 개 관할 구역(의 군사들)이 한 개의 초를 이루어(쌓았다) 康熙 十九年 山陰(山淸) 馬兵 中哨/泗川/昆陽/河東/丹城/咸陽/六官一哨'라고 새겨져 있다.

두 개의 명문은 어떤 구간인지는 알 수 없으나 한 구역을 여섯 고을 출신이 부대를 이룬 속오군(束伍軍)의 마군(馬軍) 중초(中哨)가 담당하여 보수했음을 알 수 있는 자료로 1980년대 성벽 복원 시 현재의 위치에 끼워 넣은 것으로 추측되고 있다.

1604년 우병사 이수일이 합포(지금의 마산)의 우병영을 진주성으로 옮겨온 이래 경상도 우병영이 설치되어 있었고, 1618년에는 병사 남이흥이 촉석루·북장대·서장대·동장대 등을 중건했다.

이곳에는 1895년 5월부터는 진주관찰부, 1896년 8월부터는 경상남도 관찰사 감영이 있었고, 1925년까지는 경상남도 도청이 있었다.

촉석루

수많은 조선의 군인들과 백성들이 살해 당하거나 강물에 투신한
비극의 현장 촉석루

삼장사 기실비

기실비와 촉석문

김시민 장군 동상. 장군의 손은 일본쪽을 향하고 있다. 공북문을 들어서
면 바로 볼 수 있다. 공북문은 진주성의 정문이다.

삼장사 기실비 뒷면

(북장대)

진주성의 북쪽 지휘소격인 북장대는 임진왜란 때 격전이 벌어진 곳이며, 1618년(광해
군 10)에 병사 남이흥이 중건했다. 그 후 여러 번의 중수를 거쳐 오늘에 이르렀다.

북장대는 내성 북쪽 끝 제일 높은 곳에 있어 낭떠러지 밑의 성 밖은 물론 성내와 외성
에 포진한 병력까지도 지휘할 수 있다. 그래서 편액을 진남루(鎭南樓)라 했다. 북장대는
1983년 7월 20일 경상남도 문화재자료 제4호로 지정되었다.

(임진대첩 계사순의단)

계사순의단(癸巳殉義壇)은 제1차 진주성 전투(1592)와 계사년인 1593년의 제2차 진주성
전투 때 순국한 7만 군관민의 호국영령을 기리기 위해 진주시민의 소망을 담아 문화공보
부와 진주시가 1986년 12월에 착공하여 1987년에 12월에 준공한 제단이다.

국난 극복의 표상인 계사순의단은 촉석루 옆에 있으며, 제단의 크기는 가로 18미터, 세로 24미터, 높이 3.6미터이다. 3단으로 이루어진 네모난 단 위에 높이 3.5미터, 가로 9.7미터의 대첩비를 세웠다.

(촉석루)

진주성 안에 들어서면 가장 먼저 눈에 띄는 건물이 2층 높이의 촉석루이다. 촉석루는 전시에는 군사를 지휘하던 장수의 공간이었고, 평시에는 풍류를 즐기던 선비의 공간이었다. '촉석루'라는 명칭은 강 가운데 돌이 우뚝 솟아 있다 하여 붙인 이름이며, '남장대' 또는 '장원루'라고 부르기도 한다.

1241년에 세워진 촉석루는 여러 차례에 걸쳐 중건과 중수를 거듭했으며 임진왜란 때 불에 타 소실되었다. 1618년에 예전의 것보다 웅장한 건물로 중건했으며, 1983년 7월 20일 경상남도 문화재자료 제8호로 지정되었다.

1950년 6·25전쟁 때 다시 불탔으며, 지금의 건물은 1960년 진주고적보존회가 시민의 성금을 거두어 중건한 것이다. 규모는 정면 5칸, 측면 4칸의 팔작지붕 누대이다.

(제1차 진주성 전투: 1592. 10. 05~1592. 10. 10)

임진왜란 초기에 일본군의 기습적 공격에 미처 전열을 정비하지 못한 조선군은 한동안 육상 전투에서 곤경에 처했다. 그러나 조선 군대와 의병군이 흐트러진 대오를 가다듬고 일본군을 제압하는 과정에서 도요토미 히데요시는 먼저 진주성을 확보한 후 호남지역을 공략하고자 했다.

1592년 10월 5일 김시민 장군은 군사 3,800여 명으로 호소카와 등이 이끄는 일본군 2만여 명의 공격을 받아 10월 10일까지 6일간 싸워 이를 물리쳤다.[129] 호소카와 다다오키(細川忠興), 하세가와 히데카즈(長谷川秀一), 가토 미쓰야스(加藤光泰)가 선봉에 선 일본군은 수적 우세와 조총 등 신식 장비를 앞세워 공격했으나 진주목사 김시민의 지휘를 받은 조선군의 방어벽을 뚫지 못하고 막대한 피해를 입고 패하여 물러갔다.[130] 이것이 제1차 진주성전투이다.

육상전투에서 연이어 패배하던 조선군은 제1차 진주성 전투에서 크게 승리했고, 결과

---

129) 진주성 전투는 행주대첩, 한산대첩과 더불어 임진왜란 3대 대첩의 하나인 '진주성 대첩(晉州城大捷)'으로 평가된다.
130) 기타지마 만지(김유성·이민웅 역), 『도요토미 히데요시의 조선침략』(서울: 경인문화사, 2008), 159쪽.

적으로 곡창지대 호남지방을 지킬 수 있었다. 한편에서는 이순신 장군이 남해에서 일본 수군을 격퇴하고 있었고, 충청도 금산 지역에서는 조헌이 분발하고 있었다.

(제2차 진주성 전투: 1593. 06. 22~06. 29)

일본군은 1592년의 패배를 설욕하기 위해 1593년에 7만 대군을 동원하여 진주성을 공격해 왔다.

도요토미 히데요시는 1593년 2월 진주성 공격을 명령했고, 3월 10일과 4월 22일에도 연이어 진주성을 공격하고 전라도와 경상도를 장악하라고 지시했다.[131]

1593년 5월 20일 도요토미 히데요시는 진주성 공격을 위해 장수 및 부대 배치를 확정했다. 나베시마 나오시게·구로다 나가마사·가토 기요마사·시마즈 요시히로 휘하 병력 25,624명과, 고니시 유키나가·소 요시토시 휘하 병력 26,182명을 제1군, 우키타 히데이에 휘하 병력 18,882명을 제2군, 모리 테루모토·고바야카와 다카카게 휘하의 병력 22,344명을 제3군으로 하여 모두 92,972명에 대해 진주성 공격에 직접 참여할 것을 명령했다.[132]

그리고 경상남도 김해에서부터 진주성까지 일본군이 주둔하고 있는 성을 연결하여 배치하고 부산에는 모리 테루모토의 병력, 동래읍성에는 마에노 나가야스, 김해에는 모리 시게마사(毛利重政), 부산 기장성에는 가메이 코레노리(龜井慈矩) 등 병력을 각각 배치했다. 이밖에 거제도에는 하치스카 이에마사(蜂須賀家政), 가덕도에는 구키 요시타카(九魁嘉隆) 등의 선단을 배치했다.[133]

일본군은 1593년 6월 18일 의령으로 들어갔고, 다음날 군사를 돌려 진주로 향했다. 그리고 6월 19일부터 6월 21일까지 일본군은 진주 동북쪽 마현봉(馬峴峰)에 진을 치고 진주성을 에워쌌다.[134]

그리고 제1, 제2, 제3군 약 7만의 병력으로 조선군과 백성들이 있는 진주성을 포위했다. 고바야카와 다카카게, 모리 히데모토, 깃카와 히로이에 등이 이끄는 또 다른 일본군 부대인 제4군과 제5군이 진주성을 구원하러 올 조선군에 대비하여 진주성 외곽에 진을 쳤다.[135]

---

131) 기타지마, 앞의 책. 구로다 요시타카(黑田孝高)와 아사노 나가마사(淺野長政)가 진주성 공격에 관해 히데요시와 협의한 것으로 보인다.

132) 모리 테루모토(毛利輝元, 1553~1625)는 도요토미 히데요시의 정권에서 다섯 다이러(五大老) 가운데 한 사람이다. 임진왜란 후 일본에서 발생한 세키가하라 전투에서 서군의 총대장으로 옹립되었다. 조슈번의 초대 번주이다.

133) 기타지마 만지, 앞의 책, 162쪽.

134) 『난중일기』 계사 6월 18일, 19일, 21일.

135) 이순신역사연구회, 『이순신과 임진왜란 3』(서울: 비봉출판사, 2006), 345~346쪽.

진주성 방어는 창의사 김천일의 지휘 하에 경상우병사 최경회, 충청병사 황진, 진주목사 서예원, 거제현령 김준민, 의병장 고종후, 김해부사 이종인이 각각 담당구역을 정해 일본군과 맞섰다.

외부의 조선군 지원부대가 올 것에 대비하여 2중으로 포위망을 구축한 일본군은 6월 22일 성에 접근해 공격을 시작했다. 6월 22일부터 6월 29일까지 8일간 진주성에서 3천여 명의 조선군과 6만여 명의 민간인 그리고 약 7만 명의 일본군 간에 빌어진 선투를 제2차 진주성 전투라고 부른다.

당시 교전 중에 황진이 죽자 서예원이 그를 대신하여 구역 지휘를 맡았는데, 그는 겁에 질린 나머지 갓을 벗은 채 말을 타고 울면서 돌아다녔다고 한다. 군사들의 사기를 떨어뜨렸다고 하여 최경회가 그를 참하려고 하다가 그만두고는 장윤에게 대신 맡겼다. 그런데 장윤도 곧 조총에 맞아 전사했기에 이종인 혼자서 동서로 뛰어다니며 적에게 응수했다. 6월 29일 일본군이 진주성으로 진입하자, 서예원은 성을 버리고 도망가 숨어 있다가 잡혀 살해당했다. 그의 처 이씨와 맏며느리 노씨, 시집가지 않은 딸 모두 남강에서 투신했다.[136]

(귀갑거와 양민 학살)

전투 사흘째 되던 날 일본군은 튼튼한 나무궤짝을 바퀴가 네 개 달린 수레 위에 올려놓고 궤짝 속에 군사들이 들어가 손으로 수레를 앞으로 굴려 전진하고 후퇴할 때에는 밧줄을 뒤에서 당기는 무기를 사용했다. 이 무기는 궤짝의 윗부분이 거북의 등같이 생겼다 하여 '귀갑거'라고 불렀다.[137]

조선군이 섶에 기름을 묻힌 뒤 불을 붙여 귀갑거 위로 던져 불태우자 일본군은 일단 퇴각했다. 그리고는 귀갑거 위에 물기가 도는 쇠가죽을 씌워 화공에 대비한 다음 돌격대를 선발하여 동문 성 밑으로 투입했다. 6월 29일 성벽의 기초석 몇 개를 뽑아내자 성벽은 힘없이 무너지고 일본군 몇 명이 성벽 위로 올라섰다. 뒤이어 일본군이 몰려왔고 곧이어 서문과 북문 방어도 무너졌다. 함성을 지르며 돌격해오는 일본군에게 쫓긴 나머지 조선군은 촉석루 밑 남강가 바위에 모였다. 장수들은 임금이 계신 북쪽을 향해 두 번 절하고 무기를 강물에 던졌다. 그리고 김천일, 최경회, 고종후, 양산숙이 차례로 강물에 뛰어들었다. 심천일은 아들 김상건의 손을 잡고 투신했고, 이종인은 적군과 격투하다가 양쪽 팔에 적

---

136) 『선조실록수정』 26년, 『조선왕조실록』(1593년 7월 1일) 27권.
137) 이이화, 앞의 책, 289쪽.

군을 하나씩 끼고 강물에 뛰어들었다.[138]

진주성이 함락될 무렵 일본군은 이리 쫓기고 저리 몰려다니며 우왕좌왕하는 백성들에게 창고로 들어가면 죽이지 않겠다고 소리쳤고 이에 살아남아 있던 군졸과 백성들이 창고로 들어가자 그대로 불을 질러 불태워 죽였다.

이렇게 6월 22일부터 8일간에 걸친 치열한 공방전 끝에 진주성은 6월 29일 함락되었다.

이번 전투에서 이종인·이잠·강희진·오유 등이 전사했고 성이 함락되자 김천일·고종후·양산수 등 대부분의 지휘부가 남강에 투신, 자결했다. 일본군에게 밀려 촉석루로 온 조선군은 맞아죽거나 남강에 투신했다.

성 안에 있는 시체는 촉석루에서부터 남강 북안에 이르기까지 서로 겹쳐 있었고, 청천강으로부터 옥봉의 강가에도 시체가 가득했다.

성이 함락된 후 도망가 숨어 있던 서예원은 붙잡혀 참수되었으며 그의 목은 소금에 절여져 도요토미 히데요시에게 보내졌다. 도요토미 히데요시는 서예원의 목을 김시민의 수급인 줄 알았다.

처절한 역사의 기억을 간직한 진주성은 1963년 1월 21일 사적 제118호로 지정되었다.

제2차 진주성 전투 조선군·일본군 주요 지휘관
조선군(의병장 포함)
창의사 김천일(金千鎰), 경상병사 최경회(崔慶會), 충청병사 황진(黃進), 진주목사 서예원(徐禮元), 사천현감 장윤(張潤), 거제현령 김준민(金俊民), 김해부사 종인(李宗仁), 감포현령 송제화(宋悌和), 해미현감 정명세(鄭名世), 진주판관 성수경(成守璟), 공조좌랑 양산숙(梁山璹), 의병장 고종후(高宗厚), 의병부장 오유(吳宥), 의병장 민여운(閔汝雲), 의병장 이계련(李繼璉), 의병장 강희보(姜希輔), 의병장 강희열(姜希悅), 의병부장 이잠(李潛), 의병부장 고득뢰(高得賚), 해남 의병장 임희진(任希進), 영광 의병장 심우신(沈友信)
일본군
가토 기요마사(加藤淸正), 고니시 유키나가(小西行長), 우키타 히데이에(宇喜多秀家), 모리 히데모토(毛利秀元), 고바야카와 다카카게(小早川隆景), 기카와 히로이에(吉川廣家), 마쓰이 토모유키(松井興之), 게야무라 로쿠스케(毛谷村六助)

(촉석루 삼장사 기실비)

삼장사를 중심으로 뭉친 진주성의 군·관·민은 일본군에 맞서 싸우다가 전원 전사했다.

진주성 내 촉석루로 가는 길목에 촉석루 중 삼장사 기실비(矗石樓中三壯士記實碑)라고 쓰인 비석이 서 있다. 이 비문은 중재 김황이 지은 것으로 임진왜란 당시 진주를 지키던 삼장사의 사적을 기록한 것이다.

---

138) 이이화, 앞의 책, 291쪽.

「선조 임진 오월에 문충공 김성일은 영남 초유사로 진양성에 다달아 충의공 대소헌 조종도와 정의공 송암 이노와 더불어 촉석루에 오르다.

슬퍼라. 때는 왜적이 짓밟은 강토에 선지피가 낭자하니 벼슬아치는 달아나고 백성은 흩어지다. 성안은 비어 괴괴하고 강물만 예대로 도도히 흐르는데 멀리 조국의 산하를 바라보니 오직 슬프고 분함에 마음 저려 조공과 이공은 초유사 김공의 손을 잡고 삶이 차라리 욕되도다 강물에 몸을 던져 한을 씻자 하였으나 학봉은 짐짓 잠시의 괴롬을 잊을 뿐 한은 천추에 씻지 못하리 오직 한 번뿐인 장부의 죽음을 어이 허술히 하리.

여기 푸른 물굽이 상기 뜻있어 흐르거늘 남은 목숨은 더욱 원수 앞에 질기리니. 이 유서 있는 터전을 지켜 나라에 갚으리라 분연히 맹서하여 술 한잔 높이 들고 시 한 수를 읊으니 촉석루 삼장사는 잔을 들고 굽어 볼 제 뜻있어 흐르는 물 웃는 가슴 미어지다 세월도 강물이니 넋은 길이 남으리라.」

* 이 시는 뒤에 순찰사로 부임한 오공숙이 현판에 새겨 높이 달으니 이로써 세상에 널리 알린 바 되어 후인들이 일컬어 촉석루 삼장사라 하였다. 세 분의 자세한 내력은 각기 그 문집과 사승에 남았으니 여기 다만 이 한 가지 사실만을 돌에 옮겨 촉석루 곁에 세우고 지나는 나그네로 하여금 발을 멈추게 하니 이는 지금을 거슬러 삼백예순아홉 해인 임진년의 일이니라. 최재호 새기고 허민 씀

○ 경상남도 진주시 남강로 626

진주 창렬사

진주성 경내에 사당 창렬사(彰烈祠)가 있다. 창렬사는 1593년 6월 제2차 진주성 전투에서 산화한 장수들의 신위를 모시기 위해 경상도 관찰사 정사호가 건립하여 1607년(선조 40)에 사액을 받은 사당이다.

1868년 대원군의 서원철폐령에 의해 임진왜란 당시 제1차 진주성 전투에서 큰 승리를 거둔 김시민 장군을 모신 충민사가 철폐되자 위패를 이곳 창렬사로 옮겨 모시게 되었다.

창렬사에는 김시민 장군의 신위를 맨 윗자리에 모셨고, 창의사 김천일과 충청도 병마사 황진, 경상우도 병마사 최경회 등 순국선열 39인의 신위를 모셨다. 매년 음력 3월 초정 일에

제향을 올린다.139) 창렬사는 1983년 7월 20일 경상남도 문화재자료 제5호로 지정되었다. 창렬사에 모셔진 39신위는 다음과 같다.

정당(正堂)	충무공 김시민, 문열공 김천일, 무민공 황진, 충의공 최경회, 효열공 고종후, 주부 유복립(이상 6위)
동사(東祠)	승지 양산숙, 참의 김상건, 병조판서 김준민, 병조참의 강희열, 병조참의 조경형, 병조참의 최기필, 주부 유함, 호조좌랑 이욱, 호조좌랑 강희복, 호조좌랑 장윤현, 병조참의 박승남, 병조좌랑 하계선, 호조좌랑 최언량, 무열공 주몽룡, 도총관 주대청(이상 15위)
서사(西祠)	참의 이잠, 참의 성영달, 병조참의 이종인, 참의 윤사복, 호조좌랑 이인민, 호조좌랑 손승선, 군자감정 정유경, 좌승지 김태백, 호조좌랑 양제, 호조좌랑 박안도, 병조참의 이의정, 도총관 행부장 김개, 사복 송건도, 예조정랑 정재보, 수문장 박세항, 병부판부 송제, 형조판서 김덕련, 칠만 민관군 신위(이상 18위)

○ 경상남도 진주시 남성동 진주성 경내

진주 촉석 정충단비

진주성 경내 촉석광장 안의 정충단에 서 있는 촉석 정충단비(矗石旌忠檀碑)는 임진왜란 당시 제2차 진주성 전투에서 충절을 다한 이들의 영령을 제사하기 위해 세운 비석이다.

정충단은 이들 호국영령을 위로하고자 1686년(숙종 12)에 촉석루 동쪽에 마련한 제단이며, 비도 이때 함께 건립되었다.

비는 거북받침과 비 몸을 하나의 돌로 조각했으며, 그 위로 머릿돌을 얹어 마무리했다. 머릿돌은 두 마리의 용이 구름 속에서 여의주를 놓고 서로 다투는 모습이 표현되어 있고, 그 밑면에 꽃을 조각했다. 비의 규모는 높이 143cm, 폭 92cm, 두께 21cm이다.

이 비는 김천일·황진·최경회·고종후 등 군관민의 영령을 제사하기 위해 세운 정충

---

139) 초정일이란 음력으로 표시된 일력을 보면 앞에 정(丁)자가 들어가는 날이 있는데 매월 초에 음력으로 정(丁)이 들어 있는 날을 말한다.

단의 비석이다.

비문은 진주성에서 싸우다 순국한 인물에 대해 기술하고 그 뜻을 기리고 있다. 고종후는 임진왜란 당시 부친 고경명과 함께 의병을 일으켰고, 아버지와 아우가 전사하자 다시 의병을 일으켜 여러 곳에서 싸우다가 이곳 진주성에서 최후를 맞이했다. 비문에는 김천일, 최경회 등 남강에 투신 자결한 이들의 행적도 기록되어 있다.

황희 정승의 5대손인 황진은 1591년 통신사와 함께 일본을 다녀온 후 일본의 조선침공이 임박했음을 보고한 바 있다. 그는 임진왜란 때 경기도 용인에서 일본군과 교전하다 패전한 후, 전라도 진안에서 일본군의 선봉장을 사살하고 적을 격퇴하는 전공을 올렸으며 진주성에서 마지막까지 성을 지키다가 전사했다. 이 외에도 장윤 등 진주성에서 순국한 인물에 관해 기록하고 있다.

촉석 정충단비는 1972년 2월 12일 경상남도 유형문화재 제2호로 지정되었다.

오른쪽의 비각에 정충단비가 있다.

촉석 정충단비

○ 경상남도 진주시 본성동 진주성 경내

진주 충의사

충의사(忠毅祠)는 충의공 정문부(鄭文孚) 장군의 뜻을 기리기 위해 세운 사당이다.

정문부는 1588년 과거 시험에 급제하여 벼슬길에 나아갔으며 임진왜란 때는 의병장으로 추대되어 함경도를 침공한 일본군을 물리치고 전투를 승리로 이끄는 데 큰 공을 세웠다.

정문부는 1593년의 백탑교 전투에서 일본군을 크게 무찔러 관북지방을 수복하는데 크게 기여했다.[140] 왜란 종료 후에 여러 벼슬을 거쳤으나 '이괄의 난'에 연루되어 억울한 죽음을 당했다. 후에 무죄로 판명되어 좌찬성(左贊成)의 직위가 내려졌다.

농포 정문부 선생 사적비

---

140) 관북지방은 한반도 북동부 지역을 일컫는 지방명칭으로 현재의 함경남도·함경북도·양강도 일대를 가리킨다. 백탑교 전투는 1593년 1월 28일 의병장 정문부, 종성부사 정현룡(鄭見龍), 경원부사 오응태(吳應台) 등 3천여 명과 일본군 가토 우마노조(加藤右馬允), 가토 야스마사(加藤安政), 삿사 마사모토(左左政元), 류조지 이에하루(龍造寺家晴) 등 3천여 명 사이에 벌어진 교전으로 일본군이 패하여 퇴각했고 야마구치 요산우에몬(山口與三右衛門)이 전사했다.

사당 충의사

　사당 건물은 정면 3칸 측면 2칸의 맞배지붕 단층 목조기와 집이며 이곳에는 의복, 교지, 환도 등 장군의 유품이 보존되어 있다. 경내에는 정문부 장군의 유물전시관, 갑판각, 가호서원(佳湖書院)이 있다. 남강댐 공사로 인해 1995년 진주시 귀곡동 255번지에서 현재의 장소로 옮겨 지었다. 충의사는 1983년 7월 20일 경상남도 문화재자료 제61호로 지정되었다.

농포 정문부 선생 사적비

　세상에 적은 공으로 큰 상을 받는 이도 있으되 큰 공을 세우고도 대가를 받지 못할 뿐 아니라 도리어 박해로 슬픈 최후를 마친 이가 계시니 문무겸전한 농포 정문부 선생이 바로 그 이시다.

　공은 일찍 명종 20년 2월 19일에 나시어 27세에 함경북도 병마평사에 임명되어 나가 이듬해 28세에 임진란을 만났던 것이다. 그때 내란을 일으킨 반역자들을 소탕하는 한편 북으로 쳐들어간 억센 왜적들과도 싸워야 했고 또 틈을 타 침구하는 오랑캐들까지 무찔렀다.

　황막한 변방에 깃발을 꽂고 바람같이 달리면서 같은 때에 한 칼을 들고 삼중전투를 감행하여 모두 대승첩을 거두었으니 어찌 그리 장하던고.

　임진란이 끝나고 광해군시대에는 숨어 살다가 인조 때 원수의 지위에 추천되기까지 하였으나 어머님을 봉양하기 위해 전주부윤으로 나갔더니 일찍 역사를 읊은 시 한 장으로 모함을 입어 옥에 갇히어 모진 고문 아래서 숨을 거두시니 인조 2년 11월 19일이었고 향년 60세 침통한 공의 죽음을 무슨 말로 위로할 것이랴. 숙종 때 충의의 시호를 내려 보답해 드렸었다.

　일찍 9성을 쌓은 윤관과 6신을 둔 김종서와 농포 정공이야말로 국경 수호의 3대 영웅이라 정부는 후손 세거지인 이곳에 사당을 중건하고 공을 추모하며 공의 행적을 적어 비를 세우다. 1980년 3월 일 노산 이은상 짓고 고친 배재식 쓰나

○ 경상남도 진주시 이반성면 용암길 59-2

진주 호국사

고려시대에 창건된 호국사의 원래 이름은 내성사(內城寺)이다. 고려시대 말기에 침입하는 왜구를 물리치고, 승병을 양성하기 위해 창건된 이 절은 임진왜란 때는 승병의 근거지였다.

숙종 임금은 1593년에 있었던 제2차 진주성 전투에서 일본군과 싸우다 순국한 승병들의 넋을 기리기 위해 나라를 지키는 절이라는 뜻의 '호국사(護國寺)'라는 이름을 내려 재건토록 했다.

근년 진주성을 정화할 때 일주문 터가 발견되어 새로 일주문을 건립했다. 사찰의 건물들은 모두 근년에 새로 이룩된 것이다. 진주성 내에 있는 사찰 호국사는 진주성 서장대 부근에 있으며, 사당 충렬사와는 담장 하나를 사이에 두고 있다. 호국사는 전통사찰 제70호로 지정되었다.

○ 경상남도 진주시 남성동 진주성 경내

대웅전

사찰 정문 앞에 진주성 암문이 있다.

13. 창녕

임진왜란 때 곽재우 장군이 의령, 함안, 영산, 창녕 등지에서 의병을 일으켜 일본군과 접전하여 세운 전공을 기리고 그 뜻을 후손에 길이 전하고자 지역 유림이 1789년(정조 13)에 '충익공 망우 곽재우 유허비(忠翼公忘憂郭再佑遺墟碑)'를 건립했다.

망우정 뒤편에 세워져 있는 비석 전면에는 '충익공 망우선생비(忠翼公忘憂先生碑)', '기원후삼기유사월건(紀元後三己酉四月建)'이라는 각자가 새겨져 있다.

곽재우는 1585년 34세의 나이에 별시에 합격, 선발되었으나 그가 지은 글이 선조 임금의 뜻에 거슬린다 하여 무효가 되자, 일찌감치 과거에 나갈 뜻을 포기했다.

그러던 중 임진왜란이 일어나고 관군이 크게 패하자 의령 등지에서 의병을 일으켜 관군을 대신하여 적과 싸웠다. 그 공으로 유곡찰방에 임명된 후 여러 관직을 거쳤으나 곧 벼슬을 버리고 경상북도 현풍으로 갔다.

정유재란 때에는 밀양, 영산, 창녕, 현풍의 네 고을에서 의병을 일으켜 화왕산성을 지키며 일본군의 접근을 막아내기도 했으며, 계모 허씨가 사망하자 성을 나와 장례를 마친 뒤 벼슬을 버리고 고향으로 돌아와 나라의 부름에도 응하지 않았다.

1610년(광해군 2) 임금의 간청으로 다시 서울로 올라가 일을 맡아보았으나 곧 지병을 이유로 고향으로 돌아왔으며, 1617년에 생을 마감했다. 그 후 '충익'이라는 시호가 내려졌다.

유허비각

유허비

　도천면 우강리 마을에 가면 마을 입구 도로변에 '우강2구마을'이라고 쓰인 안내비석이
서 있는데 그 비석을 바라보고 오른쪽 길로 내려가면 약 100m 거리에 유허비와 유허비각
이 자리하고 있다. 유허비 비석은 받침돌 위로 비몸을 세운 간결한 구조에 비 윗변의 양
끝을 비스듬히 다듬은 모습이다. 비석의 높이는 180cm, 너비는 70cm이다.

　나지막한 강변 언덕에 위치한 유허비는 왜구·일본군이 출몰하던 낙동강을 내려다보
고 있다. 곽재우 유허비는 1983년 7월 20일 경상남도 문화재자료 제23호로 지정되었다.
　○ 경상남도 창녕군 도천면 우강리 931번지

창녕 문암정 비각

　문암정(聞巖亭)은 임진왜란 때 영산·창녕지역의 의병장으로 활약했던 장수 신초(辛礎, 1568~1637)를 모신 곳으로 창녕군 계성면 사리를 흐르는 냇가를 끼고 절벽 위에 지어진 정자이다.

　정자 주변의 배일홍 꽃이 만발하는 여름철에는 좋은 볼거리를 제공하는 경치가 아름다운 곳이다. 영산에서 창녕 방면으로 계성면 계성리 삼거리에서 오른쪽 옥천방향으로 달리면 도로변에 있는 사찰 법성사 앞에서 절벽 위에 있는 문암정을 볼 수 있다.

영정각 현판

문암정

문암정 현판

영정각

신초는 무과에 급제한 뒤 1591년 천성만호(天城萬戶)가 되었으며, 이듬해 임진왜란이 일어나자 의병을 모집하고 창녕 화왕산성에 진을 친 곽재우의 의병군에 합류했다.

신초는 밀양부사 공호겸이 일본군에게 항복하고 창녕·영산에서 스스로 경상도 관찰사를 자처하자 그를 생포했으며 그 공로로 현풍현감이 되었다. 신초는 선정을 베풀었고, 일본군에 대한 방비를 굳게 했기에 영남지방에서 이름을 떨쳤다. 그의 시호는 '충장'이며, 사후에 병조판서 직위가 내려졌다.

문암정 비각과 신초의 영정은 1983년 7월 20일 경상남도 문화재자료 제25호로 지정되었다.

○ 경상남도 창녕군 계성면 사리 산 10번지

창녕 화왕산 관룡사

대웅전에는 통상 석가모니 불상을 모셔놓는데 관룡사 대웅전에는 약사여래, 석가모니, 아미타여래 세 부처님을 모시고 있다. 대웅전은 1401년(조선 태종 1)에 건축했는데, 임진왜란 때 일본군이 방화하여 소실되었다. 1617년(광해군 9)에 중수공사를 시작하여 1618년에 완공했다. 왜란 당시 사찰 전체가 불에 타 폐허가 되었으나 약사전만은 화재를 모면했다.

사찰 안내서에는 583년(신라 진평왕 5)에 중법국사가 초창했다는 설과 신라에 불교가 공인되기 전인 349년(신라 흘해왕 40)에 약사전이 건립되었다는 설이 있다고 적고 있다.

대웅전

약사전 삼층석탑

(화왕산성)

화왕산성(火旺山城)은 창녕 읍내의 동쪽 화왕산에 돌로 쌓은 산성이다. 처음 쌓은 연대는 확실하지 않으나 삼국시대 이전 가야시대에 축성된 산성으로 알려져 있다.

창녕은 낙동강 중류에 넓게 펼쳐진 곡창지대의 중심지이며 서부 경상남도 지방에 대한 교통·군사상의 요충지이기에 화왕산성은 당시 매우 중요한 기능을 하고 있었다.

험준한 북쪽의 바위산을 등지고 남쪽 봉우리 사이의 넓은 부분을 둘러싼 산성으로 둘레는 2,600m이다. 현재 동문과 서문, 연못이 남아 있다.

성문을 쌓은 석재는 높이 1.6m, 폭 1m나 되는 큰 돌을 사용하고 있다. 동쪽은 대부분 석축이며 서쪽은 흙과 돌을 혼합한 토석혼축이다.

조선시대 세종 임금 때 산성으로서의 기능을 잃었으나, 임진왜란이 일어나자 다시금 중요성이 인식되어, 곽재우가 의병활동의 근거지로 삼아 일본군의 진출을 막은 곳이다.

비변사는 왜란이 소강상태에 들어간 1596년과 왜란이 끝날 무렵인 1598년에 화왕산성의 군사적 가치를 재인식하여 산성 수축의 긴급함을 선조 임금에게 건의했다.

왜란 후에 한두 차례 성곽 보수공사가 있었으며 현재의 관리 상태는 비교적 양호한 편이다. 화왕산성은 1963년 1월 21일 사적 제64호로 지정되었으며, 관룡사 대웅전은 보물 제212호로 지정되었다.

○ 경상남도 창녕군 창녕읍 화왕산관룡사길 171

14. 창원

창원 안골포 굴강

안골포 굴강(掘江)은 조선시대 군선이 정박하던 곳으로 선박 수리 및 보수, 군수물자 수송, 선박 계류와 정박을 목적으로 축조한 방파제와 선착장의 역할을 동시에 수행할 수 있도록 한 군사시설물이다. 세조 임금 때인 1462년에 제포 수군 만호진만으로는 이 지역을 왜구로부터 방어하기 어렵다는 판단하에 안골포 수군 만호진을 설치할 때 축조했다.[141]

굴강의 입구는 동편에 안골포 내만을 바라보고 위치하여 바깥에서 오는 파도를 막을 수 있도록 되어 있으며 목의 폭은 20m 정도이고 현재 드러나 있는 석축의 길이는 75m 정도이다. 지금은 육지로 변해버린 도로 쪽으로 굴강이 연결되어 있었으나 매립되면서 굴강의 규모가 좁아졌다.

---

141) 안골포진의 경우 기동부대 및 보급, 정비부대로서의 기능을 했을 것으로 보이고 안골포만에 있었던 청천진과 신문진은 예비부대와 교육부대로서의 기능을 수행했다. 현재의 행정지역상으로는 가덕도에 있는 가덕진과 천성진은 부산광역시 소속이지만 조선시대에는 웅천현 소속이었다.

사진 오른쪽은 굴강이었는데 매립된 곳이다.　　　　　굴강 바깥 바다 방향

이곳은 1592년 7월 10일 이순신 장군과 경상우수사 원균, 전라우수사 이억기가 이끄는 조선 함대가 구키 요시타카와 가토 요시아키가 이끄는 일본 제2수군 함대(대선 21척, 중선 15척, 소선 6척 등 42척)를 격파한 안골포해전이 있었던 곳이다. 해전 후 조선 수군은 이곳 굴강에서 거북선 등의 전함을 정박하고 수리했다.

안골포 굴강은 1994년 7월 4일 경상남도 기념물 제143호로 지정되었다.

○ 경상남도 창원시 진해구 안골동 517-9번지

창원 웅포해전지

창원시 진해구 웅천동에 있는 웅천왜성의 동쪽 바닷가는 웅포해전이 있던 곳이다. 웅천왜성은 본래 '웅포성(熊浦城)'이라 하여 조선시대에 왜구의 침입에 대비해 쌓았던 성곽인데, 임진왜란 때 일본군이 점령한 후 일본식 성으로 고쳐 쌓았다. 왜구를 막기 위해 쌓은 성이 나중에 일본군의 장기 주둔을 위한 근거지의 하나로 사용되었다.

(웅포해전)

1593년 1월, 이순신은 두 차례에 걸친 선조 임금의 유서(諭書)를 받았다. 명나라군대가 평양, 황해도 그리고 한성(서울)을 차례로 수복을 하려고 진군하면 일본군이 도주할 것이므로, 수군을 지휘하여 일본군의 귀로를 차단하고 전멸시키라는 내용과, 명나라군 장수 이여송이 평양을 수복하고 계속 진군하니 수군을 정비하여 해전으로 지원하라는 내용이었다.

웅포해전은 조선 수군과 해안 요새에 포진하고 있는 일본군과의 전투이다. 조선 수군은 일본군을 바다로 유인하여 격파하려고 했지만 조선 수군을 당해낼 수 없다고 판단한 일본군은 한 차례를 제외하고는 바다로 나오지 않았기 때문에 본격적인 해상전투는 전개되지 않았다.

웅포는 부산진 해상으로 나가는 길목에 자리 잡은 해안의 요새였고, 일본 수군은 함대를 선창에 정박한 채, 선창 안 동서쪽 산기슭에 진지를 구축하고 있었다.

이순신은 2월 6일 출전하여 다음날 견내량에서 경상우수사 이억기의 함대와 합류했다. 2월 8일 삼도의 수군을 연합함대로 편성한 이순신은 거제 온천량 송진포(장목면 송진포)에서 이틀을 정박하고, 10일 출항하여 바로 웅포로 향했다.

웅포 앞바다에 당도한 이순신은 먼저 경쾌선을 보내 일본 수군을 포구 밖의 바다로 유인하려 했으나 그들은 나오지 않았다. 2월 12일 새벽에도 연합함대를 지휘하여 웅포에 이르러 공격하다가 물러나는 등 유인전술을 펼쳤으나 그들은 이번에도 조총만 쏠 뿐 추격해 나오지 않았다.

2월 10일과 12일 이틀간의 유인작전은 성공을 거두지는 못했지만, 바다에서 육상의 웅천왜성을 향해 포격을 가하여 수많은 사상자를 내는 전과가 있었다.

2월 18일 이순신은 다시 연합함대를 이끌고 웅천에 이르러 공격을 개시했다. 이번에도 일본군은 싸우려 하지 않았고, 이순신 함대의 동정만 살피고 있었다. 조선 지상군의 지원을 기대할 수 없는 상황에서 이순신은 수군 단독 상륙작전을 감행하기로 하고 우선 유인작전부터 폈다.

이순신은 사도첨사 김완(金浣)을 복병장으로 삼아, 여도만호·녹도가장·좌별도장·우별도장·좌돌격장·우돌격장 등을 거느리고 송도에 복병을 시켰다. 나머지 여러 전선은 포구 안으로 드나들게 하며 일본 수군이 바다로 나오게 하였다.

웅천왜성 동쪽 바닷가. 넓은 매립지가 보인다. 웅포해전은 이 부근에서 벌어졌다.

　그런데 이번에는 일본 전함 10여 척이 조선 전함을 추격해 바다로 나왔다. 이에 유인하러 갔던 조선 전함이 물러 나오는 순간 복병선이 10여 척의 일본 전함을 포위하고 여러 가지 총통으로 포격을 가했다. 위기감을 느낀 일본 전함들은 재빨리 포구 안으로 되돌아갔고, 좌별도장 이설과 좌돌격장 이언량은 도망치는 전함 중 3척을 끝까지 추격하여 그 배에 타고 있던 일본군 100여 명을 사살했다.

　웅포 상륙작전에서도 조선 지상군의 협력이 전혀 없었기 때문에 일본군을 모두 바다로 끌어내지는 못했다. 일본군의 사기가 저하된 것을 안 이순신은 바다와 육상에서 동시 공격을 단행하기 위해 다시금 경상우도 순찰사에게 조선 지상군이 웅천을 공격해 줄 것을 요청했다.

그러나 순찰사로부터 곽재우로 하여금 먼저 창원지역의 일본군을 토벌한 다음, 차차 웅천지역으로 진격하게 할 것이라는 답신을 받고 낙담했다.

2월 19일 연합함대를 소진포로 옮긴 이순신은 다음 날인 20일까지 이곳에 머무르면서 새로운 상륙작전을 구상했다. 그의 계획은 웅포에 있는 일본군의 저항력을 약하게 하여 포구 안에 깊숙이 감추어 둔 일본 전함을 공격하여 궤멸시킨다는 것이다.

2월 22일 두 승장(삼혜·의승)과 의병장 성응지는 서쪽의 제포로 상륙했고, 연합함대의 전함 가운데 일부가 동쪽의 안골포로 상륙했으며, 전함 15척이 주력부대를 형성하여 웅포로 돌진하여 일본군과 격전을 벌였다. 일본군 다수를 사살했으나 웅천왜성의 견고함 때문에 왜성 안으로 진격하는 일은 불가능했다.

2월 28일에도 웅포를 공격했고, 3월 6일에도 다시 웅포를 공격했다. 웅포해전에서는 조소카베 모토치카(長曾我部元親)와 구와나 치카카쓰(桑名親勝)가 일본군을 지휘했는데 구와나는 이때 전사했다.

명나라 지원군은 소식이 없고, 장기간 계속된 전투로 병사들은 지쳐 있는 데다가 식량·화약 등의 병참물자 보급이 급했기 때문에 이순신은 4월 3일을 기해 삼도 연합함대를 해산하고 전라좌수영으로 귀항했다.[142]

조정은 일본군이 부산 일대로 퇴각하니 수군은 해로를 차단하라고 명했고, 이순신은 이억기·원균 함대와 합류해 웅포 앞바다로 진격했다. 썰물로 인해 전함들이 철수하는 과정에서 조선 전함끼리 충돌하는 사고가 있었다.

　○ 경상남도 창원시 진해구 웅천동 웅포왜성 동쪽 바닷가

---

142) 충무공 이순신(http://www.yi-sunsin.com/)

15. 통영

통영 남망산공원 이순신 장군 동상

해발 80m 높이의 남망산은 예로부터 통영사람들이 즐겨 찾는 산이다. 이곳에 있는 남망산 공원은 충무공 이순신의 동상으로 상징되는 호국공원이다. 거북등대와 한산도, 해갑도, 죽도 등 한려수도 해상의 절경을 바라볼 수 있는 산 정상에 1953년 6월에 세워진 충무공 동상이 자리하고 있다.[143] 이순신 장군은 이곳 높은 곳에서 갑주에 긴 칼을 옆에 차고 한산대첩을 이룬 남해를 내려다보고 있다.

이충무공 한산대첩비

---

143) 남망산은 건설부 고시(1969. 01. 13)에 의해 '충무공원'이라고 명명되었으며, 경상남도 고시(1991. 08. 10)에 의해 공원조성계획이 결정되고, 1994년 2월 8일자로 '남망산 공원'으로 명칭이 변경되었다.

충무공 이순신 동상

수항정에서 바라본 남해

수항정

(충무공 시비)

충무공 시비는 1954년 가을 이곳 광장 중앙에 설치한 것인데 그 후에 기단부가 파손되어 1991년에 지금의 자리로 옮겨 세웠다.

○ 경상남도 통영시 동호동 남망산

통영 당포성지

 통영시 산양읍 삼덕리의 야산 정상부와 구릉의 경사면에 걸쳐 있는 당포성(唐浦城)은 1374년(고려 공민왕 23) 왜구의 침략을 막기 위해 최영 장군이 많은 병사와 백성을 동원하여 쌓은 성이다. 축성 후 왜구의 침입과 노략질로부터 주민을 보호할 수는 있었으나 남해안의 다른 산성이나 읍성과 마찬가지로 언제 침입할지 모르는 왜구를 막아내기에는 한계가 있었다. 산성이나 읍성은 왜구가 침입해 왔을 때 피신하는 곳이지 근본적으로 그들을 퇴치하는 기능을 갖지는 못했기 때문이다.

 당포성은 1592년 임진왜란 당시 일본군에 의해 점령당했으나 그해 6월 이순신이 당포 앞바다에서 벌어진 전투에서 일본 전함 21척을 격침시키는 승리를 거두면서 당포성 일대를 회복했다.

당포성

당포성에서 내려다 본 당포

당포 앞바다

당포성은 2중 기단을 형성하고 있는 고려·조선시대의 전형적인 석축진성이다.[144] 지금 남아 있는 석축의 길이는 752m, 성벽 최고 높이 2.7m, 폭 4.5m이다. 동·서·북쪽에는 망을 보기 위해 높이 지은 망루 터가 남아 있으며, 문터에는 성문을 보호하기 위해 성문 밖으로 쌓은 작은 옹성이 있다.

남쪽 해안에 정문을 두고 산 쪽으로 동문과 서문을 두었으며 문에는 옹성을 쌓았다. 당포성지는 1983년 8월 6일 경상남도 기념물 제63호로 지정되었다.

(당포해전)

당포해전은 1592년 6월 2일 이순신 함대를 주축으로 한 삼도 연합함대가 통영 당포 앞바다에서 일본 전함 21척을 격침시킨 해전이다

5월 29일부터 6월 1일 아침까지 전라좌수영의 이순신 함대를 주축으로 한 조선 연합함대는 사천포해전에서 일본 전함 13척을 격침시키고, 일본군 2,600여 명을 사살했다. 같은 날 정오 무렵 이순신 함대 전선 23척과 원균이 이끄는 경상우수영 전선 3척은 삼천포 앞바다를 거쳐 사량도에 이르렀다.

6월 2일 오전 8시 척후선으로부터 당포 선창에 일본 전함이 정박해 있다는 정보를 접한 이순신 함대는 곧 당포(지금의 통영시 산양읍 삼덕리) 앞바다로 나아갔다.

---

144) '석축진성'은 국경·해안지대 등 국방상 중요한 곳에 돌을 쌓아 만든 성을 말한다.

당포 선창에는 일본 전함 21척(大船 9, 小船 12)이 계류되어 있었다. 그 가운데 가장 큰 배의 장막 안에는 가메이 코레노리가 앉아 있었다.

조선 수군함대가 접근하자 일본 수군은 조총을 쏘며 맞섰다. 조선 수군은 거북선을 앞세워 현자총통을 비롯한 천자총통·지자총통을 발사하는 한편, 뱃머리로 일본군 장수가 타고 있는 전함을 들이받았다. 이어 화포와 화살을 집중적으로 발사했다. 이 와중에 가메이 코레노리는 중위장 권준이 쏜 화살에 맞아 쓰러졌고, 첨사 김완과 군관 진무성이 적선에 올라 가메이의 목을 베었다.[145] 이에 일부 일본군은 전의를 상실하고 육지로 도주했으며 일본 전함은 모두 격침되었다.

○ 경상남도 통영시 산양읍 당포길 12-18

통영 염언상 묘소

염언상(廉彦詳)은 1552년 통덕랑(정5품의 문관)을 지낸 염백련의 아들로 전라남도 보성에서 출생했다. 어려서부터 병서(兵書)를 즐겨 탐독했던 그는 무과에 급제하여 벼슬이 6품에 이르렀다. 그러나 직책이 뜻에 맞지 않아 물러나 전라남도 순천에서 자연을 벗 삼아 조용히 살고 있었다.

임진왜란이 일어나 부산과 동래가 잇따라 함락되고 장차 화가 호남에 미치려 하자 분연히 의병을 일으켜 일본군을 치려 할 때 전라좌수사로 있던 이순신 장군의 격서를 받고 그의 휘하로 달려가 유격장이 되었다. 이순신의 참모로 옥포해전과 한산해전에서 공을 세워 훈련원 첨정의 자리에 올랐다.

염언상은 1597년 2월 이순신이 탄핵을 받아 서울로 잡혀갈 때 혼자서라도 압송 함거를 호위하고자 했으나 뜻을 이루지 못하자 안홍국의 만류도 뿌리치고 고향으로 돌아갔다.

그때 권율 도원수가 경상남도 초계에 진을 치고 영·호남을 방어하고 있다는 말을 듣고 차남 염탁을 비롯한 의병 수백 명을 이끌고 전라북도 남원에서 권율 도원수를 찾아가 그 휘하에 들었으며, 경상남도 하동군 악양에서 일본군을 물리쳤다. 또 곽재우 의병장과 함께 의령과 함안 지역에서 일본군의 진격을 막았다.

그 후 방어사 이옥을 도와 추풍령을 지키며 많은 공을 세웠는데 1597년 9월 23일 추풍령전투에서 46세를 일기로 전사했다.

---

145) 진무성(陳武晟)은 당포, 진주 등지에서 크게 공을 세워 선무원종공신에 올랐다.

염언상 묘역   염언상 사적비

    왜란이 끝난 후 염언상에게는 선무원종공신 2등과 통훈대부 군자감정(정3품 당하관)의 직위가 내려졌으며 1861년에 통정대부 병조참의(정3품 당상관)의 직위가 내려졌다.

    묘소 입구에 '선무원종공신 염언상 사적비'라고 적힌 비가 세워져 있다. 염언상 묘소는 1992년 10월 21일 경상남도 기념물 제117호로 지정되었다.

  ○ 경상남도 통영시 비석1길 44(정량동)

통영 이순신 공원

    통영시 정량동에 있는 망일봉 기슭 바닷가에 이순신 공원이 자리하고 있다. 이순신 공원은 통영지역의 이충무공 유적지와 한산대첩에 대한 역사교육을 위해 학습 및 다양한 문화체험시설을 갖추고 있다.

    이순신 공원에 서서 바다를 바라보면 멀리 중앙에 한산도와 거북등대, 한산대첩비가 있으며, 오른쪽으로는 미륵산이 있다. 목동 김천손은 미륵산에서 일본 수군의 동향을 보고 이를 신속히 조선 수군에 알려주어 조선 수군이 작전을 수립하고 전투에서 승리하는 데 기여했다.

  ○ 경상남도 통영시 멘데해안길 205(정량동)

이순신공원 안내도

한산대첩 안내판

이순신 상

필사즉생 필생즉사

착량묘(鑿梁廟)는 임진왜란 때 큰 공을 세운 이순신 장군의 위패와 영정을 모시고 있는 사당이다. '착량'이란 '파서 다리를 만들다.'는 뜻이다. 당포해전 당시 이순신이 이끄는 조선수군에 참패를 당한 일본수군이 쫓겨 도주하다가 미륵도와 통영반도 사이에 좁게 연결되어있는 협곡에 도달하여 돌과 흙을 파서 다리를 만들어 도망한데서 붙여진 이름이다.

이순신이 1598년 노량해전에서 순국하자 이를 애통하게 여긴 이 지역 주민들은 장군의 충절과 위업을 기리기 위해 착량지가 내려다 보이는 언덕 위에 초가를 짓고 충무공의 위패와 영정을 모시고 정성껏 그를 모셔온 것이 이 사당의 시초가 되었다.

착량묘 입구

충무공 이순신 위패

착량묘에서 바라본 시가지

이 사당은 1877년 충무공의 10세손 통제사 이규석이 초가집을 기와집으로 고쳐 짓고, 그 이름을 '착량묘'라 했으며, 이곳에 호상재(湖上齋)도 같이 지어 지역주민들의 자제를 교육시키는 교육공간으로 삼았다.

착량묘는 비바람으로 퇴락된 채 오랜 세월을 견디어 오다가 1974년 2월 16일 경상남도 기념물 제13호로 지정된 이래 1985년까지 5차례에 걸쳐 정화사업을 벌여 동재와 고직사(庫直舍), 외삼문, 일각문을 신축하여 오늘에 이르고 있다. 1979년에 동재를 지었고, 1980년에는 고직사를 새로 지어 서원(書院)의 형태를 갖추었다.

현재 경역은 면적 899㎡이며, 건물은 사당, 서재, 동재, 고직사 등 4동의 건물과 내삼문, 외삼문으로 구성되어 있다.

명정동에 있는 통영 충렬사에서는 봄과 가을에 향사를 봉행하며, 이곳 착량묘에서는 매년 음력 11월 19일 충무공이 순국한 날에 기신제(忌辰祭)를 봉행한다.

○ 경상남도 통영시 착량길 27(당동)

통영 충렬사

충렬사는 충무공 이순신의 위패를 봉안한 사당으로 임진왜란이 끝난 8년 후인 1606년(선조 39) 제7대 수군통제사 이운룡이 이순신 장군의 충절과 위훈을 기리기 위해 어명을 받아 건립한 사당이다.[146]

---

146) 이운룡은 이순신의 차분함과 용의주도함을 동경하는 인물로 사사건건 우치적과 대립한다. 후일 이영남과 함께 이순신의 사람이 된다.

충렬사(忠烈祠) 현판은 현종 임금이 1663년에 내린 사액 현판으로 문정공 송준길이 글씨를 썼다. 1670년에 제51대 수군통제사 김경이 동재와 서재를 지었고, 1681년에는 제60대 수군통제사 민섬이 충렬묘비(忠烈廟碑)를 세웠다.

충렬묘비는 각 면이 평평하게 손질된 길쭉하고 네모진 형태이다. 비문은 1614년 좌의정 이항복이 지었던 여수 '이충무공 대첩비'의 비문을 그대로 옮겨 온 것이다.

1695년(숙종 21)에 수군통제사 최숙이 경충재를 증축하여 서당을 개설하고 지방민의 자제들을 교육했으며, 같은 해 최숙의 뒤를 이은 통제사 김중기가 숭무당을 창건하고 장교 3인을 차출하여 사무·관리를 담당하도록 하는 한편 통영시 산양읍에 소재하는 연대도를 사패지로 받아 전답을 마련하여 사당을 유지할 수 있도록 했다.

1795년 정조 임금이 충무공전서(忠武公全書)를 발간하게 하고 어제(御製) 제문을 하사했으며, 1840년에는 이충무공의 8대손 이승권 제172대 수군통제사가 강한루와 영모문을 세웠다.

조선시대 후기인 1868년 대원군이 전국에 서원철폐령을 내릴 때에도 통영 충렬사는 보존하도록 했다.

강한루

충무공 이순신 영정

충렬사

　현재 충렬사는 사당을 비롯하여 동재, 서재, 경충재, 숭무당, 비각, 전시관, 강한루 등 건물 17동과 5개의 문으로 구성되어 있다.

　충렬사는 충무공을 비롯한 휘하 장병의 위령을 위해 매년 음력 2월과 8월 중정일(中丁日)에 제사를 드리고 있다. 충무공 탄신일인 4월 28일에는 탄신기념제, 그리고 한산대첩축제, 고유제를 전통 제례의식으로 봉행한다.

　일제강점기인 1919년부터 관청의 지원이 중단되자 지방주민들이 뜻을 모아 '충렬사 영구보존회'를 조직하여 향사 및 관리를 해 왔으며, 1951년에는 '재단법인 통영충렬사'를 설립하여 관리해 오고 있다.

　충렬사는 1973년 6월 11일 사적 제236호로 지정되었다.

　○ 경상남도 통영시 여황로 251(명정동)

통영 충렬사 팔사품

충렬사 팔사품(八賜品)은 임진왜란 당시 조선에 지원군으로 왔던 명나라 수군 도독 진린이 이순신 장군의 전공을 명나라 조정에 보고하자 신종(神宗) 황제가 이순신에게 보내 준 여덟 가지의 물품이다.

통영 통제영에 300여 년 동안 보관되어 오던 팔사품은 1895년(고종 32) 통제영이 해체되면서 이순신의 사당인 통영 충렬사로 옮겨져 봉안되었다. 아산 현충사 성역화 작업이 마무리된 1969년에 현충사로 옮겨졌으나 통영지역 주민들의 요청으로 다시 충렬사로 이관되어 오늘에 이르고 있다.

명나라 황제가 보낸 팔사품은 8종류의 물품 15점이다. 구체적으로는 도독인·호두령패·귀도·참도·독전기·홍소령기·남소령기·곡나팔 등 여덟 가지 군대용 의장물로 구성되어 있으며, 도독인을 제외한 나머지 일곱 가지 유물은 각 2개씩이어서 전체 유물의 수는 총 15점이 된다.

팔사품은 1966년 3월 4일 보물 제440호로 지정되었다. 이순신이 생전에 사용한 유물은 아니지만 명나라에서 이순신을 높이 평가했음을 보여 주는 상징물이라는 점에서 그 가치를 인정받아 보물로 지정되었다. 팔사품의 내용은 다음과 같다.

○ 도독인 1개

도독인(都督印)은 구리로 만든 길이 15.1cm, 폭 7.8㎝, 높이 1.8㎝의 도장이다. 도장은 뚜껑이 있는 함에 보관되어 있는데, 함에는 '황조어사인'이라 쓰여 있다.

○ 호두령패 1쌍

호두령패(虎頭領牌)는 길이 31.8cm의 팔각형 형태로 생긴 나무패로 군령을 전달할 때 사용하는 것이다. 한쪽에는 검은 칠을 하고 '영(令)' 자를 새긴 다음 붉은색으로 메웠고, 다른 쪽에는 분칠을 하고 '대장(大將)' 두 글자를 썼다.

팔사품 그림

팔사품 그림

도독인

귀도

호두령패

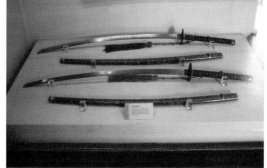

참도

곡나팔

깃발

○ 귀도 1쌍

귀도(鬼刀)는 전체 길이 137.9cm, 칼날 길이 83.3cm, 너비 7cm의 의장용 칼이다. 칼자루에는 용(龍)의 머리와 귀신머리가 새겨져 있다.

○ 참도 1쌍

참도(斬刀)는 길이 180.2cm, 너비 6cm의 칼이다. 칼자루는 나무로 만들었는데, 상어껍질로 싼 후 붉은 칠을 하고 소가죽으로 감았다. 칼집도 나무로 만들었다.

○ 독전기 1쌍

독전기(督戰旗)는 전쟁터에서 전투를 독려하기 위해 지휘관이 사용하는 깃발이다. 남색 비단 바탕에 붉은 비단으로 '독전(督戰)'의 두 자를 오려 붙였고, 한가운데에는 '범군임적불용명자처참(凡軍臨敵不用命者處斬)', 즉 '군사가 적을 만났을 때 명령에 따르지 않은 자는 처단한다'는 문구가 쓰여 있다.

○ 홍소령기 1쌍

홍소령기(紅小令旗)는 군대의 명령을 전할 때 쓰는 깃발인데, 붉은 비단 바탕에 남색 비단으로 '령(令)' 자를 붙였다. 홍소령기는 문관에게 영을 내리는 신호 깃발이다.

○ 남소령기(藍小令旗) 1쌍

남소령기는 홍소령기와 마찬가지로 군대의 명령을 전할 때 쓰는 깃발인데, 남색의 비단 바탕에 홍색으로 '령(令)' 자를 붙였다. 무관에게 영을 내리는 신호 깃발이다.

○ 곡나팔 1쌍

곡나팔은 구리로 만든 나팔로 목이 구부러진 모습이어서 곡나팔이라는 이름이 붙었다.
○ 경상남도 통영시 여황로 251

통영 통제영지(세병관)

통제영(統制營)은 충청·전라·경상도의 삼도 수군을 지휘·통괄하는 통제사가 있는 본영을 말하며, 삼도 수군 통제영(三道水軍統制營)을 줄여서 표현한 것이다. 1593년 임진왜란 당시 이순신의 한산진영이 최초의 통제영이다.

지금의 통영시 관내에 통제영을 짓기 시작한 것은 1603년이다. 제6대 수군통제사 이경준이 이곳에 터를 닦기 시작했고 1604년 9월 9일에 임금의 윤허를 받아 통제영을 이곳으로 옮겼다.[147]

이듬해인 1605년 7월 14일, 여황산 남쪽 기슭에 객사 세병관을 창건하고 차례로 통제영 관아를 지었다.[148]

---

147) 정유재란 때 한산진영이 폐허가 되자 통제영은 전황에 따라 이리저리 떠돌아 다녔고 전란이 끝난 후에도 거제도 오아포(烏兒浦), 고성현 춘원포(春元浦) 등지로 옮겨 다니며 제자리를 잡지 못하고 있었다.

148) '세병(洗兵)'이란 만하세병(挽河洗兵)에서 따온 말로 '은하수를 끌어와 병기를 씻는다'는 뜻이다. '세병관(洗兵館)' 현판의 글씨는 제136대 통제사 서유대(徐有大)가 썼다.

1678년 윤천뢰 제57대 수군통제사 때 영문 주위의 산능선을 따라 높이 약 4.6m, 둘레 약 3.6km, 성가퀴 707개 규모의 평산성(平山城)을 쌓았다. 그 후 19세기 중엽의 통영성에는 4개의 대문과 2개의 암문 그리고 3개의 포루 등이 있었고, 세병관을 비롯하여 100여 개의 관아 건물이 있었다.

통제영은 1895년(고종 32)에 각 도의 병영과 수영이 없어질 때까지 300년간 그대로 유지되다가 일제강점기 일본의 민족정기 말살정책에 의해 중심 건물인 세병관을 제외한 많은 건물이 헐려 사라졌다. 성곽과 관아는 대부분 헐리고 통영성 일부와 세병관이 남아 있었다.

삼도 수군의 본영이었던 통제영은 복원 및 보전을 위해 1998년 2월 20일 사적 제402호로 지정되었다. 현재 유적지 정화, 호국정신 계승을 위해 운주당·경무당·내아·병고, 백화당과 12공방, 중영(中營)·중영 내아(中營內衙) 등의 건물이 복원되고 있다.

○ 경상남도 통영시 세병로 27(문화동)

통영 한산도 이충무공 유적(제승당)

한산도 이충무공 유적(면적 528,034㎡)은 이순신 장군이 한산도 앞바다에서 일본 수군을 크게 무찌른 한산대첩(1592. 07. 08)을 기념하기 위해 만들어진 유적 공간으로 통영시 한산면 두억리에 소재하는 제승당(制勝堂) 일원의 넓은 부지에 조성된 지상 건물, 각종 비석, 문화재 광장, 조경물을 통칭한다.

(제승당)

제승당은 임진왜란 때 이순신 장군이 삼도 수군을 지휘하던 곳으로 지금의 해군작전사령부와 같은 기능을 하던 곳이다.[149]

제승당은 1592년 이순신이 창건하고 전라좌수영을 설치한 곳이며, 1593년에는 삼도 수군 통제영을 설치했던 곳이다. 이순신은 이곳을 본거지로 삼아 당포해전에서 승리했으며 그 후에도 해상권 장악과 동시에 일본군의 해상 보급로를 차단함으로써 적에게 큰 타격

---

149) 견내량은 거제도와 통영만 사이에 있는 긴 수로이다. 길이는 약 4km, 폭은 600m를 넘지 않는 좁은 해협이라 전투하기에는 좁고 암초가 많아 판옥선이 움직이기에 편하지 않은 곳이다. 반면 한산도는 거제도와 통영 사이에 있어 사방으로 헤엄쳐나갈 길도 없는 곳이다. 당시 한산도는 무인도나 다름없는 섬이었다. 조선 수군 판옥선 5~6척이 일본 수군을 한산도 앞바다로 유인한 후 학익진을 펼쳐 격멸했다(한산대첩). 사각형 모양의 판옥선은 4면에서 총통을 발사할 수 있다.

을 가했다.

이곳은 이순신 장군이 1593년 7월 15일부터 1597년 2월 26일 체포되어 서울로 압송되어 갈 때까지, 그리고 1597년 7월 16일 원균 장군이 이끄는 조선 수군 함대가 칠천량해전에서 패할 때까지 근 3년 8개월 동안 이곳을 삼도 수군의 중심 진영으로 삼아 해상세력을 장악하고 나라의 어려움을 극복한 역사의 현장이다. 이곳에서 일본군을 물리치기 위한 작전을 수립했고, 총통과 같은 신식 무기를 제작하여 보급하는 등 군무를 관장했다.

이순신이 '삼도 수군통제사'의 직위를 받고 한산도에 본영을 설치했을 때 그는 지금의 제승당 자리에 운주당(運籌堂)을 세웠다. 이순신은 운주당에서 밤낮으로 거처하면서 여러 장수들과 작전계획을 세우고, 전쟁에 관하여 의논했으며, 한편에서 계급의 높고 낮음에 관계없이 이번 왜란에 관해 말하고자 하는 병사가 있으면 찾아와서 말하게 함으로써 제반 상황을 파악 할 수 있었다. 이렇게 운주당은 이순신이 한산도에 진을 친 이후 기거하면서 휘하 참모들과 작전계획을 협의했던 집무실이었다.

1597년 원균이 칠천량해전에서 참패할 때 도주했던 배설은 한산도로 돌아와 통제사 군영의 시설을 불태웠다. 곧이어 이곳으로 몰려온 일본군은 한산도를 손쉽게 점령할 수 있었다. 남해안의 바닷길은 통제영을 점령한 일본군이 다시 장악했고 전황은 악화되었다.

폐진되었던 제승당은 1739년(영조 15)에 통제사 조경이 중건공사를 시작하여 이듬해인 1740년 옛 운주당 자리에 현재의 건물을 복원하면서 유허비를 세우고 제승당(制勝堂)이라고 이름 지었다. 운주당이 복원되면서 '제승당'으로 그 명칭이 변경된 것이다.

제승당 경내 안내도

한산정

과녁

한산정

유허비

한산대첩도

제승당

1932년에 충무영당을 건립했으며 1959년에는 제승당 일원 이충무공 유적이 사적 제113호로 지정되었다. 1976년 10월에 중건한 제승당 건물 내부에는 충무공 이슈신의 전적을 그린 5폭의 벽화가 걸려 있다. 1979년에는 한산대첩비를 건립했다.

　　현재 제승당은 충무사, 행적비, 제승당, 한산정 수루(水樓), 대첩문, 수호사(守護舍), 한산문, 관리사무소 등으로 이루어져 있다.

충무사

제승당 터 표지석   거북등대

(충무사)

충무사(忠武祠)는 충무공 이순신의 영정을 모시는 사당이다.[150] 본래 작은 사당이었던 것을 헐고 1976년 10월 지금의 사당을 건립했다. 매년 봄과 가을에는 통영 시민들이 제사를 올리며 한산대첩기념일인 8월 14일(양력)에는 해군작전사령관과 해군사관학교 생도들이 참배한다.

사당에는 국보 제76호 서간첩(書簡帖)의 일부와 충무공이 송나라 역사를 읽고 쓴 독후감이 병풍으로 만들어져 있다.

이곳의 이순신 영정은 1978년 정형모 화백이 그린 작품이며, 영정은 종이품 통제사의 관복(구군복) 차림으로 그려져 있다.[151]

(한산정)

한산정은 이순신 장군이 부하 무사들과 함께 활쏘기를 연마하던 곳으로 사정과 표적과의 거리는 145m이다. 활터와 과녁 사이에 바다가 있는 곳은 이곳뿐이다. 이곳에 활터를 만든 것은 밀물과 썰물의 교차를 이용해 해전에 필요한 실존거리 적응훈련을 시키기 위함이었다.

난중일기에는 이곳에서 활쏘기 내기를 하고, 진편에서는 떡과 막걸리를 내어 배불리

---

150) 이순신 장군의 모습을 담은 영정(影幀)은 아산 현충사, 통영 충무사, 정읍 충렬사, 광주 무광사 등 여러 사당에 봉안되어 있다.

151) 구군복(具軍服)은 조선시대 후기 무관들의 평상복 차림이다. 머리에 전립(戰笠)을 쓰고, 옷은 동다리와 전복(戰服)을 입고, 허리에 전대(戰帶)를 두르고, 신발은 목화(木靴)를 신은 상태가 바로 구군복 차림이다. 조선시대 전기의 무관들은 갑옷을 입지 않은 상태에서 입는 평상복으로 융복(戎服)을 주로 입었으나 선조 임금(제위 1567~1608) 시대부터 구군복 차림을 많이 입게 되었다.

먹었다고 기록되어 있다. 함께 활쏘기를 연마한 무사들은 이순신이 조정에 건의했던 무과 특별시험에서 선발된 경상도·전라도·충청도 출신의 사람들이다. 이순신은 1593년 11월 29일 장계를 올려 한산도에서도 무과시험을 볼 수 있도록 장계를 올렸고, 조정에서는 1594년 2월 7일 수군이 여러 해 동안 수고했는데도 별다른 포상이 없었다면서 무관 100명 을 선발하도록 재가했다.[152]

(유허비)

1597년 정유재란 당시 원균 장군이 이끄는 조선 수군이 칠천량해전에서 참패한지 142 년만인 1739년 제107대 수군통제사 조경이 이곳에 제승당 유허비를 세우고 운주당 옛터 에 건물을 지은 후 '제승당'이라는 친필 현판을 걸었다.

그 후 1760년 충무공의 후손 이태상 제121대 수군통제사가 낡은 건물을 중수하면서 유 허비를 손질하고 비각을 뒤로 옮겨 세웠다. 1877년 충무공의 후손 이규석 제198대 수군통 제사가 제승당 유허비를 새로 다듬어 세우고 옛 비는 그 옆에 묻어 두었는데 최근에 다시 발굴하여 2기를 함께 보존하고 있다.

제승당 유허비

어허 여기는 이장군 순신의 제승당 터다. 바로 그가 이 집에 앉아 지휘하고 호령할 제 천지 귀신도 그 정성을 굽어보 고 바람 구름 번개 비가 그의 응변 술책을 도와 왜적들이 바다에 깔려 날뛰면서도 이 집 밖에서만 웅성거리지 차마 감히 가까이 다가들지는 못했던 것이니 어찌 그리 장하시고 이제 다시 수백 년이 지나 주춧돌은 옮겨지고 우물과 부엌마저 메 워졌건만 아득한 파도 너머 우거진 송백 속에 어부와 초동들은 아직도 손가락으로 제승당 옛터를 가리켜주니 백성들은 이같이 오래도록 잊어버리지 못하나 보다.

슬프다. 옛날 주(周)나라 소공(召公)이 막을 잠깐 쳤던 자리라고 거기 나는 아가위나무(甘棠) 한 가지도 베지 말라는 노래를 지어 읊조리거늘 사직을 바로잡고 우리 창생을 살리심이 그 누구 힘이관대 차마 이 터에 풀이 우거져 있게 할까 보냐. 세월이 흐르고 역사가 지나가 차츰 더 아득해지면 저 어부와 목동들마저 집터를 잊어버려 물어 볼 곳조차 없어질는 지 그 또한 누가 알리요. 그래서 이제 통제공(統制公) 조경(趙儆)이 흙을 쌓아 터를 돋우고 돌을 다듬어 비를 세우는 뜻은 실로 여기를 표해 두자는 때문이리.

어허 인제는 천하 만세에 여기가 이장군 집터였던 줄을 알게 되리라 이제 군자 이르되 통제공 조경은 과연 능히 임금을 섬 기는 분이라 하리니 그 어른(忠武公)을 사모하지 않고서야 어찌 이 비를 세울 것이며 진실로 사모하는지라 반드시 본받을 것이 며 진실로 본받는지라. 반드시 충성되고 의로울 것이며 충성되고 의로운지라. 임금을 섬길 따름 다른 무엇이 있을까 보냐.

여기 비를 세우고 글씨를 쓴 이는 통제사 조경이요 글을 지은 사람은 도사(都事) 정기안(鄭基安)이다.

* 제승당 유허비는 한문으로 되어 있으므로 박정희 대통령 각하의 분부를 받들어 한문을 해독하지 못하는 사람들을
위하여 비문을 국역한 한글 비를 따로 세워 후세에 전한다. 서기 1979년 12월 이은상 국역 고동주 씀 경상남도 세움

(한글 유허비)

1948년 12월에 광복(1945. 08. 15)을 기념하기 위해 경상남도 내 초등학교와 중학교 학

---

152) 국립진주박물관, 『삶에서 신화까지 충무공 이순신』(서울: 예맥, 2003), 67쪽.

생들이 성금을 모아 세운 비석이다. 비석 앞면에는 '리충무공 계시던 제승당의 터다'라고 한 줄로 적혀 있다. 글은 정인보가 짓고, 글씨는 김충현이 썼다.

(수루)

수루(戍樓)는 망루의 역할을 했으며 1976년 정화사업 때 한산만을 내려다볼 수 있는 위치인 이곳에 전문가의 고증을 받아 새로 건립했다. 충무공은 이곳에 자주 올라왔으며 일본군의 동향을 살피고, 우국충정의 시를 읊기도 하던 곳이다.

수루 오른 쪽에는 고동산, 왼쪽에는 미륵산, 뒤쪽에는 망산이 있는데, 봉화·고동·연등을 이용하여 남해안의 일본군 동향을 파악하고 전달하는 연락망의 중심지가 이곳이었다. 수루에 이순신 장군의 나라사랑하는 마음이 다음과 같이 표현되어 있다.[153]

閑山島歌	한산도가
閑山島月明夜 上戍樓撫刀 深愁時何處 一聲羌笛更添愁	한산섬 달 밝은 밤에 수루에 혼자 올라 큰칼 불끈 잡고 깊은 시름하는 차에, 어디에선가 들려오는 피리소리, 이내 시름 더해주네

한산섬은 통영에서 직선으로 약 6.7km 지점에 있으며, 섬이기 때문에 배를 타고 가야 한다.[154] 통영 여객터미널을 이용하는 경우 오전 7시에 첫 배가 출항하며 소요시간은 약 25분이다.

(제승당 관리)

1895년(고종 32) 각 도의 병영과 수영이 해체되었다. 통제영이 해체되고 뒤이어 주권을 일본에 빼앗기게 되자 지방 유림이 나서서 제승당을 관리했으나 재원 조달이 어려워 점점 퇴락하여 가고 있었다. 이에 통영군민들은 제승당의 퇴락을 두고 볼 수 없다 하여 1932년 3월 15일 '한산도 제승당 중건기성회'를 창립하고 모금운동을 벌이는 한편, 한산도 도민들은 별도로 '모충계'를 결성하여 '충무 영당' 건립과 충무공 영정 봉안을 추진하여 1933년 6월 2일 '한산도 제승당 준공식'과 '충무공 영정 봉안식'을 동시에 거행했다.

---

153) 이순신역사연구회, 『이순신과 임진왜란 4』(서울: 비봉출판사, 2006), 263쪽.

154) 한산만은 통영의 미륵도와 한산도 사이의 내륙 쪽에 있는 바다이다. 한산만의 남쪽은 통영만이라고 불린다. 한산만은 입구가 좁고 안쪽이 넓은 모양으로 남서쪽에는 두억포가 있고, 남동쪽에는 고포가 있다. 임진왜란 때에는 두억포에 삼도 수군의 본영이 설치되었는데 판옥선과 척후선 100여 척과 740여 명의 조선 수군이 주둔하고 있었다.

광복 후인 1959년 정부가 이곳의 유적을 사적으로 지정하고 여러 차례 보수했다. 1975년 박정희 대통령이 이곳을 둘러 본 후 충무공의 위업을 기리고 구국 충절의 높은 뜻을 후손만대에 전하도록 지시함에 따라 1976년부터 유적 정화사업을 벌여 경역을 확장하고 보수하여 지금의 모습을 갖추게 되었다.

이곳에는 충무사, 제승당, 수루, 한산정을 비롯하여 유허비 2기, 한글 유허비 1기, 통제사 송덕비 7기, 비각 5동과 5개 문(내삼문, 외삼문, 홍살문, 충무문, 대첩문) 기타 부속 건물이 있다.

한산도 이충무공 유적은 1963년 1월 21일 사적 제113호로 지정되었다.

○ 경상남도 통영시 한산면 한산일주로 70

16. 하동

하동 이순신 백의종군로(고하리)

조선 조정은 옥에 갇혀 있던 이순신을 권율 도원수(都元帥) 휘하로 보내 백의종군시키기로 결정했다. 1597년 4월 1일 의금부에서 풀려나 옥문을 나선 이순신은 합천 초계에 있는 권율 장군의 진영을 향해 출발했으며, 5월 26일(양력 7월 10일) 하동군 악양면 평사리 이정란의 집에 도착했다.[155] 그곳에서 어렵게 하룻밤을 보내고 이튿날 길을 떠난 이순신은 섬진강변 길(지금의 19번 국도)을 따라 걸어 하동읍 서해량(읍내 삼거리)에 있는 최춘룡 집에서 하룻밤을 묵었다.[156]

하동읍성 터 표지석

주성마을 백의종군로 표지석

---

155) 이정란의 집은 김덕령의 아우 김덕린이 빌려 살고 있었다. 이순신(노승석 역), 『교감완역 난중일기』(서울: 민음사, 2010), 370쪽.
156) 이순신은 8월 3일 다시 삼도 수군통제사가 되어 임지로 떠나는 도중에 최춘룡의 집을 다시 찾는다.

복원공사 중인 하동읍성

(하동읍성)

이순신은 5월 28일부터 이틀 동안 하동읍성의 현청 별사(別舍)에서 머물렀다. 하동읍성 (河東邑城)은 1417년(태종 17)에 축조한 성곽인데 양경산 자락에 걸쳐 있어 양경산성이라 고 불리기도 하는 성곽이다.

1593년 임진왜란 당시 가토 기요마사 군대에 의해 성이 함락되었으며 이때 객사, 관아, 향교 등이 불에 타 소실되었다. 하동관아는 1661년에 횡포촌 내기동으로 이전했다. 1667 년에 다시 성내로 관아를 이전하기도 했으나, 1703년 진답면 우동(지금의 하동읍 비파리 우치동)으로 이전했다.

충무공 백의종군 행로지 표지석

읍성 주변으로는 해발 150~300m 내외의 산줄기가 뻗어 있으며, 산줄기에서 동남쪽으로 뻗은 50m 내외의 능선들이 주변을 둘러싸고 있다. 성내는 작은 골짜기를 이루고 있으며, 물은 대부분 남서쪽의 남문 터 주변에 집중되어 동쪽으로 흘러 남서방향으로 배수되는 지형을 이루고 있다.

현재 남아 있는 읍성의 길이는 1,400m이고, 폭 4.5m 정도이다. 동·서·남쪽 체성 중간에는 옹성을 두른 문터와 그 좌우 및 성 모퉁이에 치성을 배치하고 치성 바깥에는 다시 해자를 두었다. 근년의 지표 발굴조사 결과 해자는 물론 양마장도 있던 성곽으로 확인되었다. 하동군 고전면 고하리 산 151번지에 소재하는 하동읍성은 2004년 5월 31일 사적 제453호로 지정되었다.

(백의종군)

1597년 6월 1일 백의종군 중인 이순신과 그 일행은 아침 일찍 길을 떠나 청수역(하동군 옥종면 정수리)에서 말을 쉬게 하고 산청군 단성으로 떠났다. 저물녘에 단성과 진주의 경계에 있는 박호원(朴好元)의 농사짓는 종의 집에 도착하여 그곳에서 묵었다. 6월 2일에는 저녁 늦게 삼가에 도착해 삼가현감 관사에서 잠을 잤다. 6월 4일 일찍 삼가를 출발하여 낮에 합천에 도착했고 이어 권율 도원수의 진영에 도착했다.

이순신은 7월 18일 새벽 이덕필과 변홍달로부터 칠천량해전 참패 소식을 듣고 통곡했다. 그날 오후 권율 도원수가 이순신이 있는 곳으로 와 대화를 나누었다. 권율이 방책을 묻자 이순신은 자신이 직접 해안지방으로 가서 듣고 본 뒤에 방책을 정하겠다고 했고, 권율은 그리하라고 했다.

이순신은 송대립, 유황, 윤선각, 방응원, 현응진, 임영립, 이원룡, 이희남, 홍우공과 함께 길을 떠나 삼가현에 도착했다.[157] 그리고 7월 19일 단성의 동산산성에 올라 지형지세를 살피고 단성에서 유숙했다.

7월 20일에는 굴동(屈洞, 지금의 하동군 옥종면 문암리) 이희만의 집에서 묵고, 21일 일찍 길을 떠나 곤양군에 들어갔다. 점심식사를 한 후 길을 떠나 노량에 이르니 거제현령 안위와 영등포만호 조계종 등 여러 명이 와서 통곡했으며, 피난해 온 규졸과 백성들 또한 통곡했다. 이순신이 이들에게 당시의 상황을 물으니, 대장 원균이 일본군을 보고 먼저 뭍으로 상륙하고 여러 장수와 군졸이 그를 따라갔다가 뭍에 있던 일본군에게 피살당하여 이 지경이 되었다고 했다.

7월 22일 아침에는 경상수사 배설이 찾아와 칠천량해전 때 원균의 수군이 궤멸당한 일을 이순신에게 보고했다. 오후에 곤양으로 돌아와 묵었으며 7월 23일에는 다시 하동군 옥종면 정수리에 있는 이희만의 집으로 갔다.

또 7월 24일부터 26일까지는 같은 마을에 있는 이희만의 조카 이홍훈의 집에서 기거했다. 그리고 7월 27일 정개사성 건너편에 있는 진주 손경례의 집으로 가 머무르게 된다.

이순신의 백의종군(하동 도착에서 삼도 수군통제사 재임명 시까지)
하동(05. 26) - 산청(06. 01) - 합천(06. 02) - 산청(07. 19) - 사천(07. 22) - 하동(07. 23) - 진주(07. 27~08. 03) - 하동(08. 03)

○ 경상남도 하동군 고전면 고하리 주성마을

하동 이순신 백의종군로(문암리 강정)

강정(江亭)은 이순신이 권율 도원수 휘하에서 백의종군하다가 1597년 7월 16일 칠천량 해전에서 원균이 이끄는 조선 수군이 대패했다는 소식을 접하고 도원수와 숙의 끝에 그가 직접 해안지방으로 가서 상황을 파악한 후 대책을 수립하기로 하고 합천(율곡)을 떠나 전황을 살피기 위해 오가며 잠시 휴식을 취한 곳이다.

---

157) 이순신(노승석 역), 앞의 책, 389쪽.

백의종군 행로지 표지석

문암정

　　이순신은 합천을 떠난 지 이틀 뒤인 7월 20일 하동 이희만의 집으로 가다가 이곳에서 진주목사와 만나 대책을 협의했다. 또 노량과 곤양의 전황을 살핀 뒤 이홍훈의 집에서 머물던 7월 26일 이곳에서 정개산성에 주둔하고 있던 종사관 황여일과 진주목사를 만나 대화를 나누었다.

강정(문암정)

　　'난중일기'에는 강정 또는 송정이라 했는데 문암 바위를 의지하고 동남쪽으로 덕천강을 굽어보고 있다. 손형이라는 사람이 정자를 짓고 노년을 보냈으나 정유재란 때 일본군의 전라도 침공 와중에 소실되었다고 한다. 문암은 두 바위가 문과 같은 모양으로 마주 보고 있기 때문에 이름이 붙었다. 뒤에 선비들이 이곳을 즐겨 찾아 문암(文巖)이라고 고쳐 부르게 되었다. 조선기대 후기에는 강정을 가꾸고 나루터를 만들어 1975년까지 370여 년 동안 강을 건너 진주 원계리로 통하는 교통의 요지가 되었다.

○ 경상남도 하동군 옥종면 문암리

하동 이순신 백의종군로(이희만/이홍훈의 집)

이순신은 1597년 7월 23일 하동군 옥종면 정수리(지금의 청룡리)에 있는 이희만의 집으로 가 묵었으며, 7월 24일부터 26일까지는 같은 마을에 있는 이희만의 조카 이홍훈의 집에서 기거했다.

청룡리 상촌 마을 입구 도로변의 표지석

청룡리 중촌 마을. 백의종군로 안내판

청룡리 중촌 마을. 이홍훈의 집터

청룡리 중촌 마을. 오른쪽의 논 방향에 상촌마을이 있다.

청룡리 상촌 마을. 이희만의 집터

청룡리에서 만난 마을 주민은, 이순신이 와서 먼저 여장을 푼 것은 청룡리 상촌마을 이희만의 집이고, 그다음에 묵은 곳은 거기에서 약 50미터 아래쪽에 있는 청룡리 중촌마을 이홍훈의 집이라고 한다. 이희만의 집은 지금은 새로 신축된 집으로 남아 있고, 이홍훈의 집은 사라져 흔적은 알 수 없고 다만 집의 위치를 알려주는 안내판만 서 있다.

청룡리 상촌

이곳은 이순신이 1597년 권율 도원수 휘하에서 백의종군하던 중 원균이 이끈 수군이 대패했다는 소식을 접하고 도원수와 숙의 끝에 공이 직접 해안지방으로 가서 상황을 파악한 후 대책을 수립하기로 하고 합천 초계를 떠나 7월 20일 이곳 이희만(李希萬)의 집에서 유숙했으며, 노량에서 전황을 살피고 돌아오던 길인 7월 23일 다시 이희만의 집에서 유숙했고, 7월 24일부터 7월 26일까지는 이웃 이홍훈(李弘勛)의 집으로 옮겨 유숙한 곳이다.

○ 경상남도 하동군 옥종면 청룡상촌길 54

| 하동 이순신 백의종군로(최춘룡의 집) |

백의종군 중인 이순신은 1597년 5월 27일 쌍계동(화개면 탑리)을 지나 두치(하동읍 서해량동) 최춘룡의 집에서 늦은 시각에 도착하여 이종호와 유기룡을 만났다. 이곳에서 유숙하고 이튿날 하동현청(고전면 주성)을 가기 위해 출발했다.

읍내삼거리 백의종군 행로지 표지석

행로지 표지석 길 건너 섬진강 물길

　　그의 이동경로를 적은 백의종군 표지석은 하동읍 읍내리 읍내 삼거리에 있으며, 표지석 뒤로는 광양만권 경제자유구역 하동사무소 건물이 있고, 표지석 남쪽으로는 섬진강이 흐른다.

　　○ 경상남도 하동군 하동읍 서해량동 읍내삼거리

　평사리 외둔은 이순신 장군이 1597년 권율 도원수 휘하에서 백의종군하기 위해 당시 도원수부(都元帥府)가 있던 합천 초계로 향하던 중 5월 26일 전라남도 구례의 석주관(石柱關)을 거쳐 경상남도 지역으로 들어와 하루 유숙한 곳이다. 이순신은 다음날 두치(豆恥: 하동군 하동읍 두곡리 두곡, 서해량동)를 거쳐 5월 28일 하동현청(하동군 고전면 고하리 주성마을)에 도착하여 이틀간 머문 후 초계로 향했다.

　평사리 백의종군로 표지석은 최참판댁 입구를 알리는 안내판이 있는 국도 19호 도로변 외둔 삼거리에 있다.

평사리 외둔 삼거리에 있는 백의종군 행로지 표지석

○ 경상남도 하동군 악양면 평사리 외둔 삼거리

정기룡 장군 유허지는 곤양 정씨의 시조인 매헌(梅軒) 정기룡(鄭起龍)이 태어나 젊은 시절에 학문을 닦고 무예를 연마하던 곳이다. 유허지는 사당, 생가 터, 기념관으로 구성되어 있다.

(경충사)

경충사(景忠祠)는 임진왜란과 정유재란 때 활약한 구국공신 정기룡의 업적을 기리기 위해 건립된 사당이다. 정기룡은 1562년 4월 24일 하동군 금남면 중평리 상촌에서 출생했으며, 1622년 2월 한산도 통제영에서 삼도 수군통제사 재임 중에 61세를 일기로 사망했다.

장군의 충의를 이어가고자 영남지방 선비와 후손들이 1931년 모충계를 결성하여 1932년에 경충사를 건립했으며, 매년 제사를 올려 그의 충절과 위업을 기리고 있다.[158]

그러나 그 후 일본의 방해와 협박으로 사당 관리에 곤란을 겪다가 광복 후인 1951년에 '경충사 유지관리위원회'를 조직하여 준비한 끝에 1966년 봄에 위패를 봉안하게 되었다. 이 위원회의 노력으로 1968년 정문과 내삼문이 신축되었으며 1970년에는 사당을 건축하고 위패를 옮겨 봉안했다.

1984년 경충당을 옮겨 지었으며 신도비와 관리사를 세우고, 1988년에는 기념관을 신축하여 유물을 취합, 전시하기에 이르렀다. 1989년 이후 경충사 성역화 사업이 시작되었으며, 그 후에도 필요에 따라 보수공사를 시행하고 있다.

정기룡 장군 유허지는 1991년 12월 23일 경상남도 문화재자료 제188호로 지정되었다.

충의공 신도비

경충사 전경

---

158) 경상북도 상주시 사벌면 금흔리에 장군을 모신 사당 충의사와 묘소, 유물관이 있다.

경충당

경충사

위패

기념관

생가 터

(정기룡 장군 유품)

　정기룡 장군의 유품은 교서, 장검, 유서 등 3점이다.[159] 그동안 정씨 문중에서 장군의
유품을 보관해 오던 중 1989년 하동 경충사 기념관이 준공됨에 따라 이곳 기념관으로 옮

겨 보관·전시하고 있다.

국난을 이겨내는 데 큰 공을 세운 정기룡 장군의 유품은 1991년 12월 23일 경상남도 유형문화재 제286호로 지정되었다.

(정기룡 장군의 전적)

정기룡은 곤양 정씨의 시조이며, 원래 이름은 정무수였으나, 1586년 무과에 급제한 뒤 선조 임금으로부터 '기룡(起龍)'이라는 이름을 하사받았다.

1592년 4월에 임진왜란이 일어나자 경상우방어사 조경의 별장(別將)으로 출전하여 거창전투에서 일본군 500여 명을 격멸했고, 금산전투 도중 일본군에게 포로로 잡혀간 조경 장군을 구출하는 전공을 세워 장군의 명칭을 받게 되었다. 또한 거창, 상주, 사천, 김해, 울산, 경주, 함양, 진주, 성주, 고령, 합천, 초계 등지를 다니면서 80여 회의 전투를 승리로 이끌었다. 곤양성을 지키는 수장이 된 그는 일본군의 호남 진출을 저지하는데 공을 세웠다.

1597년 정유재란이 일어나자 토왜대장(討倭大將)이 되어 경상북도 고령에서 일본군을 대파하고, 일본군 장수를 사로잡는 등 큰 전과를 올렸다. 그 공로로 경상우도 병마절도사가 되었다. 광해군 재위 시에는 지중추부사, 오위도총부총관, 도총관, 삼도 수군통제사를 거쳐 보국숭록대부에 이르렀다.

삼도 수군통제사 겸 경상우도 수군절도사로 근무하던 중 1622년 통영 진중에서 생을 마감했다. 상주 충렬사에 모셔졌다.

정기룡 장군의 왜란 9대첩은 다음과 같다.

---

159) 유서는 임금이 벼슬을 내릴 때 발급하는 명령서이다.

전투	일시	당시 직위	내용
거창 전투	1592. 04	별장	모리 요시나리·구로다 나가마사가 이끄는 일본군 500명 사살
속리산 용화동 전투	1592. 11	상주가판관	도도 다카토라가 이끄는 일본군 300명 사살
상주성 탈환전투	1592. 11	상주가판관	일본군 400명 사살, 200명 생포
고령 전투	1597. 08	감사군 대장	척후장 이희춘(李希春), 황치원(黃致遠) 등과 함께 가토 기요마사, 고바야카와 다카카게, 모리 히데모토, 나베시마 나오시게 등의 6만 군대와 격전, 승리
보은 전투	1597. 09	경상우병사	명군 참장(參將) 팽교덕(彭校德)과 협력. 가토 기요마사의 1만 군대 대파
울산성 전투	1597. 11	경상우병사	도원수 권율 지휘 하에 좌병사 고언백(高彦伯)과 함께 명군 경리 양호, 제독 마귀와 협력. 가토 기요마사, 아사노 나가요시(淺野長慶) 등의 1만여 명 격파
삼가 전투	1598. 03	경상우병사	별장 백홍제(白弘悌), 명군 부총병 해생(解生)과 협력. 시마즈 요시히로의 2천 명 군대 격파
함양 사근역 전투	1598. 04	경상우병사	명군 부총병 이령(李寧)의 기마병 2,000명과 협력. 시마즈 요시히로 부대 대파
사천 전투	1598. 09	경상우병사	명군 장수 동일원(董一元), 환방(換榜), 팽신고(彭信古), 남방위(藍芳威) 등의 군대와 협력. 시마즈 요시히로, 이세 사다마사(伊勢貞昌) 등의 일본군 8천 명 군대 공격

출처: 〈임란의 맹호 충의공 정기룡 장군〉

○ 경상남도 하동군 금남면 경충로 503-14

17. 함안

함안 충순당

충순당(忠順堂) 이령(李伶, 1541~1592)은 1541년 함안군 가야읍 검암리에서 출생했다. 그는 어려서부터 효성이 지극했으며, 1552년(명종 8)에 부친의 병환이 위독해지자 자신의 손가락을 끊어 피를 드려서 여러 날을 소생케 했고, 모친의 병환이 위중할 때도 역시 손가락을 끊어 피를 드려 수일간을 연명케 했다.

그는 1592년 4월 침공해 온 일본군이 동래에서 김해로 진격한다는 소문을 듣고 함안에서 의병 100여 명을 모집하여 김해성(金海城)으로 가 동문장(東門將)이 되었다. 무수한 적을 참살하고 퇴각시켰으나 얼마 후에 일본군이 성을 포위하고 집중공격을 가해 왔을 때 주장(主將)은 자기의 처자식을 데리고 도망을 가고, 조선군의 원군이 없는 난감한 상황에서 성안의 군사들은 동요하기 시작했다. 이에 그는 피 묻은 옷을 벗어 작은 아들 이명화에게 주면서 너는 고향으로 돌아가서 장례를 지내라고 말하고 군사들을 독려하여 싸우다가 전사했다.[160]

---

160) 이쾌권 편, 『충순당 자료집: 성산 이씨 충순당의 역사와 문헌』(성산 이씨 충순당 종중, 2010), 68쪽.

충순당

사당 성인사

 충순당은 정면 4간 측면 2간의 단층 목조와가 팔작지붕이며, 이령 장군의 사당인 성인사(成仁祠)는 정면 3칸 측면 1칸의 단층 맞배 목조와가이다.

천지간에 가장 빛나고 가장 열렬하며 가장 뛰어나서 백일과 같이 빛나고 추상같이 엄하여 태산같이 고상하여 우주가 다하도록 만고로 빛나는 것은 충과 의가 그러한 것이다. 그러나 오직 천성을 온전히 하고 인도를 다 할 수 있는 자만이 가능한 것이니 슬프다.

옛적 임진왜란 때에 국가의 존망이 조석에 달렸고, 국민의 생사가 호흡 간에 절박한 때를 당하자 대대로 국록을 먹고 영화를 누리고 국가와 민족을 위한다고 자처하며 국방과 치안을 담당한 수령과 방백의 자리에 있는 자로서도 자기의 일신을 위하고 처자를 보호하기에만 혈안이 되어 놀란 새와 쫓긴 쥐처럼 뿔뿔이 도망친 자가 무수하였건만은 오직 충순당 이공은 읍산(함안)의 무명의 평민으로서 조정에서는 어떤 인물인지조차도 알지 못함에도 불구하고 통분을 참지 못하여 의병을 일으켜 김해성에 출전하여 동문장이 되어 용감히 싸워 일차 격퇴시키고 무수한 적을 죽였으나 주장(김해부사)이 도망함으로 군기는 해이하여지고 적은 대군으로 성을 첩첩으로 포위하였으며 밖으로는 개미 한 마리의 원군도 없으므로 과가 중을 당하지 못하고 약이 강을 제어하지 못함은 원리라 아무리 분전하여도 세궁역진하여 적의 총칼 아래 순절하셨으니 이것이 태사공의 이른바 '분에 앞서서 자신을 돌보지 않고 국가의 다난을 도움'이요, 맹자의 이른바 '의리를 위하여 일신을 바친 것'이며 공자의 이른바 '몸을 바쳐 인을 이룬 것'이니 참으로 영구토록 인신들에 권장할 일임에도 불구하고 충성을 포양하고 절의를 장려하는 은전이 빠진 것은 자손들의 미약한 소치였다.

지금 수백 년이 지난 오늘날에도 향론이 꺼지지 않고 선비들이 더욱 억울하게 여겨 여지승람에서 뽑고 읍지에서 추리고 삼강록에서 봉조하고 학봉집에서 참고하여 상(왕)에게 계문되어 정려가 하사되어 숨겨졌던 광명이 현연히 밝혀졌으니 참으로 장하도다.

후손인 문종(文琮)이 그 종의(宗議)를 들어 나에게 말하기를 '전에 공이 묘지명을 지어 그 행적을 자상하게 알 것이나 거듭 정려기를 지어라'는 부탁이 있으므로 드디어 기록한다.

가선대부 행 형조참판 겸 동지경연 춘추관사 오위도총부 양천 허전(許傳) 지음

1868년에 조정에서 정려를 명했으며, 1880년에 통훈대부 사헌부 감찰, 1885년에는 통정대부 이조참의의 직위를 그에게 내렸다. 이령 장군의 뜻을 기리고자 1980년에 국비 지원으로 충순당을 보수했다.

○ 경상남도 함안군 가야읍 상검길 22-41

함안 이휴복 신도비 · 도천재 단서죽백

이휴복(李休復, 1568~1624)의 나이 25세 때인 1592년 6월에 부모, 형, 형수가 일본군에게 살해당했다. 이때 그는 부모의 시신을 안고 기절했고, 일본군은 이휴복도 죽은 줄 알고 그대로 지나쳐 갔다.

조금 후 정신을 차린 그는 야음을 이용하여 부모의 시신을 업고 선영 아래에 장사를 지낸 후 황암 박재인을 따라 진주로 피신했다.

27세 때 그곳에서 복상을 마치고 상복을 벗었으며, 진주에서 의병으로 나서 진주와 의령 함안 일대에서 의병활동을 했다.

1597년 정유재란이 일어나자 모집한 의병을 이끌고 곽재우 장군이 있는 창녕 화왕산성으로 가 힘을 합쳐 일본군 토벌에 전과를 올렸다. 그는 왜란이 끝난 후에 계속 무예를 닦

아 1606년 무과에 급제했으며, 절충장군, 순천군수 등의 벼슬을 지냈다.

이휴복의 묘소와 신도비는 함안군 군북면 명관리 입구에 있다. 신도비에는 '증 갈성분위 진무공신 자헌대부 호조판서 겸 지 의금부사 인원군 갈성분위 진무공신 가선대부 행 순천군수 인원군 신도비'라고 새겨져 있다.

진무공신은 '이괄의 난을 평정한 공신'을 뜻하며, 이휴복은 순천군수로 재직 중 별세했다.

(도천재 단서죽백)

재실 도천재(道川齋)는 인천 이씨의 선조 이휴복을 모신 곳이다.161) 도천재에는 인조 임금이 인원군(仁原君) 이휴복에게 내린 단서죽백(丹書竹帛)이 봉안되어 있다. 단서죽백이란

---

161) 명관리 평광마을 입구의 숲은 1480년 이곳에 정착한 인천 이씨 선조들이 조성했다.

교서의 이름을 말하는 것은 아니고 교서가 대나무 비단, 즉 죽백(竹帛)에 붉은 글씨, 즉 단서(丹書)로 쓰여 졌기에 붙여진 이름이다.

단서죽백은 1625년 인조 임금이 '이괄의 난'을 평정하는 데 있어 관군 별장으로 안현에서 공을 세운 이휴복에게 진무공신 3등에 해당하는 급여를 내려준 공신교서이다. 크기는 가로 198㎝, 세로 38㎝의 두루마리로 되어 있다.

교서는 해서체로 쓰였으며, 공신으로 책록된 연유와 하사된 토지, 노비 등과 내려준 연월이 기록되어 있다. 또한 뒷면에는 교서의 제작과 글씨를 쓴 사람이 나와 있다.

도천재의 편액은 대원군이 쓴 것이며, 도천재 단서죽백은 1972년 2월 12일 경상남도 유형문화재 제56호로 지정되었다.

○ 경상남도 함안군 군북면 명관3길 53

18. 함양

함양 논개 묘소

논개 묘는 함양군 서상면 금당리 방지마을 뒷산에 자리하고 있다. 묘 앞의 제단에는 '유인 신안 주씨 논개지묘'라고 적혀 있다. 논개(論介)의 성씨는 주씨(朱氏)이며, 전라북도 장수에서 출생했다.

주차장에서 본 논개 묘역

논개 묘

논개 묘

이곳은 전라북도 장수군과 경계를 이루고 있는 곳이다. 장수군의 의암사적보존회는 십수 년에 걸친 문헌 조사 및 구전 녹취 자료 등을 토대로 현장을 답사했으며, 경상남도 문화재 전문위원 및 향토사학자들의 고증을 거친 끝에 1976년에 이 묘를 발견했다.[162]

1980년대 후반 함양군청에서 논개 묘역 성역화 사업을 시작해 봉분을 다시 만들고 비석을 세웠으며, 묘역 주변을 정화하여 새로운 모습으로 단장했다. 묘의 규모는 높이 1.2m, 직경 5.4m, 길이 5.3m이며, 묘의 방향은 남향이다.

1593년 6월 29일 진주성이 함락된 후 촉석루에서 일본군 장수들이 주연을 즐기고 있을 때 촉석루 아래 바위에서 논개가 일본군 장수를 껴안고 남강에 투신하여 순절한 날을 추

---

162) 오치황 씨가 논개 묘역 발견에 큰 힘이 되었다고 한다.

모하고 충절의 정신을 널리 선양하기 위해 매년 음력 7월 7일 유림에서 추모제를 봉행하고 있다.

논개반장의병추모비   논개반장의병추모비(사진 오른쪽)

(의암 논개 반장 의병추모비)

논개의 묘를 바라볼 때 언덕 아래 오른쪽에 비석이 서 있는 것을 볼 수 있다. 논개와 최경회 장군의 시신을 수습하여 이곳으로 운구해 온 의병들의 애국애족정신을 기리기 위해 1989년 12월 함양군에서 세운 의암 논개 반장 의병추모비(義巖論介返葬義兵追慕碑)이다.

의암 논개 반장 의병추모비

남강의 원시(源始)인 여기에 함양군 서상면 금당리 탑시기골에 남강과 함께 푸르게 흐르는 찬란한 역사의 꽃 의암 논개 묘 있나니.

진주성 무너져 흩어졌던 의병들이 진양벌 침수목의 남강 기슭에서 이제 막 원수 갚아 햇살같이 웃음 번진 열아홉 청춘의 의암 논개 주검 건져 한여름 삼백 리길 낮에는 왜병 피해 사흘 밤이슬 속에 총총히 반장하여 가신 님의 고향 길목 의병들의 창의지인 덕유의 운봉 아래 양지바르게 묻었구려.

이곳 함양은 천령의 옛 땅 어질고 착한 사람들이 대대로 살았거니 그 밤 반장에 목숨 건 의병 선인들이시여 오늘 이 고을 군민들이 비 하나 세우고 거룩한 충의를 삼가 추모 하옵나니 민족의 애인으로 영원할 의암혼이 충효와 정결의 그때 그 모습 그대로 천령함곡 터전에서 전해지게 하소서.

○ 경상남도 함양군 서상면 금당리 산 31번지

> 함양 최경회 장군 묘소

논개의 묘 바로 뒤에는 제2차 진주성 전투에서 싸우다 순절한 충의공 최경회 장군의 묘가 있다. 논개는 최경회 장군의 후실로 알려져 있다.

최경회(崔慶會, 1532~1593)는 본관이 해주(海州)이고, 1568년 문과에 급제하여 영해군수 등을 지냈다. 그는 임진왜란이 일어나자 의병을 일으켜 충청도 금산·전라도 무주 등지에서 전공을 세웠고 이듬해인 1593년 경상우병사로 승진했다. 그해 진주성 전투에서 싸우다 성이 함락되자 남강에 투신, 순국했다.

사후 최경회 장군에게 좌찬성의 직위와 시호 충의(忠毅)가 내려졌다. 묘 제단석에는 '충의공 증좌찬성 행경상우병사 해주 최공 경회지묘(忠毅公贈左贊成行慶尙右兵使海州崔公慶會之墓)'라고 적혀 있다.

최경회 장군 묘   최경회 장군 묘(작은 봉분은 논개의 묘)

○ 경상남도 함양군 서상면 금당리 산 31번지

함양 해주 석씨 후손

임진왜란 때 일본군이 물밀듯이 쳐들어오자 선조 임금은 의주로 피난길에 올랐고 조정에서는 신점·정곤희 등을 명나라에 보내 원군을 요청하였다. 그러나 명나라 조정에서는 논의가 분분하여 파병이 어렵게 되었다.

이때 병부상서 석성이 지원군을 보낼 것을 주장하므로 신종 황제는 파병을 결정하고 조승훈과 이여송에게 대군을 주어 일본군을 격퇴하게 했다.[163] 전쟁이 장기화되자 명나라 병부상서 석성은 심유경(沈惟敬)을 파견하여 일본군과의 화의를 도모했으나 강화교섭

---

163) 병부상서 석성은 도요토미 히데요시의 명나라 정벌 소문의 진위, 조선의 일본 협조설을 파악하기 위해 요동지역 진무사 임세록(林世祿)과 최세신(崔世臣)을 조선에 파견했다. 1592년 두 사람이 평양에 도착하자 선조는 그들을 접견했으며, 유성룡은 그들을 대동강 건너편에 진을 치고 주둔하고 있는 일본군 부대를 보게 했다. 그들이 조선에 온 것은 표면상으로는 일본군 동정 탐색이었지만 실제로는 조선이 도요토미 히데요시의 명나라 정벌에 앞잡이 노릇을 하고 있는지를 알아보기 위함이었다. 선조수정실록, 선조 25년 6월.

은 실패로 끝났다.

지원군 파견 후 시간이 흘러도 조선에서 일본군을 몰아낼 기미가 안 보이자 명나라는 일본과의 강화를 택했는데 협상이 여의치 않아 강화교섭이 결렬되고 일본군이 다시 침공해오자 석성이 그 책임을 지게 되었다. 신종은 조선에 군대를 파병하여 지원하자고 주장한 석성의 책임을 물어 그를 투옥했다.

장차 가문에 닥칠 화를 염려한 석성은 1597년 옥중에서 은밀히 아들을 불러 조선으로 망명할 것을 당부했다. 석성의 옥중 유언에 따라 둘째 아들 석천(石洊)은 그해 배를 타고 요동과 호남을 거쳐 가야산 남쪽 군성산 아래 경상북도 성주 대명동에 정착하여 성주 석씨가 되었다.

석성은 1599년 9월에 옥사했다. 부인 류씨와 큰아들 석담(石潭)은 옥바라지를 하며 남아 있다가 장항에 유배되었다. 그 후 여러 신하들이 석성의 충절을 조정에 고하여 그는 다시 복관되었다. 유족들이 장항에서 돌아왔으나 나라 형편이 어려워짐을 보았고, 또 석성의 유언도 있고 해서 석담은 어머니 류씨를 모시고 조선으로 와 황해도 해주에 도착했다. 조선 조정에서는 그들이 자리 잡은 수양산 일대의 토지를 주어 생활할 수 있는 기반을 마련해 주었고, 석담을 수양군에 책봉했다. 석담은 해주 석씨의 시조가 되었다.

한편 석성 사망 소식을 들은 선조 임금은 1603년 평양에 사당 무열사(武烈祠)를 세워 사액을 내리고 매년 봄과 가을에 제사를 지내도록 하여 위기에 처해 있던 조선을 도와준 고마움을 기렸다.[164]

그 후 석담의 작은 아들 석귀당과 그 후손들은 경상남도 김해까지 내려갔다가 지금의 산청군과 함양군 등지로 옮겨 정착했다. 그들이 여러 곳을 옮겨 다니게 된 것은 1644년 명나라가 망하고 청나라가 건국되면서 조선에 있는 명나라 유민들을 소환하게 되자 조선 조정에서는 석씨 일가를 경상도 산음(山陰)으로 피신하도록 하고 전답을 다시 내렸으며 엄격한 보안유지를 통해 그들을 보호해 주었는데 그곳이 지금의 경상남도 산청군 생초면 평촌리 일대이다.

석씨 가문은 과거 함양군 마천면 추성리에서도 집성촌을 이루고 살았는데 지금도 석씨의 후손이 이곳에 살고 있다. 추성리에는 석담의 15대손과 16대손이 살고 있었는데, 15대손 석덕완 씨는 2007년 12월에 작고했고 그의 부인 이방강 여사가 16대손 아들과 살고 있다.

석담의 13대손인 석상룡(石祥龍) 또한 일제강점기 일본이 조선을 식민지로 만들 무렵에

---

164) 이종인, 『의병참모장 비호장군 석상룡 약전』(함양: 석상룡장군기념사업회, 1996), 66~67쪽.

의병을 일으켜 항일독립운동을 전개했다.165) 해주 석씨 가문은 조선이 위기에 처할 때 지원군을 보내거나 의병을 일으켜 나라를 지키는 데 힘을 보탠 애국지사의 가문이다.

해주 석씨 후손의 집

해주 석씨 족보

해주 석씨 족보에 실린 석성 초상

해주 석씨 족보

(홍순언과 중국 류씨 부인의 특이한 인연)

역관 홍순언(洪純彦, 1530~1598)은 수시로 북경을 왕래하면서 통역업무는 물론 조선과 명나라 간의 외교문제를 해결한 인물이다. 언젠가 홍순언이 북경에 갈 때 통주(通州) 부근을 지나가다가 어느 유곽에 들어가게 되었다. 그는 양한적에게 후한 돈을 쥐여 주고 한 아름다운 기녀를 얻을 수 있었다.166) 미모의 기녀 류씨는 홍순언에게 화대로 은 천 냥을 요구했다. 그가 기녀에게 터무니없이 높은 화대를 요구하는 이유를 묻자 그녀는 죽은 부모의 장례를 치를 돈이 없어 스스로 몸을 팔기에 이르렀는데 기실은 처녀로서 아직 남자를 섬기지 않았

---

165) 천석꾼이었던 석상용의 부친은 재산을 처분하여 아들의 항일독립운동을 적극 지원했다.

166) 양한적(養漢的)은 창녀를 길러 몸값을 받는 자의 명칭이다. 오늘날의 포주이다.

다고 답했다. 홍순언은 그녀를 측은히 여겨 가지고 있던 돈을 내어주고 관계를 맺지 아니하고 유곽을 그냥 나왔다.[167] 그 후 그녀는 예부상서 석성의 총애를 받는 첩이 되었다.

귀국 후 홍순언은 나라의 공금을 개인 용도로 사용한 횡령혐의로 투옥되었다가 1584년에 종계변무 일 때문에 사신 황정욱을 따라 북경에 다시 가게 되었다.[168] 류씨를 구제한후 몇 년이 지난 후의 일이다. 100년 이상을 끌어왔던 종계변무 문제는 예부시랑 석성의협조로 해결되었다. 그 배경에는 홍순언이 장례비용을 대신 갚아준 류씨가 당시 석성의부인이 되어 있었던 사연이 있다. 그 류씨가 석성을 움직인 것이다.[169] 홍순언의 은혜를잊지 못한 류씨는 그가 귀국할 때 '은혜를 갚는 비단'의 뜻을 갖는 '보은단(報恩緞)'이라는글자를 수놓은 비단을 마차에 가득 실어 선물하기도 했다.

그 후 임진왜란이 발발하자 조선은 명나라에 원군을 요청했다. 명나라 조정의 대신들은 파병을 꺼렸지만 당시 병부상서가 되어 국방을 책임지고 있던 석성의 파병 주장으로결국 원군을 보내는 것으로 결정되었다. 그 뒤에도 류씨가 있어서 석성의 마음을 움직인것이다. 홍순언은 명나라군이 참전하자 제독 이여송의 통역관으로 일했고, 선조 임금과이여송이 면담할 때에도 통역을 맡기도 했다.[170]

○ 경상남도 함양군 마천면 칠선로 237-8 (추성리)

함양 황석산성 피바위

황석산은 경상남도 거창에서 전라북도 전주로 통하는 교통의 요지이다. 이곳에 있는황석산성(黃石山城)은 해발 1,190m의 황석산 정상에서 뻗은 산마루를 따라 골짜기를 감싸며 육십령으로 통하는 요새지에 쌓은 삼국시대의 산성이다. 성은 돌로 쌓은 부분과 흙으로 쌓은 부분으로 되어 있고, 문은 동·서·남·북쪽에 있다.

고려시대와 조선시대에 고쳐 쌓은 이 산성에서 임진왜란 때 큰 전투가 벌어졌다. 체찰사를 겸임하고 있던 우의정 이원익은 일본군은 반드시 황석산성 일대를 확보하기 위해

167) 이한우, 『선조-조선의 난세를 넘다』(서울: 해냄, 2007), 292쪽.

168) 종계변무(宗系辨誣)는 명나라 역사서인 태조실록과 대명회전(大明會典)에 조선의 태조 이성계가 고려시대 우왕 말기의 권신 이인임의 아들이라고 잘못 기록되어 있는 것을 바로잡는 일을 말한다. 여러 차례 종계변무사가 북경에 갔으나 바로잡지 못하고 있었다. 이번에도 바로잡지 못할 것을 두려워한 역관들이 북경에 가기를 꺼리자 홍순원을 보내게 된 것이다

169) 석성에게는 전 부인 정씨가 있었으니 류씨는 후처가 된다. 류씨는 아들 석담과 석천을 두었다.

170) 이한우, 앞의 책, 294쪽.

움직일 것이라고 예측하고 안음현령 곽준에게 황석산 주변의 3개 고을을 예속시켜 수장으로 삼았으며, 김해부사 백사림을 별장(別將)으로 임명했다.[171] 전 함양군수 조종도도 여기에 참여했다.

1597년 8월 16일 가토 기요마사가 이끄는 일본군은 함양에 이르렀고 그 선봉은 황석산성에 도달했다. 가토의 군사는 황석산성 안에 있는 개산(介山)을 불러, 너의 아비가 여기에 와 있으니 문을 열고 나와서 만나보라고 말했다. 개산의 아버지는 김해 사람으로 왜란 초기부터 일본군의 앞잡이가 되어 황석산성 함락작전에 협조한 인물이다. 이에 백사림은 개산을 참수하여 성 밖으로 던져버렸다.

8월 17일, 가토의 군사는 남문 쪽으로 돌입했다. 조종도와 곽준 등이 힘껏 싸웠으나 일본군을 막아내지 못했으며, 조종도와 곽준은 전사하고 성내의 군사와 백성들은 살해되어 코를 잘렸다.[172]

한편 백사림은 전세가 크게 불리해짐을 알고 처자를 데리고 성을 빠져나와 도주했다.[173] 다음의 황석가가 당시의 사정을 잘 전해 준다.

黃石歌	황석가
黃石山城	황석산성은
天府金湯	산천이 험준하여 천연의 요새로
險固且堅	험하면서 견고하니
異乎帶方	대방과는 다르나
大笑軒 郭存齋	대소헌과 곽존재는
殉忠仗節眞可傷	충성으로 절개지켜 참되게 죽었구나
小竪白思廉	저 녀석 백사렴에게
何事一任西門防	무슨 일로 서문 막는 일 시켰는가
開此門賊兵亂入皆國殤	이 문 열자 적병 난입하여 나라 망하다
于時粟上示其母	이때 창 위에 어머니 보이니
思廉到此難得堂	사렴이 왔으나 어찌할 수 없구나

출처: 김수민(신장섭 역), '한국 기동악부 주해'(서울: 국학자료원, 1997), 262쪽. 여기에서 대소헌은 조종도, 곽존재는 곽준, 백사렴은 백사림을 가리킨다.

---

171) 곽준(郭越, 1550~1597)의 호는 존재(存齋)이다. 1594년 안음현감이 되어 황석산성에서 일본군과 싸우다가 가족과 함께 전사했다.

172) 선조실록 선조 30년 9월 무자. '난중잡록' 정유 8월 16일

173) 백사림의 본관은 해미이다. 본래 병졸이었으나 1592년 임진왜란 때 장수로 발탁되었다. 1594년 거제도에 주둔하고 있던 일본군을 협공할 때, 김해부사로서 조방장 곽재우, 도원수 권율 등과 함께 싸웠다. 이어 웅천·가덕에서도 큰 공을 세웠다. 그러나 1597년 정유재란 때 함양의 황석산성에서 가토 기요마사 휘하의 일본군과 싸우던 중 가족을 이끌고 도망한 죄로 투옥되었다가 1599년 사면되어 고향으로 돌아갔다.

(피바위)

황석산성 정상을 향해 오르다 보면 정상을 약 1.9km 남겨둔 지점에서 마주치는 안내판이 있다. 계곡물이 흘러내리는 널찍한 바위에 관해 설명하는 안내판인데 그 사연이 지나는 이들을 숙연케 한다. 황석산성에서의 처절한 전투에 이어 산성이 함락된 후 이곳에서 몸을 던진 부녀자들의 사연이 담겨 있다.

피바위 안내판

피바위

피바위

1597년 정유재란 당시 조선을 다시 침략한 일본군 14만 명 중 우군(右軍) 2만 7천 명이 그해 8월 16일 가토 기요마사·구로다 나가마사 등의 지휘로 이곳 황석산성을 공격해 왔다.

이때 안의현감 곽준(郭䞭)과 전 함양군수 조종도(趙宗道)는 소수의 병력과 인근 7개 고을의 주민들을 모아 성을 지킬 것을 결의하고 관민남녀 혼연일체가 되어, 조총으로 공격하는 일본군에 맞서 활과 창칼 혹은 투석전으로 처절한 격전을 벌였으나 중과부적(衆寡不敵)으로 마침내 음력 8월 18일 황석산성은 함락되고 말았다.

일본군과의 격전이 벌어지면서 부녀자들도 돌을 나르며 부서진 병기(兵器)를 손질하는 등 적과의 싸움에 온갖 힘을 다하였으나 성이 함락되자 성안의 부녀자들은 일본군의 칼날에 죽느니 차라리 깨끗한 죽음을 택하겠다고 치마폭으로 얼굴을 가리고 수십 척의 높은 바위에서 몸을 던져 순절하고 말았다.

꽃다운 여인들이 줄줄이 벼랑으로 몸을 던졌으니 이 어찌 한스러운 비극이 아니겠는가. 그때 많은 부녀자들이 흘린 피로 벼랑 아래의 바위가 붉게 물들었다. 피맺힌 한이 스며들어 오랜 세월이 지난 오늘에도 그 흔혈은 남아 있어 이 바위를 피바위라고 부른다.

○ 경상남도 함양군 서하면 봉전리 산 153-2번지

함양군 서하면 황산리에 있는 '황암사'는 1597년 정유재란 때 황석산성을 지키기 위해 일본군과 싸우다 순국한 3,500여 호국선열의 위패를 모신 사당이다.

황석산성 전투는 정유년인 1597년에 다시 침공해 온 일본군 14만 명 중 2만 7천 명이 8월 16일에 가토 기요마사·구로다 나가마사 등의 지휘로 황석산성을 공격하면서 일어난 3일간(8월 16일~8월 18일)의 처절한 공방전을 말한다.

이때 안의현감 곽준과 전 함양군수 조종도는 소수의 병력과 인근 7개 고을의 주민들을 모아 성을 지킬 것을 결의하고 조총으로 공격하는 일본군에 맞서 활과 창칼 혹은 투석전으로 대항했다. 마지막에는 육박전으로 처절한 격전을 벌였으나 중과부적으로 마침내 8월 18일 황석산성은 함락되고 말았다.

사당 황암사

무명 용사의 묘: 호국의총

사당 뒤에 보이는 호국의총

충의공 조종도 시비

순국선열충혼비

그 후 1714년(숙종 40)에 황석산 밑에 사당을 지었다. 이 사당은 '황암사(黃巖祠)'라고 사액되었으며, 황석산성 싸움에서 순절한 분들의 원혼을 달래는 위령제를 지내왔다.

일제강점기에 황암사가 헐리고 추모행사마저 중지되어오던 중 1985년 김재연 초대 황석산성 순국선열추모위원회 위원장을 비롯한 지역유지들이 뜻을 모아 위원회를 발족시켰고 매년 추모행사를 봉행하고 있다.

1987년에 황석산성이 사적으로 지정된 것을 계기로, 지역주민들의 정성을 모아 2001년에 호국의총(護國義塚)을 정화하고 사당을 복원했다.

황석산성 순국선열 충혼비

황악산 아래 이 자리는 이 고장 선열들의 의총과 사당을 모신 빛나는 민족혼의 성지다. 그 역사적 사실을 간추리면 일본이 1592년 임진왜란에 이어 14만 명의 대병력을 투입하여 또다시 우리 강토를 침략한 1597년 정유재란 때 영호남 경계의 요충지인 이곳 황석산성을 작전 진로로 삼았는데 이미 이를 예측한 우리 조정에서도 명령을 내려 관민이 그 보수정비를 진행하고 있던 중 그해 음력 8월 16일 적의 주력부대의 하나인 2만 7천 명의 대군이 총포로 무장하고 충천의 기세로 공격해오자 이에 맞서 수성장 곽준 안음현감과, 조종도 전임 함양군수는 결사항전을 선포하고 성내의 일곱 고을에서 집결한 의병과 장정, 심지어 부녀자들까지 혼연일체가 되어 수성에 사력을 다하여 이틀 동안 치열한 공방전에 나아갔으나 마침내 동·북문 방어가 무너지면서 적군이 밀물과 같이 쳐들어와 성중은 살육의 아수라장이 되었다.

결국 성내가 적의 수중에 들자 곽준 현감과 조종도 군수는 멀리 북녘 하늘을 우러러 재배한 뒤 의연한 자세로 최후를 마쳤으며 곽공의 두 아드님은 순사하고 따님과 며느님들은 자결하고 조공의 부인도 스스로 목숨을 끊었으며 또한 이 고을의 이름 있는 선비들을 비롯해 무명의 헤아릴 수 없는 많은 남녀노소들이 순사 순절하였을 뿐 아니라 심지어 개중에는 암벽 위서 몸을 던져 그 아래 바위에 선혈이 물들어 오늘날에도 '피바위'라 불리고 있다. 일본 문헌에도 성중에서 353명의 병사와 수천 명의 민간인들을 죽였다고 기록되어 있다.

우리는 어느 때 어느 싸움에서 이런 충의와 충용과 충절에 빛나는 호국의 충혼을 찾을 것인가? 그래서 재란이 끝난 뒤 그 충의의 영령들을 나라에서도 기리기 위해 황암사라는 사액(賜額)을 내리고 제관을 보내어 제향으로 모셔 오던 중 일제치하에서 중단되어 이 고장 사람들의 마음속에만 간직해 오다가 1985년에 이르러 지방 유지들이 추모위원회를 발족하여 의총을 조성하고 사당을 중건하여 구천을 헤매시던 님들의 고혼을 다시 모시어 산성이 함락된 음력 8월 18일에 해마다 제례를 지내오고 있다.

한편 이 산성은 국가 사적지 322호로 지정되어 머지않아 완성될 것이므로 우리 민족사에 영원히 빛날 이 제단 앞에 선열들의 후광을 누리고 사는 우리 고장의 후예들이 마음가난한 정성을 모아 이 충혼비를 세우는 바이다. 글 구상

2001년 월 일 황성산성 순국선열 추모위원회

(충의공 대소헌 조종도 시비)

대소헌 조종도는 황석산성에 들어가기에 앞서 다음과 같은 시를 남겼다.

崆峒山外生猶幸	공동산 밖에 사는 것이 행복하다 하겠지만
巡遠城中死亦榮	장순·허원처럼 성을 지키다 죽는 것 또한 영화로운 일이다.

공동산은 진시황이 신선을 구하던 산이다. 장순(張巡)과 허원(許遠)은 '안록산의 난' 때 성을 지키다 죽은 당나라 충신이다. 황성산성을 사수하겠다는 결의와 성을 지키다가 죽더라도 영광이라고 생각한 조종도 공의 애국충절의 정신이 잘 표현되어 있는 시이다.

황석산성은 1987년 9월 18일 사적 제322호로 지정되었다.

○ 경상남도 함양군 서하면 황산리

19. 합천

구산서당(龜山書堂)은 구산 윤탁(尹鐸, 1554~1593)의 공적과 학덕을 기리고 충효정신을 선양하기 위해 1904년에 건립되었다.

훈련원 부정을 지낸 윤탁은 임진왜란이 일어나자 의령 지역의 의병장 곽재우와 함께 의병활동을 했으며, 1593년 6월의 제2차 진주성 전투에서 전사했다.

구산서당

대문채

조정에서는 윤탁에게 병조판서의 직위를 내렸다. 그의 위패는 합천 창의사에 봉안되어 있으며 매년 음력 5월 10일 향사를 지내고 있다.

구산서당은 대문채와 서당으로만 구성되어 있는데, 뒤쪽 경사지형에 대문채와 서당을 일직선상에 배치했다. 2002년 8월 14일 경상남도 문화재자료 제322호로 지정되었다.

○ 경상남도 합천군 가회면 골말길 28

합천 구평 윤씨 신도비

구평 윤씨 신도비(龜坪尹氏神道碑)는 구산 윤탁과 추담 윤선(尹銑, 1559～1640)의 학덕을 기리기 위해 세운 2기의 신도비이다.

2기의 비석은 1901년에 세워졌는데, 내용만 다를 뿐 재질과 모양 및 크기가 서로 같다. 비 몸의 가로·세로·두께는 각각 87㎝·236㎝·27㎝이다. 바라보는 쪽에서 오른쪽에 있는 비석이 윤탁의 신도비이고, 왼쪽 비석이 윤선의 신도비이다. 윤탁의 신도비는 이만도가 지었고, 윤선의 신도비는 허전이 지었으며, 글씨는 2기 모두 하인수가 썼다.

윤탁은 1592년 임진왜란이 일어나자 의병을 일으켰으며, 1593년에는 진주성에 들어가 김천일 장군 휘하에서 일본군을 막아내다가 순절했다. 윤선은 임진왜란 기간 동안 세자(世子)의 막하에서 활동했다.

구평 윤씨 신도비

이들 신도비는 인조반정 이후 남명학파가 와해되어 북인(北人)이 거의 사라지고 없는 상황에서, 조선시대 후기까지 북인임을 자처했던 집안에 의해 세워진 비석이라는 점에서 주목을 받고 있다. 구평 윤씨 신도비는 2002년 8월 14일 경상남도 문화재자료 제320호로 지정되었다.

○ 경상남도 합천군 가회면 함방리 257번지

합천 권율 도원수부 진영 터

합천 시내 합천경찰서 동부지구대와 초계면사무소 입구의 중간 지점에 권율 도원수부 터를 알리는 표지석이 있다. 이곳은 도원수 권율 장군이 군영을 설치하고 조선군을 지휘하여 일본군을 막아내던 도원수부 자리이다.

1597년 4월 1일 출옥한 이순신은 권율 도원수의 휘하에서 백의종군하기 위해 이곳에 왔으며 합천 초계 인근인 모여곡(합천군 율곡면 낙민리 2구 매실마을) 이어해의 집에 거처를 정한 후 택정재를 넘어 5차례나 권율 장군을 찾아와 전황을 전해 듣고 함께 전략을 수립하기도 했다. 이곳 초계는 가야산맥과 황매산맥, 황강과 낙동강이 어우러져 만든 천혜의 요새지이다.

권율 도원수 진영 터 및 백의종군 행로지 표지석

초계면사무소. 조선군을 지휘한 권율 도원수의 진영이 있던 곳이다.

○ 경상남도 합천군 초계면 초계중앙로 45(초계면사무소)

합천 지역은 이순신이 백의종군 기간 중 가장 오래 머물렀던 곳이다. 합천은 권율 도원수 진영이 있던 곳으로, 이순신이 1597년 6월 2일 삼가현청에 도착한 이래 7월 18일 도원수 진영에서 칠천량해전 패전 소식을 듣고 권율의 명을 받아 전황을 살피러 길을 떠나 삼가를 거쳐 산청으로 갈 때까지 머문 곳이다.

(삼가현청)

삼가현청에서는 6월 2일과 3일 유숙했다. 그리고 도원수부로 가서 권율 도원수를 만나 칠천량 패전 이후의 대책을 숙의한 끝에 이순신이 직접 해안지방으로 가서 상황을 파악한 후에 다시 논의하기로 하고 도원수부를 떠나 노량으로 향하던 중 8월 18일 이곳에서 수행 무관들과 함께 유숙한 곳이다.

지금은 이순신이 묵은 삼가현청은 없어지고 삼가면사무소가 자리하고 있다. 면사무소 마당에 백의종군로 표지석이 있다.

삼가면사무소 부근 백의종군 행로지 표지석–삼가면 일부리

기양루 현판

(기양루)

삼가면사무소 부근에 누각 기양루(岐陽樓)가 있는데 이 건물은 삼가현성(三嘉縣城) 안에 있던 관청 부속 건물의 하나로 임진왜란 때 이순신이 이 건물에 머문 적이 있다.

주로 연회용으로 사용된 건물로 추정되는 기양루는 현재 합천군 내에서 가장 오래된

기양루 현판

목조 기와 누각으로, 정면 3칸, 측면 2칸에 겹처마 팔작지붕으로 만들어졌다. 2층 마루 둘레에는 닭 벼슬 모양의 난간을 둘러 안전과 미학을 다 같이 고려했다. 1972년 2월 16일 경상남도 유형문화재 제93호로 지정되었다.

○ 경상남도 합천군 삼가면 삼가중앙2길 12-8 (삼가면사무소)

합천 이순신 백의종군로(이어해의 집)

백의종군하던 이순신은 도원수 진영이 있던 모여곡 이어해(李漁海)의 집에서도 묵었는데 현재 율곡면 낙민리 매실마을에 그 흔적이 남아 있다. 이어해의 집에서는 1597년 6월 6일부터 7월 17일까지 유숙했다. 매실마을에 가면 낙민2구 마을회관이 있는데 그곳에서 이어해의 집이 바라다 보인다. 처마 끝에 흰 전등을 달아놓은 집이 옛 이어해의 집이다. 집 앞에 특별한 표지석이나 안내판이 없으므로 마을 주민들에게 묻는 것이 좋다.

율곡면 낙민리 매실마을 입구 백의종군 행로지 표지석

이순신 거처지 표지석

권율 장군의 진영이 있던 이곳에 이순신도 같이 지냈음을 알려주는 거처지 표지석(왼쪽)과 정자

권율 장군 통솔진 도원수 권율이 부대를 통솔하고 훈련하던 곳이다. 도원수부는 초계면 초계리에 있었지만 도원수는 이곳에서도 진을 치고 있었으며, 초계리 도원수부까지는 3~4km 정도의 가까운 거리이다.

권율 도원수와 이순신이 거처했던 진영 터

낙민리 이어해의 집. 처마 끝에 흰색 전등을 달고 있는 집이다.

마을회관에서 바라본 이어해의 집

○ 경상남도 합천군 율곡면 매실길 79-7

합천 임란창의사

임진왜란 때의 합천지역 의병의 역사를 재조명하고, 의병을 모아 일본군을 격퇴했던 의병장 정인홍을 비롯한 의병들을 추모하기 위해 사당 창의사를 세웠다. 창의사는 합천호 옆의 산비탈을 4단의 층으로 정지하여 터를 마련했다.

임란창의기념관은 사당 창의사, 유물관, 강당(경의낭), 기념탑, 외삼문, 내삼문, 사주문 등의 건물로 이루어져 있다. 입구에서부터 가장 높은 지대에 자리한 사당까지 둘러보려면 모두 4단계의 가파른 계단을 올라가야 하지만 계단 왼쪽으로 작은 길을 만들어 놓아 계단 이용이 불편한 사람들이 이용할 수 있도록 했다.

(임란창의기념탑)

첫 번째 계단을 오르면 전면에 '합천 임란창의기념탑'이 우뚝 서 있고, 기념탑 하단 세 모서리에는 죽창·괭이·삽·쇠스랑 등을 든 농민의병 조각상이 있다. 탑의 높이는 17m, 폭은 19.6m이며, 1999년 12월에 준공되었다.

창의사 안내도

임란창의기념탑

임란창의기념탑

위패

사당 현판

사당

기념탑 뒤에 있는 두 번째 계단을 따라 '숭인문(崇仁門)'이라는 현판이 걸린 외삼문을 통과하면 왼편으로 사적비 1기와 사주문(천례문), 오른편으로 연못과 또 하나의 사주문 (양지문)이 있다.

유물관

임란창의사적비

임란창의기념탑

세 번째 계단을 오르면 유물관과 교육공간으로 쓰이는 강당 건물인 경의당이 나온다. 유물관에는 왜란 당시의 의병투쟁사와 합천 지역 의병사에 관련된 해설판이 설치되어 있고, 유물 30여 점도 전시되어 있다.

(창의사)

네 번째 계단을 올라 충의문(忠義門)이라는 현판이 걸린 내삼문을 통과하면 의병장 정인홍, 윤탁과 의병 112인의 위패를 모신 사당 창의사(彰義祠)가 있다.

창의사 봉안 위패(초계·합천 지역 의병, 가나다순)
강수, 강익문, 곽율, 권개, 권양, 김두남, 김란손, 김준, 김준민, 김질, 노세국, 노흠, 류영, 마가련, 무명 의병(無名義兵), 문경호, 문덕수, 문려, 문사영, 문익순, 문익신, 문혁, 문홍원, 박개, 박건갑, 박곤갑, 박덕순, 박사겸, 박사돈, 박사재, 박서구, 박천우, 배형원, 변옥희, 손승의, 손인갑, 송희달, 송희순, 송희철, 안각, 안극기, 안기, 안철, 유세온, 윤언례, 윤탁, 이대약, 이대윤, 이동빈, 이영, 이영숙, 이운, 이윤서, 이임, 이정, 이춘형, 이태기, 이해룡, 이현좌, 전문, 전우, 전제, 전치원, 정걸, 정방준, 정석조, 정석희, 정언충, 정연, 정유일, 정인영, 정인함, 정질, 정창서, 조계명, 조의민, 하혼, 허자대, 허홍기

○ 경상남도 합천군 대병면 합천호수로 258-1

〈참고문헌〉

高橋幸八郎・永原慶二・大石嘉一郎編(車泰錫・金利進譯), 『日本近代史論』(서울: 지식산업사, 1981).

국립진주박물관, 『국립진주박물관 임진왜란』(서울: 통천문화사, 1998).

국립진주박물관, 『다시 찾은 우리문화재 선무공신 김시민 교서』(2006).

국립진주박물관, 『삶에서 신화까지 충무공 이순신』(서울: 예맥, 2003).

국립진주박물관, 『새롭게 다시 보는 임진왜란』(서울: 삼화출판사, 1999).

국립진주박물관, 『임진왜란과 진주성전투』(2010).

기타지마 만지(김유성·이민웅 역), 『도요토미 히데요시의 조선침략』(서울: 경인문화사, 2008).

남천우, 『임진왜란 산책』(서울: 미다스북스, 2010).

도현신, 『원균과 이순신』(서울: 비봉출판사, 2008).

도현신, 『임진왜란, 잘못 알려진 상식 깨부수기』(서울: 도서출판 역사넷, 2008).

유성룡(이재호 옮김), 『징비록』(서울: 역사의 아침, 2007).

민현구, 『조선 초기의 군사제도와 정치』(한국연구원, 1983).

밀양문화원, 『국역 조선왕조실록초 사명당 송운대사 자료집』(밀양: 밀양문화원, 1998).

박경식, 『이순신과 원균: 갈등과 리더십』(서울: 행림출판사, 2005).

박영규, 『환관과 궁녀』(서울: 웅진지식하우스, 2009).

백지원, 『조일전쟁』(서울: 진명출판사, 2009).

아키야마 슈(박화 역), 『오다 노부나가 읽는 CEO』(서울: 21세기북스, 2011).

안동대학교 안동문화연구소 편, 『민족문화와 의병사상』(서울: 박이정, 1997).

양산시지편찬위원회, 『양산시지』(2004).

유승환 편역, 『한권으로 읽는 조선왕비열전』(서울: 글로북스, 2009).

유종문 편역, 『이야기로 풀어쓴 조선왕조실록』(서울: 아이템북스, 2007).

이민웅, 『임진왜란 해전사』(서울: 청어람미디어, 2004).

이봉수, 『이순신이 싸운 바다: 한려수도』(서울: 새로운 사람들, 2008).

이상각, 『조선왕조실록』(서울: 들녘, 2009).

이순신(노승석 역), 『교감완역 난중일기』(서울: 민음사, 2010).

이순신(허경진 역), 『난중일기』(서울: 중앙북스, 2008).

이순신역사연구회, 『이순신과 임진왜란1』(서울: 비봉출판사, 2005).

이순신역사연구회, 『이순신과 임진왜란4』(서울: 비봉출판사, 2006).

이영, 『잊혀진 전쟁 왜구』(서울: 에피스테메, 2007).

이은상, 『충무공 발자국 따라 태양이 비치는 길로(상·하)』(서울: 삼중당, 1973).

이이화, 『한국사 이야기 ⑪ 조선과 일본의 7년 전쟁』(서울: 한길사, 2000).

이장희, 『곽재우 연구』(서울: 양영각, 1983).

이장희, 『임진왜란사 연구』(서울: 아세아문화사, 2007).

이종인, 『의병참모장 비호장군 석상룡 약전』(함양: 석상룡 장군 기념사업회, 1996).

이진이, 『이순신을 찾아 떠난 여행』(서울: 책과 함께, 2008).

이쾌권 편, 『충순당 자료집: 성산 이씨 충순당의 역사와 문헌』(성산 이씨 충순당 종중, 2010).

이한우, 『선조-조선의 난세를 넘다』(서울: 해냄, 2007).

전인진 역편, 『원천정 오선생 행록(原泉亭五先生行錄)』

조경남, 『난중잡록』(서울: 민족문화추진회, 1977).

최두환, 『충무공 이순신 전집 3 - 임진장초 완역』

최영희, 『임진왜란』(국사편찬위원회, 1974).

케이넨(나이또오 순삐), 『임진왜란 종군기』(서울: 경서원, 1997).

KBS, 『역사스페셜 6』(서울: 효형출판, 2003).

최영희, 『임진왜란 중의 사회동태』(한국연구원, 1975).

턴불, 스티븐(남정우 역), 『사무라이』(서울: 플래닛미디어, 2010).

프로이스, 루이스(정성화·양윤선 역), 『임진난의 기록-루이스 프로이스가 본 임진왜란』(파주: 살림출판사, 2008).

일문 자료

五味文彦·鳥海靖編, 『もういちど讀む山川日本史』(東京: 山川出版社, 2009).

鈴木良一, 『豊臣秀吉』(東京: 文春新書, 1954).

齊藤政秋, 『文祿·慶長の役の戰跡 倭城』(東京: ごま書房, 2008).

田代和生, 『倭館』(東京: 文春新書, 2002).

인터넷 정보 자료

한국역대인물종합정보시스템 http://people.aks.ac.kr/

팬저의 국방여행 http://panzercho.egloos.com/

통영도서관 http://www.tylib.or.kr/

충무공 김시민 장군 기념사업회 http://www.kimsimin.or.kr/

이뮤지엄 http://www.emuseum.go.kr/

충무공 이순신 http://www.yi-sunsin.com/

〈찾아보기〉

⟨표⟩ 왜란의 흔적 및 유적지 목록(가나다 순)

지역	명칭	소재지
거제	거제 구율포성/율포해전	경상남도 서세시 상목면 율전리 325-1번지
	거제 옥포대첩기념공원	경상남도 거제시 옥포동 산 1번지
	거제 옥포대승첩기념탑/옥포정	경상남도 거제시 거제대로 3370
	거제 장목진 객사	경상남도 거제시 장목면 장목5길 9
	거제 칠천량해전 기념비	경상남도 거제시 하청면 실전리 칠천교 앞
거창	거창 만월당 정용 유적비	경상남도 거창군 북상면 덕유월성로 2279-6 (농산리)
	거창 용원서원	경상남도 거창군 가북면 용산리
	거창 원천정(용천서원)	경상남도 거창군 가조면 원천1길 80
	거창 윤경남 생가	경상남도 거창군 남하면 양항길 366
고성	고성 당항포 숭충사	경상남도 고성군 회화면 당항만로 1116
	고성 당항포해전 기념탑/당항포해전	경상남도 고성군 회화면 당항만로 1116
	고성 당항포 임진란 창의공신 현충탑	경상남도 고성군 회화면 당항만로 1116
	고성 망사재	경상남도 고성군 삼산면 공룡로 2936-88
	고성 배둔리 잡안개	경상남도 고성군 회화면 배둔리 배둔천 하류
	고성 소천정	경상남도 고성군 구만면 효락1길 149-29
	고성 옥천사 자방루	경상남도 고성군 개천면 연화산1로 471-9
	고성 운곡서원	경상남도 고성군 대가면 척정2길 213-50
	고성 운흥사	경상남도 고성군 하이면 와룡2길 248-28
김해	김해 사충단	경상남도 김해시 가야로 405번 안길 22-9
	김해 송공 순절암	경상남도 김해시 가락로 108-17
	김해 선조 어서각	경상남도 김해시 흥동로 123-18
	김해 현충사	경상남도 김해시 흥동로 123-18
남해	남해 관음포 이충무공 전몰 유허	경상남도 남해군 고현면 차면리 산 125번지
	남해 용문사 대웅전/천왕각	경상남도 남해군 이동면 용문사길 166-11
	남해 임진성	경상남도 남해군 남면 상가리 291번지
	남해 장량상 동정마애비	경상남도 남해군 남해읍 선소리 169-9번지
	남해 충렬사	경상남도 남해군 설천면 노량리 350번지
	남해 화방사 채진루	경상남도 남해군 고현면 대곡리 14번지
밀양	밀양 박양춘 여표비각	경상남도 밀양시 부북면 송포로 194
	밀양 사명대사 생가 터	경상남도 밀양시 무안면 사명대사생가로 642
	밀양 사명대사 유적지	경상남도 밀양시 무안면 사명대사생가로 642
	밀양 석동 임진왜란 창의유적 기념비	경상남도 밀양시 산내면 원서리 454번지
	밀양 작원관지	경상남도 밀양시 삼랑진읍 검세리 101번지
	밀양 죽원재사	경상남도 밀양시 산외면 다원2리 2길 39
	밀양 표충비	경상남도 밀양시 무안면 무안리 903-2번지 홍제사
	밀양 표충사	경상남도 밀양시 단장면 표충로 1338

부산	부산 다대포성지	부산시 사하구 다대로 529번길 11 (부산시 유아교육진흥원)
	부산 동래 남문비	부산시 남구 유엔로 210 (부산박물관)
	부산 동래읍성 인생문석	부산시 동래구 칠산동 332-1번지
	부산 동래읍성 터	부산시 동래구 명륜동, 복천동, 칠산동, 명장동, 안락동 일원
	부산 박인로 가사비	부산시 수영구 민락동 민락수변공원 무궁화동산
	부산 반송 삼절사	부산시 해운대구 신반송로 182번길 24
	부산 백산 점이대	부산시 수영구 광남로 257번길 58 (민락동 옥련선원 뒤편)
	부산 사명대사 동상/유정대사 충의비	부산시 부산진구 성지로 159 (부산어린이대공원 내)
	부산 송공단(송상현 장군)	부산시 동래구 동래시장길 27 (복천동)
	부산 수안역 동래읍성 임진왜란 역사관	부산시 동래구 복천동 도시철도 4호선 수안역 구내
	부산 옥련선원 임진왜란 천도비	부산시 수영구 광남로 257번길 58 (민락동)
	부산 윤공단(윤흥신)	부산시 사하구 윤공단로 112
	부산 윤흥신 석상	부산시 동구 초량 3동 1143번지
	부산 이순신 장군 전적비(녹산동)	부산시 강서구 녹산동 제2수문 옆 (녹산 배수펌프장 맞은편)
	부산 25의용단	부산시 수영구 수영동 366번지 수영사적공원 입구
	부산 임진동래의총	부산시 동래구 복천동 산 17-1번지 (금강공원 내)
	부산 정공단(정발)	부산시 동구 좌천동 473번지
	부산 정발 장군 동상	부산시 동구 초량동 1148번지 (초량역 부근)
	부산 정운 공 순의비	부산시 사하구 다대동 산 144번지 (몰운대)
	부산 천만리 장군 기념비	부산시 동구 범일동 자성대공원 정상
	부산 충렬사	부산시 동래구 충렬대로 345
사천	사천 대방진굴항	경상남도 사천시 대방동 251번지
	사천 사천해전 승첩기념비	경상남도 사천시 용현면 선진리 402번지 (선진리왜성 내)
	사천 세종대왕 태실지	경상남도 사천시 곤명면 은사리
	사천 이순신 백의종군로(곤양읍성)	경상남도 사천시 곤양면 성내공원길 11
	사천 이총	경상남도 사천시 용현면 선진리 402번지 조명군총 옆
	사천 조명군총	경상남도 사천시 용현면 선진리 402번지
	사천 조명연합군 전몰 위령비	경상남도 사천시 용현면 선진리 402번지
산청	산청 이순신 백의종군로(박호원의 집)	경상남도 산청군 단성면 남사마을
	산청 이순신 백의종군 추모탑	경상남도 산청군 신등면 단계리
	산청 진양 강씨 정려각	경상남도 산청군 단성면 입석리 719-2번지
	산청 홍굴/남양 홍씨 재실	경상남도 산청군 오부면 가마길 10-4 (중촌리)
양산	양산 삼조의열단	경상남도 양산시 충렬로 27 (교동 춘추공원)
	양산 소계서원	경상남도 양산시 상북면 소토리 667번지
	양산 소노서원	경상남도 양산시 상북면 소토리 313-2번지
의령	의령 곽재우 장군 생가	경상남도 의령군 유곡면 세간2동길 33
	의령 보덕각	경상남도 의령군 지정면 성산리 182번지 기강언덕
	의령 불양암탑바위	경상남도 의령군 정곡면 죽전리 산 76번지
	의령 쌍절각	경상남도 의령군 지정면 성산리 182번지 기강언덕
	의령 정암진 홍의장군 전적기념비/정암루	경상남도 의령군 의령읍 남강로 686
	의령 충익사	경상남도 의령군 의령읍 충익로 1
	의령 칠정려	경상남도 의령군 의령읍 동동리 1134-3번지 (의령고등학교 앞)
	의령 함휘각	경상남도 의령군 정곡면 정곡8길 8-4

진주	진주 김시민 장군 전공비	경상남도 진주시 본성동 499-1번지 진주성 경내
	진주 김준민 신도비	경상남도 진주시 이반성면 발산리 629번지
	진주 쌍충사적비	경상남도 진주시 본성동 500-1번지 진주성 경내 촉석루 옆
	진주 의곡사	경상남도 진주시 의곡길 72 (상봉동)
	진주 의기사	경상남도 진주시 본성동 진주성 경내
	진주 의암	경상남도 진주시 본성동 진주성 경내 촉석루 밑
	진주 의암 사적비	경상남도 진주시 본성동 진주성 경내 촉석루 밑
	진주 이순신 백의종군로(손경례의 집)	경상남도 진주시 수곡면 덕천로 504길 15
	진주 이충무공 진배미 유지	경상남도 진주시 수곡면 원계리 717-18번지
	진주 진주성	경상남도 진주시 남강로 626
	진주 창렬사	경상남도 진주시 남성동 진주성 경내
	진주 촉석 정충단비	경상남도 진주시 본성동 진주성 경내
	진주 충의사	경상남도 진주시 이반성면 용암길 59-2
	진주 호국사	경상남도 진주시 남성동 진주성 경내
창녕	창녕 곽재우 유허비	경상남도 창녕군 도천면 우강리 931번지
	창녕 문암정 비각	경상남도 창녕군 계성면 사리 산 10번지
	창녕 화왕산 관룡사	경상남도 창녕군 창녕읍 화왕산관룡사길 171
창원	창원 안골포 굴강	경상남도 창원시 진해구 안골동 517-9번지
	창원 웅포해전지	경상남도 창원시 진해구 웅천동 웅포왜성 동쪽 바닷가
통영	통영 남망산공원 이순신 장군 동상	경상남도 통영시 동호동 남망산
	통영 당포성지	경상남도 통영시 산양읍 당포길 12-18
	통영 염언상 묘소	경상남도 통영시 비석1길 44 (정량동)
	통영 이순신 공원	경상남도 통영시 멘데해안길 205 (정량동)
	통영 착량묘	경상남도 통영시 착량길 27
	통영 충렬사	경상남도 통영시 여황로 251
	통영 충렬사 팔사품	경상남도 통영시 여황로 251
	통영 통제영지(세병관)	경상남도 통영시 세병로 27
	통영 한산도 이충무공 유적(제승당)	경상남도 통영시 한산면 한산일주로 70
하동	하동 이순신 백의종군로(고하리)	경상남도 하동군 고전면 고하리 주성마을
	하동 이순신 백의종군로(문암리 강정)	경상남도 하동군 옥종면 문암리
	하동 이순신 백의종군로(이희만/이홍훈의 집)	경상남도 하동군 옥종면 청룡상촌길 54
	하동 이순신 백의종군로(최춘룡의 집)	경상남도 하동군 하동읍 서해량동 읍내삼거리
	하동 이순신 백의종군로(평사리)	경상남도 하동군 악양면 평사리 외둔삼거리
	하동 정기룡 장군 유허지	경상남도 하동군 금남면 경충로 503-14
함안	함안 충순당	경상남도 함안군 가야읍 상검길 22-41
	함안 이휴복 신도비·도천재 단서죽백	경상남도 함안군 군북면 명관3길 53
함양	함양 논개 묘소	경상남도 함양군 서상면 금당리 산 31번지
	함양 최경회 장군 묘소	경상남도 함양군 서상면 금당리 산 31번지
	함양 해주 석씨 후손	경상남도 함양군 마천면 칠선로 237-8 (추성리)
	함양 황석산성 피바위	경상남도 함양군 서하면 봉전리 산 153-2번지
	함양 황암사/황석산성 순국선열 충혼비	경상남도 함양군 서하면 황산리

합천	합천 구산서당	경상남도 합천군 가회면 골말길 28
	합천 구평 윤씨 신도비	경상남도 합천군 가회면 함방리 257번지
	합천 권율 도원수부 진영 터	경상남도 합천군 초계면 초계중앙로 45 (초계면사무소)
	합천 이순신 백의종군로(삼가현청/기양루)	경상남도 합천군 삼가면 삼가중앙2길 12-8 (삼가면사무소)
	합천 이순신 백의종군로(이어해의 집)	경상남도 합천군 율곡면 매실길 79-7
	합천 임란창의사	경상남노 합천군 대병면 합천호수로 258-1

김현우

글로벌교육문화연구원 지역연구실장
지연보호중잉연맹 정책위원상

『한국정당통합운동사』
『한국국회론』
『일본현대정치사』
『일본국회론』
『미국연방의회론』
『은행나무』
『소나무』
『매화나무』

E-mail: nss99@naver.com

부산·경남
임진왜란의 흔적 1

초 판 인 쇄 | 2012년 1월 2일
초 판 발 행 | 2012년 1월 2일

지 은 이 | 김현우
펴 낸 이 | 채종준
펴 낸 곳 | 한국학술정보㈜
주   소 | 경기도 파주시 문발동 파주출판문화정보산업단지 513-5
전   화 | 031) 908-3181(대표)
팩   스 | 031) 908-3189
홈 페 이 지 | http://ebook.kstudy.com
E - m a i l | 출판사업부 publish@kstudy.com
등   록 | 제일산-115호(2000. 6. 19)

ISBN   978-89-268-2949-3 93910 (Paper Book)
         978-89-268-2950-9 98910 (e-Book)